新觀點
新思維
新眼界

Star 星出版

如何投資

24位大師談投資技藝，改變你對財富的想像

How
to
Invest

MASTERS ON THE CRAFT

凱雷集團共同創辦人、《紐約時報》暢銷作者

大衛・魯賓斯坦 著

David M. Rubenstein

許瑞宋 譯

獻給投資技藝終極大師華倫・巴菲特，以及三十五年來耐心地親身向我展現投資與合夥技藝的比爾・康威和丹・德安尼羅。

To Warren Buffett, the ultimate master of the investor craft, and to Bill Conway and Dan D'Aniello, who patiently showed me firsthand, for thirty-five years, the craft of investing and the art of partnership.

目　錄

前言 傑出的投資人擁有哪些共同特質？　　　　　　　009

大衛・魯賓斯坦的投資筆記　　　　　　　　　　　　023

第一部 主流投資 ════════════

固定收益

拉里・芬克 Larry Fink 貝萊德董事長暨執行長　　　039

上市公司股票

羅恩・巴倫 Ron Baron 巴倫資本創始人暨執行長　　057

約翰・羅傑斯 John W. Rogers Jr.　　　　　　　　077
艾瑞爾投資創始人暨執行長

房地產

喬恩・格雷 Jon Gray 百仕通集團總裁暨營運長　　097

山姆・澤爾 Sam Zell　　　　　　　　　　　　　117
股本集團投資（EGI）創始人暨董事長

私人財富／家族帳房

瑪麗・卡拉漢・厄道斯 Mary Callahan Erdoes　　131
摩根大通資產與財富管理執行長

唐恩・費茲派特 Dawn Fitzpatrick　　　　　　　149
索羅斯基金管理公司執行長暨投資長

捐贈基金

寶拉・佛倫特 Paula Volent   163
洛克菲勒大學副校長暨投資長；鮑登學院前投資長

金・盧 Kim Lew
哥倫比亞投資管理公司總裁暨執行長；卡內基基金會前投資長   183

第二部 另類投資 ━━━━━━

對沖基金

賽斯・卡拉曼 Seth Klarman 包普斯特集團創始人暨執行長   203

瑞・達利歐 Ray Dalio   217
橋水基金創始人、共同投資長暨董事會成員

史丹・朱肯米勒 Stan Druckenmiller   233
投資人暨慈善家；杜肯資本管理前董事長暨總裁；
索羅斯量子基金前首席投資組合經理人

吉姆・西蒙斯 Jim Simons   247
文藝復興科技創始人；數學家暨慈善家

約翰・鮑爾森 John Paulson 鮑爾森公司創始人   261

私募股權與收購

桑德拉・霍巴赫 Sandra Horbach   277
凱雷集團董事總經理、美國收購與成長部門共同主管

奧蘭多・布拉沃 Orlando Bravo   293
托馬布拉沃公司創始人暨執行合夥人

不良債權

布魯斯・卡什 Bruce Karsh   311
橡樹資本管理共同創始人暨共同董事長

創業投資

馬克・安德里森 Marc Andreessen　　　　　　　333
安德里森霍羅維茲共同創始人暨一般合夥人；
Mosaic 網路瀏覽器共同創造者；網景公司共同創始人

麥可・莫里茨 Michael Moritz　　　　　　　353
紅杉資本合夥人；作家、前記者

第三部 尖端投資 ━━━━━━━━━

加密貨幣

邁克・諾沃格拉茨 Mike Novogratz　　　　　373
星系數位創始人暨執行長；堡壘投資集團前總裁；高盛前合夥人

特殊目的收購公司

貝西・科恩 Betsy Cohen　FinTech Masala 公司董事長　　393

基礎設施

阿德巴約・奧貢萊西 Adebayo Ogunlesi　　　407
全球基礎建設夥伴公司董事長暨執行合夥人；
瑞信前執行副主席暨全球投資銀行業務總監

ESG（環境、社會和治理）

大衛・布拉德 David Blood　世代投資管理公司資深合夥人　427

謝辭　　　　　　　　　　　　　441

前言

傑出的投資人
擁有哪些共同特質？

人生很大的一部分，就是圍繞著預測未來，然後根據對未來的看法採取行動。一如所有人，我曾對未來作出一些或好或壞的預測，並基於這些預測做了一些聰明或不大聰明的事。

我認為吉米·卡特（Jimmy Carter）會在1976年的美國總統選舉中擊敗傑拉德·福特（Gerald Ford），也認為他是比較好的候選人，於是加入了卡特的競選團隊。預測得好。

我認為在1980年的美國總統選舉中，雷根（Ronald Reagan）太老（69歲）、太保守、太缺乏政策技能，因此無法擊敗卡特，所以我沒有為自己將在1981年1月20日之後被迫回到私營部門做好準備。預測得真糟。（如今我比雷根當年還要老——他彷彿是個少年。）

我認為我當游擊手的小聯盟明星級身手不大可能發展成大聯盟職業球員的身手，因此決定致力於學業而不是運動技能。預測得好。

我認為我家鄉的巴爾的摩小馬隊不可能在1969年第三屆超級盃比賽中輸給喬·納瑪什（Joe Namath）領軍、新崛起的紐約噴氣機隊，因此重金（對我來說）押注小馬隊

勝出。預測得真糟（那是我最後一次押注在運動比賽上）。

我認為私募股權這一行的吸引力會增加，而且在我招攬到的優秀投資專家幫助下，以華盛頓特區為基地建立一家全球私募股權公司是有可能的。預測得好（可能是我一生中最好的預測）。

我認為馬克・祖克柏（Mark Zuckerberg）就讀大學時創建的那家公司將無法超越其大學校園根基，因此在我未來的女婿向我提出這個投資機會時，認為那不會是個好投資。預測得真糟。

我認為傑夫・貝佐斯（Jeff Bezos）新創的那家網路書店不可能戰勝巴諾書店（Barnes & Noble），並在他位於西雅圖、凌亂的首間辦公室首次與他見面時告訴他我這個想法，然後決定盡快賣掉我們手上的亞馬遜股票。預測得真糟。

一個人對人生事件的預測是好是壞，不同的人可以有不同的衡量標準。事實上，關於一個人在預測未來和據此採取行動方面有多成功，並沒有公認的單一衡量標準。

至少在這方面，投資界是完全不同的。投資人預測未來和據此做好準備的技能是相當可衡量的。在投資界，或多或少取決於投資的類型，追求獲利是投資的本質。

在力求獲利的過程中，投資人實際上必須對未來作出預測——根據特定資產（股票、債券、房產、貨幣之類）未來的可能表現，預測在未來擁有該資產的可取性。那家公司能否吸引到新顧客或發明一種理想的商品？投資可套現時，經濟將會是強勁還是疲軟的？利率會上升嗎？氣候變遷是否會影響資產的價值？競爭是否會沒有預期中的那麼激烈？

換句話說，是否有一些風險可能導致投資人不再認為

某項投資將產生可取的結果？那些風險有多大？

　　人生中總是有風險需要評估，但結果未必可以準確測量。至於投資，結果是可以相當精確測量的。

　　作為一種致力預測未來的過程，現在的投資比以前精細得多，但投資這種過程已經有很久的歷史，雖然以現在的標準衡量，以前的投資並不是那麼精細。自從貨幣面世以來，人們就一直設法投資獲利，也就是拿回多於所投入資金的錢。美國這個國家基本上就是始於一項投資。英國殖民者1607年抵達維吉尼亞州的詹姆士敦，因為他們在英格蘭的金主估計，這個殖民地最終帶給他們的報酬，將是他們投資在這個殖民計畫上的資金的很多倍。但對最初的金主來說，這項投資的結果不是很好。

　　過去半個世紀裡，投資人——也就是未來預測者——的黃金標準一直是華倫・巴菲特（Warren Buffett）。當年他以每股7.5美元的價格首度買入波克夏海瑟威（Berkshire Hathaway）的股票，而過去六十年間，該公司股價的年複合成長率高達20％。有人賺過更多錢，但並非靠投資。有人曾在較短的時間裡，取得更好的投資報酬率。還有一些人曾在特定投資上獲得更受矚目和驚人的投資報酬。但沒有其他投資人曾在更長的時間裡取得更好的報酬。截至2022年6月1日，波克夏海瑟威公司市值高達6,900億美元。因此，華倫・巴菲特或許堪稱最好的長期預測者，因為預測未來實際上就是他這些年來一直在做的事。

　　我和一些人一樣，曾多次訪問巴菲特，而我訪問他或閱讀其他人對於他的採訪報導時，總是可以從他那裡學到一些新東西。這些採訪使我思考其他傑出投資人的觀點——他們如何在他們的投資領域預測未來？如何基於那些預測採取很好或不是那麼好的行動？

這促使我設法採訪美國一些頂尖投資人，以了解他們如何在自己的專業領域著手預測未來和據此採取行動。結果我寫了這本書，它是這些訪談的精華，外加我自己對每一名受訪者及其投資類型的一些想法，以及我對投資的一些看法。一如我以前的書，出於篇幅考量和為了清楚傳達訊息，訪談內容在受訪者同意的情況下有所編輯。

正如我將談到，傑出的投資人有一些共同的技能和特質，但也有一些技能和特質是他們所屬的投資領域獨有的。傑出的創業投資人可能不具備成為傑出的不良債權投資人，或傑出的房地產投資人，或傑出的加密貨幣投資人所需要的所有條件。

因此，我認為，為了使讀者有意義地了解不同投資領域需要的不同技能和特質，訪問許多不同基本投資領域的領袖會有幫助。我訪問的人包括喬恩·格雷（Jon Gray），他在百仕通（Blackstone）建立了世界上最大的房地產投資業務；賽斯·卡拉曼（Seth Klarman），他領導包普斯特集團（Baupost Group），長期以來一直是美國最受敬重的價值投資人之一；麥可·莫里茨（Michael Moritz），他幫助壯大紅杉資本（Sequoia Capital），使它成為或許是過去五十年裡最成功的大型創投基金；瑪麗·厄道斯（Mary Erdoes），她帶領摩根大通（JPMorganChase）的財富管理部門建立世界領先地位；約翰·鮑爾森（John Paulson），他在2007-2009年間看衰次級房貸的押注被譽為華爾街歷史上「最傑出的交易」；小約翰·羅傑斯（John Rogers Jr.），他堅持審慎分析股票，建立了非裔美國人擁有和領導的最大投資公司之一；以及吉姆·西蒙斯（Jim Simons），他的數學天才使他得以成為運用「量化」投資策略的先驅。

　　這些人，以及我為本書採訪的其他傑出的投資人，也都有很有意思的人生故事和投資方法，而我盡力在訪問中帶出這些內容。我也試著利用一些訪問說明這件事：長期以來一直是白人男性天下的投資業正經歷變化，多樣的投資領袖如今正在投資界占得他們應有的位置。但是，一如我以前的著作，這些訪談實際上是開胃菜，在本書中是希望能激發讀者的興趣，促使他們進一步了解特定的投資領域和投資人。

- - - - -

　　為求簡便，我將我訪問的投資人歸入下列三個投資類別：主流（Mainstream）、另類（Alternative），以及尖端（Cutting Edge）。

　　主流投資人是那些專注於相對傳統領域的個人，這些領域已存在於投資界至少半個世紀或更久，包括債券、股票、房地產，以及傳統的財富和捐贈管理。

　　另類投資人是那些在曾被視為相當新穎或高風險的領域（至少數十年前是這樣）追尋投資機會的人，雖然現在人們認為這些領域已經沒那麼新穎或高風險了。這些在投資界被稱為「另類」的領域，包括對沖基金、收購、創投，以及不良債權。

　　尖端投資人致力於那些即使以曾經「另類」的標準衡量仍相當新穎的投資。這些投資領域可能只有數十年（或甚至更短）的歷史。它們包括加密貨幣、SPAC（特殊目的收購公司）、基礎設施，以及致力於ESG（環境、社會和治理因素）的公司。

　　一本關於這些傑出投資人的書，有望帶給讀者一些洞見、觀點和靈感——但是，老實說，一本書本身不會使讀者成為傑出的投資人，一如一本關於老虎伍茲（Tiger

Woods）祕技的書不會使讀者成為傑出的高爾夫球手（這是我已經認識到的事）。

本書旨在幫助讀者窺見許多美國頂尖投資人的投資觀念和做法。我希望藉此幫助三種不同類型的讀者：（1）那些想學習自行投資的人；（2）那些希望了解如何利用專業經理人管理的基金投資的人；以及（3）那些有興趣探索投資事業的學生或年輕專業人士。

當然，沒有一本書能完全滿足這些不同類型的讀者的需求，或回答他們所有的問題，但我希望本書中的訪談能幫助他們至少稍微增強投資知識和能力，甚至吸引他們成為專業投資人。

我必須補充的是，在過去三十年裡，甚至是過去三年裡，投資世界的變化很可能比之前三百年的變化還要大。

傳統上，投資是專業人士從事的一項活動，他們以投資為生計。現在，許多從事投資的人，本身的職業是在與投資無關的領域。

傳統上，有價證券的最新資訊並不是那麼容易取得。現在，人人都可以利用自己的手機，即時取得關於股票和債券價格、私募投資機會，以及世界各地投資活動的資訊。

此外，傳統上，除了一些明顯的例外，投資是至少已到中年的人從事的一項活動。現在，十幾歲和二十幾歲的年輕人專注於這項活動的程度，似乎遠遠超過以前的同齡者。

我寫了一本關於投資的書可能不是很令人意外，因為三十五年來我一直在投資界工作，主要是在私募股權這個領域。

1981年1月離開卡特的白宮之後，我回到我唯一熟悉

的職業，重投執業律師的工作，不過是在華府而不是紐約——當年我從法學院畢業之後，在紐約開始我的律師生涯。

但我很快就意識到，我真的不喜歡當執業律師（很大程度上是因為我不是很擅長）。我決定嘗試做一些看來比較刺激，而且很可能更賺錢的工作。（我從來都不是那麼渴求金錢，但當時我覺得律師這一行，已經變得更像是一門生意，而不是一種專業。而如果要做生意，我還不如做一些財務報酬——或甚至精神報酬——更高的生意。）

受前財政部長比爾・西蒙（Bill Simon）對吉布森賀卡公司（Gibson Greeting Cards）超賺錢的收購啟發（他投資33萬美元，約16個月後大賺6,600萬美元），我決定嘗試在華盛頓建立第一家從事收購（buyout）的公司，畢竟律師這一行少了我也不會怎樣。由於我沒有專業投資經驗（我年輕時曾以過高的價格買進數支股票），我集中精力在華盛頓地區招募一些金融背景堅實的人，即使他們可能沒有很好的投資經驗。

幸運的是，雖然華盛頓不是紐約，但我還是能找到幾個在金融和投資方面很在行的夥伴。他們的背景幫助我在1987年從四個機構投資人那裡募集了500萬美元，使新創立的凱雷集團（The Carlyle Group）得以開始運作。我們利用這筆錢發展這家公司，而截至2022年6月1日，它管理著3,750億美元的資產。

但這不是一夜之間的事。在很多、很多年的時間裡，華盛頓地區沒什麼人把我們當回事，紐約就更不用說了。

凱雷得以茁壯成長，是因為我們的績效紀錄至少和紐約的競爭對手一樣好，甚至在某些方面更勝一籌。但我們也發展出當時獨特的一個概念：建立一家多元化的

多基金（multi-fund）公司，也就是藉由獨立的基金投資於收購以外的私募投資領域，包括房地產、成長資本（growth capital）、基礎設施、信貸，以及組合型基金，並藉此培養足夠的營運和投資人才，創造一家機構水準品質（institutional-quality）的公司。我們還決定在歐洲、亞洲、日本、拉丁美洲、中東和非洲建立投資團隊，利用我們不斷成長的品牌和人脈來招募投資專家和從世界各地募資，使公司走向全球——這在當時是很創新的做法。

截至2022年6月1日，凱雷在企業私募股權領域投資了1,330億美元的股權，為投資人創造了2,560億美元的利潤。逾三十年來，凱雷在企業私募股權領域的年化內部毛報酬率約為26%。

凱雷數十年來的投資成就並非拜我所賜。真正的功臣是我的主要創業夥伴比爾‧康威（Bill Conway）和丹‧德安尼羅（Dan D'Aniello），以及我們招募和訓練的數十名投資專業人士——他們才華洋溢，掌握了凱雷的投資風格（審慎、保守、踏實）。我對公司的貢獻主要是在策略、募資、招聘、政府事務和公共關係方面。因此，我提出我自己對投資的想法時，是真的抱著謙虛的心。

儘管如此，三十五年間，我確實參加了數千次投資委員會會議，提出自己的觀點，聽取了投資團隊的意見，學到了很多東西。在這三十多年裡，投資界發生了巨大的變化。競爭（來自國內和國外投資人）增加了許多倍；追逐投資標的的資金規模成長驚人；資產價格升至曾被視為無法想像的水準；外部專家和顧問的參與使投資分析變得遠比以前周全；機構和個人投資人對私募投資的興趣似乎沒有止境。

在這段時間裡，我不但學會欽佩凱雷投資業務領導者

的技能和其他素質，還學會了欣賞那些領導我們競爭對手投資業務的人。我因此越來越常思考這個問題：是哪些素質使真正傑出的投資人不同於普通投資人？

這促使我希望利用我近年熱衷的採訪活動，直接傾聽世上最傑出的一些投資人分享他們的慧見。

那麼，我從採訪中學到了什麼？

傑出的投資人有一些共同的特質。一個人具備這些特質不能保證成為傑出的投資人，但如果傑出投資人的人生故事和技能對成為傑出投資人需要什麼條件有所啟示，那麼具備這些特質無疑可以提高成為傑出投資人的機率。下列根據我的觀察，概括一下傑出投資人通常具備的特質和技能。

背景：他們通常在藍領或中產家庭長大，很少來自非常富有或有專業投資歷史的家庭。本書採訪的投資人沒有一個來自非常富裕的家庭，但有許多人來自有專業背景的家庭。

早年的工作：雖然有些投資人很早就創立了小企業，也有一些人年輕時略有涉足投資，但他們多數是在嘗試過其他專業工作之後才開始投資的，而他們在那些專業領域並非總是像他們後來在投資方面那麼成功。話雖如此，必須指出的是：吉姆・西蒙斯是世界級數學家；馬克・安德里森（Marc Andreessen）是有名的創業者；麥可・莫里茨是非常成功的記者；寶拉・佛倫特（Paula Volent）是有造詣的藝術品保存維護者。

挫折：許多傑出的投資人曾在事業上受挫，或在投資上遭遇重大損失。這很可能給了他們堅持下去和精進技藝的動力。

智力：傑出的投資人有很高的智力，學業表現往往很

好。雖然他們並非都是吉姆・西蒙斯那樣的數學高手，但傑出投資人無疑普遍有不錯的數學能力，即使他們學的是社會科學或不大注重數學的科目。

承擔最終責任：最好的投資人顯然往往希望擁有所有重要投資的最終決定權。他們通常對自己的投資觸覺有自信，希望對所有重要的投資事項作出最終判斷，而不是把決定權交給他們信任的副手。而且他們很樂意為自己的最終決定承擔最終責任。

專注：多數傑出投資人的一個共同點，是能夠聚焦於投資決策中最重要的因素。他們不容易被不重要的因素分散注意力，能夠異常專注於重要事項。找出一項投資的關鍵因素，是傑出投資人似乎做得非常好的一件事。

閱讀：傑出的投資人似乎認為個人可以獲取的知識永遠不會太多，而且有些知識有助他們對投資可能遇到的任何問題產生看法。傑出的投資人往往孜孜不倦地閱讀符合他們興趣的書籍、雜誌、報紙，以及精選資料。有些人雖然有（或曾經有）閱讀障礙，但他們往往以其他方式蒐集廣泛的資訊，通常是藉由經常與產業專家或其他投資專家通電話或視訊通話。換句話說，傑出的投資人有巨大的求知欲，希望盡可能了解任何可能與他們的投資活動有關係的課題。他們似乎認為假以時日，任何資訊都可能有助他們作出更好的投資決策，或激發更大的創造力或洞察力。

鬥智：傑出的投資人變得極其富有之後，仍喜歡投資這件事——不是因為他們真的需要更多錢，而是因為他們視投資為鬥智遊戲。他們喜歡做別人認為不可能做到的事，或承擔別人認為大到不應該承擔的風險。智取他人——或至少展現自己的智能、靈巧和智慧——的挑戰是一種引力，使傑出投資人長期專注於他們的投資活動，即

使他們早已不再需要賺更多錢。

傳統觀念：人生中和投資中最輕鬆的其中一條路，就是接受和遵循傳統觀念。為什麼要因為違背傳統觀念而引人注意呢？為什麼要抵制傳統觀念，因此承受犯錯的風險呢？接受和遵循傳統觀念，無疑可以使生活輕鬆一些。如果出了差錯，你是跟許多人同坐一條船，比較不容易引人側目或遭受批評。

但是，傑出的投資人往往不接受傳統觀念；他們看到別人看不到的東西；他們勇於違背傳統觀念，甘願承擔因此犯錯的風險。傑出的投資人之所以成功，最重要的一項特質就是願意無視傳統觀念，嘗試其他人不敢嘗試的東西。

在收購這個領域，1980年代和1990年代的傳統觀念認為收購在科技界是不可行的，因為科技的演變非常快，收購產生的債務還沒還清，被收購公司的科技產品可能就已經過時了。

但我現在的投資夥伴、曾在甲骨文（Oracle）和蓮花公司（Lotus）工作的科技專家大衛・魯克斯（David Roux）不同意這種想法。他1999年創辦了銀湖公司（Silver Lake），打算從事科技業收購交易。當時我很懷疑這是否可行，但銀湖很快就靠科技業收購交易獲得厚利。現在，收購如果不重視科技上的進步，幾乎都會被認為很可能失敗。

注意細節：有一些優秀的投資人無疑傾向關注大局——經濟走向如何？利率是否將上升？通貨膨脹是否將加劇？但一般而言，傑出的投資人非常注意投資的實際細節。他們想知道可以知道的一切，並且認為不注意細節很可能導致失敗。他們因此像海綿那樣，吸收關於投資機會的資訊。

承認錯誤：傑出的投資人可能非常自負，但他們能夠

承認錯誤，停止損失，然後尋找下一個機會，基本上不會沉溺於過去。這無疑是我不具備的一項特質，我總是在回顧我所犯的錯誤，包括錯過的投資機會和證實失敗的投資。但是，我已經進步了，現在只回顧十年左右的錯誤，而不是二、三十年的。

努力工作：傑出的投資人似乎痴迷於他們從事的職業，因此往往努力工作，願意投入必要的時間來掌握其投資類型所要求的技能。傑出的投資人有可能每天只工作幾個小時，仰賴別人辛勞工作以了解投資機會。但是，這種情況相當罕見。傑出的投資人往往是工作狂，雖然他們不認為他們在做的是工作，這一點至關緊要——諾貝爾獎得主往往也是這樣。他們視工作為樂趣，因此不會因為年紀漸長就覺得必須大幅減少工作。他們視投資為一種樂趣，不會因為自己已經非常富有而覺得需要減少自己的樂趣。

慈善事業：如前所述，傑出的投資人往往賺很多錢，而相對於數十年前的有錢人，他們可能在較為年輕時就決定，他們比較希望社會大眾重視他們的慈善事業規模和貢獻，而不是他們擁有多少財富。這種慈善追求某程度上是受慈善事業得到的社會認可刺激。傑出的投資人對社會認可的追求與其他人沒什麼不同。雖然近年來一些有錢人（因此包括一些有錢的投資人）的慈善抉擇受到批評，但一般來說，慈善活動受社會認可，而傑出的投資人享受這種社會認可（一如所有人），因此往往積極投入慈善事業。（當然，他們也相信他們捐出的錢將有助於處理或甚至解決一些社會問題，而這是激勵他們投入慈善事業的一個重要因素。）

傑出的投資人有許多共同特質，這可能不令人意外。

毫無疑問，任何一個行業的領導者都很可能有不少共同特質。

但是，投資以外的幾乎每一個行業，似乎都有一個顯而易見的原因吸引人們投入該行業，而那個原因並非只是賺錢。建築師、律師、醫師和企業高層的薪酬都很好，但賺錢極少是這些行業的主要目的（或吸引人們入行的唯一原因）。

至於投資，它追求的似乎總是使投入的金錢增加。這是一個有價值的社會目標嗎？為什麼那麼多有才華的人想從事投資這一行？如果投資人得到的報酬與教師相若，因此導致許多有才華、非常積極、受過良好教育的投資人選擇投資以外的職業，世界會不會變得比較好？如果那些有才能成為傑出投資人的人選擇從事國際外交（有望減少戰爭）或環保（想必可以使空氣和水變得比較乾淨），世界會不會變得比較好？

這些問題沒有顯而易見、公認正確的答案。我們不可能知道，如果像巴菲特這樣的人才選擇以外交為職業，戰爭是否會減少或世界是否會變得比較和諧。（巴菲特會謙虛地說不會，因為他認為他的技能最適合應用在投資上。其他人可能不同意。）

在我看來，高明的投資（和高明的投資人）發揮了重要作用，幫助分配資本給那些滿足重要社會需求的公司或投資項目。

雖然科技界及其公司有它們的問題，但我們很難說世界沒有因為一些投資人提供資金，使微軟、蘋果、Google、亞馬遜，以及改變人類生活（和創造大量就業機會）的許多其他公司得以發展起來而變得比較好。又或者想想那些分配資金給莫德納（Moderna）的投資人，這些

投資人顯然幫助了這家公司空前快速地開發出不同凡響的新型冠狀病毒疫苗。

資本主義無疑有其缺陷。它在前進的過程中，似乎可悲地製造出越來越多的弱勢困苦者。但我們不能低估資本主義創造的總體財富和就業，而投資人高明地決定何時、何處及如何配置資本，對此有重要貢獻。在美國，高明的投資人多個世代——事實上是多個世紀——以來的決定，在成就美國這個巨大和充滿活力的經濟體方面發揮了重要作用。

當然，阿佛烈・諾貝爾（Alfred Nobel）並不認為傑出投資人值得領取諾貝爾獎。也許他不認為投資人會重視投資決策的社會影響。

事實上，直到最近，投資人才真正關注投資活動對社會的影響。獲得最高的報酬率或利潤是不變的目標，但這無損投資活動本身對社會有重要貢獻的事實：投資創造了就業機會，使企業變得更有效率，經濟變得更有生產力，總體而言產生了廣泛的社會效益。目前投資界致力促使投資人也關注其投資的ESG效應，而這將使投資活動——和投資人——對整個社會更有幫助。

因此，當你閱讀本書中的傑出投資人訪談時，希望你除了看到他們是有天賦的資本家，盡其所能為自己和他們的組織謀取利益，還能看到這些人的高明投資決策是促進國家的社會和經濟成長的重要力量。

同樣重要的是，我希望你能從這些訪談中看到那些具有企業家精神和愛國情懷的人——他們除了為其他人樹立了榜樣，還努力發展出獨特和複雜的投資技能，致力完善這種技能，然後傳授給同仁，最後還藉由他們在慈善和教育事業方面的付出回饋社會，幫助建設國家。

大衛・魯賓斯坦的投資筆記

多年來，在凱雷集團許多不同的投資委員會（每一支基金都有自己的投資委員會），我見過一些非常有才華的投資人提出他們的建議。（在私募投資領域，投入資本的決定幾乎一定是經由投資委員會作出的——個人不經其他人的審議和同意就作出投資決定，是非常罕見的。）

近年我也參與了一些其他投資活動。2018年，我創立了Declaration Capital作為我的家族投資辦公室，以便將我的一些資本投資於凱雷未涉足的領域（經凱雷批准以避免衝突）。過去幾年裡，我也是史密森尼學會（Smithsonian Institution）、斯隆凱特琳癌症中心（MSKCC）、普林斯頓高等研究院（IAS）和美國國家美術館的投資委員會成員。此外，我也是杜克大學、芝加哥大學和哈佛大學的董事會成員，因此得以觀察這三家大學的捐贈基金投資活動（雖然我不是它們的投資委員會成員）。

因為上述這些活動，我發展出自己的投資規則和見解，在此與大家分享。雖然多年來我通常關注私募投資領域，但我認為這些觀點很可能適用於較廣的範圍。

在這些觀點中，最重要的是——

運氣：每一個人的人生中都會有一些好運氣和壞運氣，而投資是人生的一部分。不過，指望自己會有好運氣往往會輸錢。投資之神不會獎勵那些指望好運經常帶給他們卓越報酬的人。而且，一如在賭場賭錢，一開始投資就

有好運氣，最終可能變成壞事。當事人會以為自己真的很有本事（而並非只是運氣好），下次也必將成功，因此很可能在下一次投資時加倍投入，結果往往虧得比上次賺的還要多。不過，辛勤工作和嚴謹分析可以不時帶來一些好運氣（這種好運之常見令人驚訝）；但一廂情願地認為自己應該會有好運氣，則幾乎總是導致虧損。

價格：就多數投資而言，確保交易得以完成的最佳方式，自然是支付最高價格。賣方可能會說，希望把公司賣給負責任的新東主，希望買方關注ESG（環境、社會和治理）因素、善待員工，以及能與管理層好好相處之類的。但如果賣方是出售它在公司的全部股權，則在99％的情況下，賣方真正在乎的是以最高價格出售股權（以及確定能以該價格成交）。我總是聽說管理團隊（而不是股東）希望凱雷成為投資人，但如果股東是要出售完全的控制權，則根據我的經驗，管理團隊的偏好極少可以起決定作用。

如果出售的是少數股權，情況就有點不同：投資人會發現，其他因素——通常是新股東能否帶來增值服務或額外利益——可能真的產生重要作用。但是，這些較軟的因素往往還是不足以戰勝一個高得多的價格。在價格相差不大的情況下，這些其他因素大有可能左右賣方的決定，此時買方／投資人就應該強調這些因素。

但是，投資人如何知道確保可以達成交易和一段時間之後能夠獲利的合適價格是什麼？就某些創投和成長資本交易而言，業界對何謂「合適」的價格有一定的標準，通常就是公司年度現金流或營收的某個倍數。但價格是否「合適」實際上取決於未來的因素，包括管理層未來表現如何、競爭對手會有什麼作為、總體經濟表現如何，以及政府政策將如何影響業務，而這些因素在投資開始時並不是

完全可知的。無論如何，投資人都必須對一項資產的正確價值作出判斷，並盡可能堅持處於合理區間內的價格，而不是任由賣方估計的價值決定最終支付的價格。買方為一項資產或一家公司支付過高的價格，極少會有愉快的結果。

盡職調查：就人生中的多數事情而言，做好準備會有好處。我的前凱雷夥伴、前美國國務卿詹姆斯‧貝克三世（James A. Baker III）就銘記父親向他灌輸的這句格言：「事先做好準備，可以避免表現不佳。」在投資方面，事先的準備通常被視為「盡職調查」（due diligence），也就是對潛在投資所做的詳細分析工作。如果是收購交易，盡職調查可能耗時六個月左右，因為有一家現成的公司、大量的財務資料和相關的績效指標需要分析。如果是創投交易，需要分析的資料通常比較少，盡職調查的重點往往是領導公司的創業者的素質、公司產品或服務的獨特性，以及市場機會的規模。

無論是什麼類型的私募投資，盡職調查是為了使投資人能夠對自己支付的代價估計可以獲得的報酬作出明智的判斷。良好的盡職調查還可以幫助投資人為未來可能出現的風險做好準備（或為決定不投資提供理據）。

不過，根據我的觀察，非常詳細的分析雖然有幫助，但並非總是可以成就最好的投資。盡職調查並非總是能充分預料到未來管理人員的錯誤或離職、經濟衰退、新的競爭、科技發展、監理變化，以及新出現的社會變化。話雖如此，盡職調查工作往往做得全面，也理應如此，只是我在現實中發現，投資委員會備忘錄（現在可能長達兩三百頁）即使兼具深度和廣度，也不能保證最好的投資結果。但編寫這些備忘錄的人似乎往往認為，備忘錄的重量預示了一筆好投資。

直覺：最好的投資人總是依賴他們的本能或直覺（通常就是投資人的經驗和「直覺」之總和），而不是依賴詳盡的投資委員會備忘錄。巴菲特的投資決定極少（如果有的話）是基於詳盡的投資委員會備忘錄。當然，一些投資人高估了他們的「直覺」，而這也可能是個問題。不過，過度相信七年後精確至小數點後十位數的預期報酬率，無疑是差不多嚴重的問題。在我的公司（我估計類似的公司也是這樣），對七年後報酬率的具體預測幾乎總是失準（投資委員會備忘錄往往含有這種分析），而且往往是明顯失準——無論是高估還是低估。沒有人能夠準確預測那麼久之後的事。過分依賴這種電腦模型產生的預測（通常出自善意但年輕的分析師或畢業不久的企管碩士），可能只是自欺。

管理：在盡職調查中，管理團隊的素質，尤其是執行長的素質，通常是最重要的考量因素。對私募股權投資公司來說，標的公司的執行長要稱得上傑出，不但必須具備正常的好執行長特質（聰明、勤奮、專注、溝通能力良好、擅長建立團隊、對公司有願景、願意承認錯誤，以及能夠與別人分享榮譽），還必須能與私募股權投資人打交道——這些投資人往往積極參與公司很多事務，而且相當固執。（私募股權公司不吸引羞怯的人。）

傑出的執行長可能在收購交易中發揮巨大的作用，但即使這些執行長也不是奇蹟創造者。而即使執行長起初看來非常出色，還是很可能會被換掉。在超過50％的收購交易中，收購方撤離之前，被收購公司的執行長已經換人了。創投交易的執行長更換率甚至可能更高。但在創投交易中，傑出的執行長可能更寶貴，但也難找得多。新創企業的執行長肩負非常艱巨的任務，必須壯大一個往往脆弱

的年輕組織。創投交易是失敗多於成功的——與收購交易相反。

　　切合實際的期望：投資委員會備忘錄總是會談到標的公司應該進行什麼改革，而雖然增加價值通常必須有所變革，但有時所建議改革的程度和廣度可能不切實際，至少以可用的時間和財務與人力資源衡量是這樣。要取得可接受的投資結果，關鍵因素之一是目標必須切合實際——期望的報酬率因此必須切合實際。在收購這個領域，有些投資可以產生相當於投入資本五到十倍的利潤。但這種情況是罕見的，雖然最近兩三年間，頂尖業者所做的一些最好的創投和成長資本投資取得的利潤，遠高於這種倍數。例如頂尖創投基金聯合廣場（Union Square）早早投資於加密貨幣交易所Coinbase，而這家公司2021年股票上市時，這筆投資的市值高達其成本的近兩千倍。（到了2022年，由於加密貨幣市場對許多投資人的吸引力下降，聯合廣場的投資報酬率顯著降低。）但這種近兩千倍的報酬率可能一生才會遇到一次；假設這種報酬很容易取得或可以經常取得，是嚴重的錯誤（雖然創投界有時看似希望長存）。

　　換句話說，除了極少數的例外，如果預期報酬率看來好得難以置信，那就不應該相信。如果所建議的投資真的那麼誘人，會有很多人追逐，而這將導致價格上漲和投資報酬率降低。

　　報酬率：在典型的收購交易中，投資人尋求15–20％的年報酬率（扣除所有開支和費用之後的淨報酬率），而投資期通常是五年左右。一些非常專門和規模較小的業者從事規模較小的收購，往往尋求20–25％的年度淨報酬率，有時可以達成目標。約75％的收購產生的未扣除費用所得超過投入的資本。在創投交易中，投資人經常尋求

30％或更高的淨報酬率；但創投交易的失敗率高於收購交易，只有約40％的投資產生的未扣除費用所得超過投入的資本。

近年來，由於資產價格普遍上漲，尤其是科技公司的股權，創投交易的利潤往往高於歷史常態水準——但正如我剛指出的，創投交易實際上還是無利可圖的比較多。對多數創投公司來說，長期而言，投資報酬高到上新聞版面的創投交易實際上很罕見。話雖如此，對少數頂尖創投公司來說，過去幾年是歷史性的財富創造期。

投資人期望的報酬率如果切合實際，通常比較成功。投資人如果追逐以歷史標準衡量不切實際的報酬率，最終往往會失望。2022年科技市場下滑使這一點變得更明顯。這個領域的資產價值大跌，往往使創投和成長資本界的報酬預期變得比較切合實際。

決心：研究一項潛在投資並為之興奮的人無疑可能失去客觀性，因為不想浪費了盡職調查的努力而尋求完成交易，而這可能成為一個問題。不過，投資專業人士堅決支持一項交易，真的對潛在投資感到興奮並熱切尋求通過投資計畫，可能成為交易是否成事的一項重要決定因素。一項投資需要一個有力的支持者——一個覺得自己有責任使投資成功的人。有人押上自己的聲譽和未來，往往是一項投資得以成功的重要因素。

增值服務：接受專業投資業者投資的公司，往往希望投資人提供一些增值服務，例如介紹潛在客戶、協助收購資產、幫助確定董事人選，以及營運服務協助之類的。投資業者若能提供這些服務，投資的價值將能提高。但務必避免作出過度的承諾，因為那往往使人大失所望。

出售的時機：近年來，一些短期內不需要收回資本

的投資人，可能願意持有一項投資8至10年或甚至更久。
（巴菲特無限期持有一些資產。）但典型的私募股權投資
通常在約五年後告一段落；此時，增加價值的活動應該已
經完成，投資人一般希望收回資本。持續較久的投資往往
是報酬率未能達到期望水準的交易，其投資人幾乎總是希
望再努力兩三年以改善情況。延後套現有時是因為投資人
期望的報酬特別高，因為貪心而沒有在通常可接受的水準
出售資產。一般來說，出色的投資人既知道何時買進，也
知道何時賣出；他們通常不會愛上自己的投資，不但知道
以合適的價格買進很重要，還知道適時賣出更重要。

以上投資心得來自本人主要從事私募投資的職業生
涯，可能不是新投資人或潛在投資人想要的那種通用投資
建議。因此，我想接下來也應該為這些讀者提供一些基本
投資建議。我將分兩方面講述：其一是個人直接做的投
資，其二是個人的間接投資（也就是經由第三方管理的基
金投資）。

直接投資

有些投資人希望拿自己的資本直接投資，也就是自己
挑選股票、債券或收購標的，或直接進行創業投資或房地
產投資，享受直接投資的樂趣和刺激（雖然有時是承受風
險和痛苦）。對於這種非專業投資人，我想分享下列想法：

1. 釐清自己真正能夠承受多大的損失，避免過度冒
   險。換句話說，針對那些確實有可能損失全部或部
   分資本的投資，務必要妥善估算投資風險，並確
   定自己的財務狀況真的能夠承受可能發生的損失。
2. 分散投資。這是投資的關鍵原則之一：不要把所

有雞蛋放在一個籃子裡。基於這個原則,投資人應持有並不完全相關的多種資產——這些資產的價格漲跌不會亦步亦趨。

3. 不要因為你是某個領域的專家或天才,就以為自己是投資方面的專家或天才。因為從事製造、娛樂或運動事業而發財,不會使你成為投資專家或天才,這是許多其他領域的專家或天才在他們的投資操作中很快就認識到的。

4. 報酬期望要切合實際。不切實際的報酬期望必將導致投資人過度冒險和最終大失所望。對非專業投資人來說,假設投資組合由不同類型的有價證券和非公開交易資產構成,整體的年度投資報酬率持續達到個位數的中高檔水準無疑是極其困難的。

5. 針對所做的投資,閱讀所有現成資料。確保自己對潛在風險的認識,一如對潛在好處的認識那麼透澈,而且已充分考慮一切。投資人對所做投資的認識永不嫌多,閱讀的資料永不嫌多,想知道的事永不嫌多。

6. 與了解相關領域或投資標的的人交談,向他們請教。多一雙眼睛和耳朵可能極其有用。除了請教在相關領域賺過錢的人,也請教在相關領域賠過錢的人。

7. 了解投資的公關風險,盡可能減少或甚至消除這種風險。例如,投資於槍枝製造商或碳排放很高的公司,一旦事情曝光(必須假定會曝光),投資人的個人或職業聲譽可能受損。

8. 充分認識你的合作夥伴。如果投資涉及合作夥伴,務必了解合作夥伴的所有相關情況。如果

過去的表現並不顯示對方是能幹、誠實、可靠的合作夥伴，本來不錯的投資可能因此失敗。不可靠、不誠實或不能幹的夥伴極少會在未來變好。與「宇宙主人」（"masters of the universe"）合作要特別小心，因為這種人比較可能過度自我中心，很難聽從建議或面對現實。

9. 了解稅務後果和監理限制。如果稅務影響或監理問題對投資人不利，原本誘人的投資可能變得不是很值得投資。妥善的租稅和監理的建議和規劃，必須成為投資流程的一部分。

10. 針對所做的投資，確保可以定期取得可靠和可理解的資訊，至少每季一次，而且有機制可以定期提出問題和獲得解答。

11. 投資失利時，別怕承認錯誤（因此也要做好準備止損），也別怕了結獲利（擺脫利潤只會越來越大的想法）。

間接投資或經由基金投資

現在很多投資實際上是間接進行的，是投資在某些基金上，由其他人作出投資決定。股票和債券指數基金、指數股票型基金（ETF）、共同基金、個人退休帳戶（IRA）和401(k)基金，以及與私募投資有關的所有基金都是這樣。

在這種投資中，投資人做了基本的基金投資之後，資金實際上是別人在配置。我想分享的想法如下：

1. 只要不是新基金，投資人務必充分了解績效紀錄。在有資料可查的最近一段時間裡，基金的績效最好是在同類基金前四分之一之列。

2. 確定貢獻基金過往績效的關鍵人物仍在職，而且

很可能留任（也就是他們在專業上感到滿足，而且薪酬豐厚）。此外，這些關鍵人物最好是自己也投資了不少錢在基金上——如果法律容許他們這麼做的話。

3. 了解組織中的年輕專業人員，那些通常負責日常工作的人，是否也因為薪酬不錯而很可能留下來。

4. 評估創造出績效紀錄的領域，在預期投資期內是否很可能將繼續成長和具有吸引力。

5. 了解基金的條款以業界標準衡量是否公平合理，尤其是費用（並確認基金收取的費用是容易理解的）。

6. 了解基金發起機構的員工流動率是否偏高，或是否經常因為績效不佳或不道德行為而遭投資人控告。

7. 了解標的基金有哪些其他投資人，或很可能會有哪些投資人。聰明的投資人通常知道如何找到最好的基金。

8. 確保必要時會有相關的投資專業人士回答問題，並確保可以定期取得基金的績效資訊、這些資訊準確易懂，而且經獨立的第三方核實（如果合適的話）。

9. 如果是沒有績效紀錄的新基金，務必確定投資負責人過去掌管的基金績效出色（而且他們曾經合作過，自己也投資了不少錢在基金上）。此外，也要確定新基金投資的領域切實可能成功。

10. 要確定在基金完全完成其投資任務之前，如果個人需要流動資金，會有可行的、公平的、有吸引力的機會套現離場——或許是經由「次級」（secondary）交易。

上述規則不能保證投資人取得非常好的績效，但這組簡短的指南有助遵循者不必成為「傑出投資人」，也可以作出合理的投資決定。

投資作為未來的職業

可能會有些讀者還沒準備好成為投資人，無論是直接或間接投資。他們可能是學生或年輕的專業人士，還沒選定自己的職業道路。金融業之外有大量具有吸引力的職業，而在金融業中，投資之外也有大量具有吸引力的職業。不過，對那些有興趣投身投資這一行的人來說，本書指出了傑出投資人擁有的一些共同特質，但我不想讀者以為具有這些特質是成為成功投資人的必要先決條件。此外，你不必成為傑出投資人，不必成為創造傳奇績效的投資人，也可以享受投資這件事。多年來，我見過無數這樣的投資人，他們不會被視為傑出投資人，但還是相當成功，過著非常有意義和滿足的生活。

而且，也許最重要的是，在任何一個行業取得頂尖成就，包括在很可能產生可觀財務報酬的行業，並不能保證幸福，而幸福可說是人生的主要目標之一。我見過一些非常富有但並不真正快樂的人，而一些職業和財務成就相對有限的人卻非常滿意自己的生活。因此，你不必成為世界級的投資人，也可以享受世界級的美好生活。

此外，也應該記住，對那些認真考慮投身投資這一行的人來說，世上沒有那種保證成功的十步計畫。我好希望我在1987年加入投資界時就知道這一點，因為這樣我就能避免許多錯誤。不過，後來我也發現了一些值得記住的有用原則，並且盡可能分享給其他人。

1. 盡可能大量閱讀有關所投資領域和相關主題的資

料。除了閱讀時事通訊和文章，也要閱讀書籍，因為書籍通常有助你更好地集中注意力，可以產生更持久的影響。閱讀的資料永不嫌多，對世界的認識也永不嫌多，而且不能只關心你的重點投資領域。

2. 找一個你真的有興趣的領域（未必是你一開始就能賺很多錢的領域），然後盡可能了解該領域的一切。這最好是競爭對手還沒那麼強大的某個新興領域。它必須是你最終——希望是在不久的將來——會產生投入的熱情的一個領域。如果真的想成功，你必須覺得在該領域工作真的大有樂趣，而非只是一份工作。

3. 找到有用的導師，也就是能夠指導你克服困難、建立專業技能的人。導師的指導和支持，總是可以使成功之路變得易走一些，而他們可以是你所在行業或其他行業的人。明智的建議和有用的介紹總是有幫助的。（假以時日，養成指導下一代人的習慣，對你自己的事業也同樣有幫助。）

4. 在你建立自己的專業技能時，找一兩個可以與你合作的人。投資有時可以是一項孤獨的事業，但有才華的投資人通常有合作夥伴來彌補他們在技能和知識方面的不足。不要假定自己是不需要任何人經常提供協助的投資天才。

5. 在你的一般關注領域和該領域之外建立人脈網絡。這種網絡可以幫助你在需要時獲得更好的資訊，也有助你獲得機會、想法、投資人、同事和接觸更廣闊的世界。最好的投資人有一個隨時可用的龐大而多樣的人脈網絡。

6. 與同事、合作夥伴以至任何人會面時，要做好準備，無論是面對面還是虛擬的會面。即興發揮有時可能顯得有趣或令人耳目一新，但事實上，最好的投資人和專業人士都為他們無可避免經常參與的許多會面和談話做好準備。他們知道自己想從會面中得到什麼，而且總是能得到。

7. 作出承諾之後要有行動跟進。這種守信的習慣將提高你的聲譽，而且將使你的投資人、同事和導師更可能希望與你密切合作。作出承諾之後不了了之，是專業界（包括投資界）較為常見的過錯之一。

8. 致力培養謙遜、合作與重視道德的名聲。事業上成功容易使人傲慢，投資界可能尤其如此。但是，願意傾聽別人的意見、接受建議、不吹牛、樂於助人的聲譽，對建立成功和令人欽佩的職業生涯大有幫助。不要因為受誘惑而越過道德界線，你的聲譽是你隨身最重要的東西，但可能因為你越過道德界線而被永遠摧毀。

9. 學會如何承認錯誤，並且盡快糾正錯誤，盡可能減少損失。投資人總是會犯錯，而真正優秀的投資人懂得何時承認錯誤、適時止損，然後把握下一個機會。也要學會接受指責，而不是經常指責別人（尤其是同事）。

10. 找一些投資以外的領域來拓寬你作為一個人的視野，體驗追求金錢和事業成就以外的事物。老實說，晝夜不停地埋頭於投資工作，並不是在投資界長期成功的良方。

也許上述各點全都顯而易見，但我們有時就是可能忽

略了顯而易見的東西。我常想，如果我在準備和展開我的投資生涯時懂得做好上述這些事，那該多好？我可以少犯很多錯誤。

同樣地，對年輕投資人或潛在投資人來說，做到上述這些事並不能保證成功，但這些建議通常不會使你陷入困境或損害你的職業生涯，而且幾乎肯定對你有幫助。

最後一點：如果你相信投資活動不但對你有益，對你所處的社會、經濟體和國家也都有益，你從投資這一行得到的滿足感將會大得多。如果你認為投資不過是比其他行業多賺一些錢的另一個行業，你將永遠不會有在這一行成功所需要的熱情、動力和歡樂，而且你會錯過投資（和生活）的很多樂趣。歸根結底，這並非只是錢的問題。

第一部
主流投資

歷史上最常見的投資可能是持有現金 —— 個人持有自己擁有的貨幣，相信通貨膨脹不會侵蝕其價值，而且樂見這些錢隨時可用。

當然，隨著許多人意識到持有現金（傳說中是藏在床底下）未必是最安全的選擇，世上就出現了替人們持有現金的銀行。銀行（或類似機構，例如儲貸機構或信用合作社）有時會支付不多的利息，以吸引人們存入現金。

把錢存在銀行或類似機構現在仍是一種投資選擇，而金融機構之間無疑存在吸引存款的競爭。

當然，有一些人擅長為自己的現金獲得最大的報酬，而且在美國他們懂得利用聯邦存款保險的保障（聯邦政府保證存戶某水準之內的本金是安全的）。本書不談這些人，而是著眼於能夠獲得非凡報酬的投資人，他們取得的投資報酬遠高於一般投資人。這種報酬上的差異，通常並非只發生在現金管理上。

在本書的第一部，我著眼於三個傳統投資領域 —— 固定收益、上市公司股票、房地產 —— 的投資人，以及傳統上投資於這些領域的捐贈基金和家族帳房（family offices）。

美國人在18世紀開始尋求高於持有現金的投資報酬，當時他們投資在政府和公司債券之類的固定收益工具上。這些投資旨在每年為投資人提供有吸引力和可預料的收益，並將按約定的時間償還本金。

　　這種投資被視為風險不大。政府債券被視為幾乎沒有風險，雖然現實中不時有政府違約，而且通貨膨脹高漲會導致投資人在收回本金時，因為購買力萎縮而有所損失。

　　當時人們認為風險較大的投資是股票，也就是投資於（上市或非上市）公司的股權。股票投資不保證能收回本金，但投資人最終有望獲得較高的報酬（雖然不如債券的報酬那麼可靠）。人們委託專業人士替他們管理投資時，通常認為債券和股票（以及一些現金）是投資組合的骨幹。（多年來，投資人的一個常用標準是股六債四——60％投資在股票上，40％投資在固定收益資產上。）

　　房地產通常被視為堪稱傳統投資的第三類資產。對歷史上多數人來說，房地產（通常是房子）是他們最值錢的資產。在18世紀後期，美國投資人開始投資於並非出於自身居住或經商需要的房地產。一如債券，房地產被普遍視為一種相當安全的投資，只要投資人沒有為了購買房產而欠下多到危險的債務。

　　近幾十年來，由於房地產投資機會變得比較複雜和多樣，而且報酬遠比傳統的基本房地產投資誘人，一些投資人開始認為許多房地產是「另類」而非「傳統」投資。考慮到絕大多數房地產投資不是所謂的「機會主義式」或「增值型」投資，本書把房地產歸入「傳統投資」這個類別。

　　傳統投資的三大支柱——債券、股票、房地產——是財富經理人通常為客戶尋找投資機會的領域。管理大量資本的其他組織，例如大學捐贈基金或退休基金，也是這樣。

固定收益

拉里・芬克 Larry Fink

貝萊德董事長暨執行長

> 「如果你專注於滿足客戶的需求，如果你能夠創造出比所處生態系所提供的更好的東西，你就有巨大的發展機會。」

在許多方面，近年來世界上最重要和最有影響力的投資人是拉里・芬克（Larry Fink）。他是貝萊德（BlackRock）的共同創始人，現在仍領導著該公司。貝萊德最初是固定收益投資公司，現在是世界上最大的資產管理業者。該公司為客戶管理的資產高達9.6兆美元，*替客戶投資於每一個主要的資產類別，包括固定收益（各種債權資產，例如債券）、上市公司股票、ETF（指數股票型基金）、私募股權，以及房地產。換個角度看，貝萊德不僅是全球最大的投資公司，也是最重要的投資公司之一。

不過，拉里具有巨大的影響力，並非只是因為他在1988年與夥伴從零開始建立的公司規模巨大。他的影響力

---

* 截至 2022 年 3 月 31 日。

也源自他對世界各地資產如何流動和投資人如何運用資金那種透澈、甚至是百科全書式的認識。

近數十年間，拉里還已成為許多國家元首、央行總裁和財政部長信賴的顧問——有時是正式的，有時是非正式的。事實上，他因為非常熟悉金融事務，而且在業界極受敬重，金融界一直有人認為，他應該在某個時候成為美國財政部長或聯邦準備理事會主席。

拉里在洛杉磯一個中產家庭長大時，或他從加州大學洛杉磯分校（UCLA）商學院畢業後，成為第一波士頓公司（First Boston）的債券交易員時，大概沒有預料到他現在這種成就（他在UCLA讀MBA時主修房地產）。甚至當他成為第一波士頓最年輕的董事總經理和最年輕的管理委員會成員時，應該也沒有預料到這種成就。現實中，很多華爾街青年才俊後來都沒有建立一家像貝萊德這樣的公司。

我知道，1988年我看到貝萊德為它的第一支債券基金成功募資的消息時，我不認為貝萊德或拉里將會有什麼重大成就。實際上，我本來不會那麼注意又一家新公司募資建立一支債券基金的消息，但我當年在白宮的同事拉夫·施洛斯坦（Ralph Schlosstein）是貝萊德共同創始人之一，而我記得我當時在想，年輕的卡特白宮助理——例如我——在政府工作時對神祕的金融世界知之甚少，現在卻投身於華爾街，這是多麼諷刺的事！不過，當時我認為——無疑一如許多華爾街中人——貝萊德不過是尋求在太陽底下立足的又一家債券公司。我沒有想到，假以時日，它將真的變成太陽。

我曾多次採訪拉里，並與他在外交關係協會（Council on Foreign Relations）董事會共事多年，在那裡我經常看到金融和外交政策領域的頂尖人物認真聆聽他對任何問題的

看法。2021年6月30日，我以虛擬方式訪問了拉里。

大衛·魯賓斯坦（魯）： 你在1988年創辦、至今仍掌管的公司，是世界上最大的投資管理公司，因此也是世界上最大的投資人，目前管理著9.6兆美元的資產，而且仍在成長。在你最瘋狂的夢想中，當你離開第一波士頓後創立這家公司時，你認為這種結果是有可能的嗎？甚至你能想像到這種結果嗎？

拉里·芬克（芬）： 我創辦這家公司時，不知道9兆美元意味著什麼。當時我甚至不知道1,000億美元意味著什麼。當時我們的想法是要做一些獨特的事，強調風險控管。華爾街公司往往急於達成交易或進行投資，不會總是重視風險控管。我們八個朋友走到一起，一起工作，目標是建立一家好公司。我在第一波士頓是個建設者，在這裡也是建設者。我們的目標是建立一家值得自豪的公司，擺脫那種大公司政治，專注於滿足客戶的需求，然後結果就是結果。

我們與許多金融服務公司不同的一點是，公司創始人當中沒有一個人有任何財務方面的野心。我不認為有任何人認為貝萊德的道路是追求發財。發財是成功的一個結果，但我們當中沒有一個人的主要動機是追求物質財富和發大財。我們想做的是建立一些我們會引以自豪的東西。

魯： 你在洛杉磯一個中產家庭長大，家人不曾涉足金融或投資事業。你在UCLA取得大學和碩士學位之後，去了紐約，加入第一波士頓公司。是什麼促使你這麼做？你的家人對你從西岸搬到東岸有何看法？

芬： 我原本一直打算在洛杉磯投身房地產業。在我上學的最後一年，我碰巧遇到高盛（Goldman Sachs）的幾個合夥人，因此對華爾街產生了興趣。我開始投入面試，然後

第一波士頓給了我一份交易方面的工作。那時候我完全不知道交易是什麼，但我就是覺得這適合我，比所有其他機會更適合我。在紐約參加面試，是我生平第一次身處紐約市。那是我第一次看到下雪，感覺很好。我爸媽非常熱心。我告訴父親我的起薪是20,000美元時，他說：「你不值那麼多。你還只是個菜鳥。」這是我對父親的記憶。

魯： 你在第一波士頓的專業是什麼？你買賣債券時，是認為這是某種形式的投資，還是認為這份工作不過是找到一個買家和一個賣家？

芬： 我的第一份工作是處理不動產擔保證券（MBS），因為我有房地產財務學背景。華爾街並不重視投資。華爾街重視的是資金流轉速度。這是華爾街一個腐敗之處，因為它不重視長遠，只追求促進交易。

　　我在MBS交易檯的第一天是做教育工作，因為沒有人知道這些類型的證券。房利美（Fannie Mae）和房地美（Freddie Mac）要到1981、82或83年才開始發行MBS。我的職業生涯的基礎是教育客戶，幫助他們認識這個新的資產類別，而隨著這個資產類別成長，我們得以擴張。我在第一波士頓成長的基礎，成了我們在貝萊德成長的基礎。

魯： 你幫忙發明了一種證券化業務，使房貸和以前無法賣給投資人的一些其他資產得以證券化。這項創新是否在許多方面改變了華爾街？業者是否得意忘形，導致價格過高的許多資產證券化？*

芬： 好事往往會變成壞事。這是市場運作的結果。

　　證券化的故事沒有得到應有的重視。在1970年代末，

---

* 在美國，證券化始於1850年代，但隨著1857年恐慌（當時許多與鐵路融資有關的抵押貸款垮掉了）發生而告一段落。1970年代初，隨著政府相關實體開始將住宅房貸打包成提供可預料的利率和本金償還日期的證券，證券化業務復興。

消費者層面的房貸與10年期美國公債之間的利差約為450個基點，也就是4.5個百分點。藉由證券化，我們將這個利差縮減至約150個基點，也就是1.5個百分點。你想想美國人因此節省的利息支出，想想美國人購買房屋的機制，就會明白證券化是更多美國人有能力買房子的一個根本原因。**

受政府影響，房貸授信標準2004年開始改變，重點是要讓更多人擁有房子和降低頭期款，結果是許多信用品質較差的人能夠獲得他們以前無法獲得的房貸。這些貸款通常被稱為「次級房貸」（subprime mortgage），後來引發了金融危機。不動產擔保證券的結構仍然強健，對社會仍有幫助。如果管理不當，所有的好東西都可能導致不好的結果，這就是實際發生的事。但是，如果你想想，即使爆發了金融危機，美國人為獨棟住宅房貸支付的利率，只是比10年期美國公債的利率高150個基點左右，因此節省了非常多的利息支出，你就會看到證券化的驚人成就。***

魯：你在第一波士頓是超級巨星。為什麼你會決定離職創辦一家名為貝萊德的新公司？你離職時，你在華爾街的同事是否很好奇你在幹什麼？

芬：我31歲時成為第一波士頓執行委員會最年輕的成員，34歲時成為第一波士頓的棄兒，因為我的部門發生了重大損失，這是我離職的基本原因之一。當年在第一波士頓，我們沒有風險控管，這問題我怪自己多過怪公司。我們在

** 基點是金融市場常用的一種度量標準，最常用在利率上。100個基點相當於1個百分點；25個基點是0.25個百分點。

*** 10年期美國公債是最安全的固定收益投資的傳統基準，美國財政部因此可以輕鬆地以所有固定收益工具中最低的利率發行這些債券。10年期美債實際上是固定收益證券化的黃金標準。對一種沒有美國政府擔保的債務工具來說，利率僅高於10年期美債150個基點是非常低的利率。

做規模巨大的交易。多年間，我們是公司裡最賺錢的部門，直到我們不再是。有一季，我們部門損失了1億美元，我因此被怪罪。公司沒有夥伴精神，我一直沒有原諒這一點。轉眼間，夥伴精神和友誼的這整個概念證明是假的。

那是在1986年，我花了一年半的時間確定自己想做什麼。一年半之後，我離開第一波士頓，與百仕通集團（Blackstone）合作創辦了貝萊德。

魯：創辦貝萊德時，你的抱負是什麼？當時百仕通提供500萬美元的信用額度，換取你們公司約40％的股權，為什麼會有這筆交易？你們是否曾動用該信用額度？你們最初的著重點是什麼？

芬：第一波士頓的那整件事摧毀了我的自信心。我有幾個朋友打算提供資金，支持我創辦自己的公司。我被百仕通的史蒂夫和彼得〔共同創始人史蒂芬‧史瓦茲曼（Stephen A. Schwarzman）和彼得‧彼得森（Peter G. Peterson）〕吸引，尤其是他們對夥伴關係的說法。我成了百仕通集團的第四個合夥人。我覺得那裡會有我在尋找的牢固夥伴關係和友誼。

如你所說，他們提供了500萬美元的信用額度，換取貝萊德40％的股權。我想我們曾動用10萬美元，然後我們就開始賺錢，而到了年底，我們就取消了那個信用額度，結果就是百仕通集團白白獲得他們的40％股權。我們隨後迅速成長。我們非常成功，甚至在頭六個月裡就是這樣。這是我覺得史蒂夫‧史瓦茲曼功勞很大的地方，他對我的信心比我對自己的信心還要大。我們的快速成長，是我們幾年後與百仕通集團分開的開端。

魯：後來你們收購了美林證券（Merrill Lynch）的資產管理部門和巴克萊全球投資（BGI），你展現了你在投資方面

的精明。這些投資對貝萊德從債券投資業務擴展至上市公司股票和ETF業務是否有幫助？

芬：起初我們基本上是一家債券公司〔一家募集資金投資於公司債和政府債券的公司〕。1999年我們做首次公開發行（IPO）時，公司管理的資產約為3,000億美元。那完全是有機成長的結果〔靠公司本身發展、而非併購所獲得的成長〕。在那一年的IPO中，我們可說是慘敗。那是網路股受到熱烈追捧的年代。事實上，因為市場反應太差，我們被迫調低新股發行價區間，股價倍數比同業低四點〔也就是說，當時資產管理公司的本益比（PE）為20倍，而貝萊德的新股定價為16倍〕。市場對我們IPO的反應就是那麼差。

當時人們不喜歡債券投資管理公司，不喜歡主要服務機構投資人的資產管理公司。隨後就發生了網路股危機，股票和共同基金受重創。但在貝萊德，我們所展望的成長率全都實現了，這一點非常重要。三年間，我們的股價從四倍的折讓變成了四倍的溢價〔也就是說，我們的本益比是22倍，而競爭對手的是18倍〕，我們做得很好，資產管理業的其他公司則表現不佳。

2000年代初，我們開始接洽不同的公司。客戶希望和貝萊德建立比較全面的關係。我們與五、六家不同的公司進行了全面的討論，與幾家資產管理公司建立了密切的關係。

第一筆大交易是在2005年從大都會人壽（MetLife）手上收購道富研究（State Street Research），這奠定了我們的成長模式。因為收購道富研究，我們看到我們有能力從事併購，有能力吸收所收購的公司。我們能夠把道富研究放到我們的平臺上。不到一年後，我們收購了美林證券的資

產管理業務，因此涉足全球股票和國際業務，這是貝萊德之前沒有的。因為收購價夠低，這是我們的一項增利型收購〔（accretive acquisition），貝萊德的每股盈餘因為這項收購而增加〕；除此之外，它還為我們奠定了國際成長和成為股票投資管理公司的基礎。

然後，就發生金融危機。當時有一種觀點認為，指數型或被動式投資的文化與主動式投資不同。我一直在想：「為什麼不同？」如果你的客戶正在使用所有這些不同類型的產品，無論是指數或被動或主動式策略，為什麼我們不能跟他們討論提供全面的服務？我們每一筆交易的動機都是：「我們是否可以擴大我們的業務版圖？我們是否可以為客戶提供更完整的投資選擇？」

2009年，巴克萊集團掛牌出售旗艦業務iShares ETF部門，我們經由談判，不但買下了iShares，還收購了巴克萊的整個資產管理部門BGI。雖然我們為此付了很大的溢價，這項交易仍提高了我們的本益比。我們做收購與其他公司最重要的一個差別，反映在這個事實上：我們收購美林資產管理業務一年後，以及收購BGI一年後，我們的員工多了一千人。

在這兩個例子中，我們做收購是為了成長和產品，不是為了降低成本。一切都是為了在全球建立我們的版圖和平臺。

這就是最大的差別。即使是現在，資產管理業的收購交易，多數都只是出於整合（consolidation）的目的。我們所做的收購，則是為了成長和與客戶建立更深的關係。

我們對收購BGI（包括iShares）極有信心，結果證實我們是對的。2009年，iShares掌握的客戶資產為3,400億美元，現在則是接近3.1兆美元。

魯：除了收購，你們是否有什麼祕訣？你們能夠成為世界上最大的資產管理公司，是因為你們獨特或非華爾街的組織文化，你們的員工彼此相處和對待投資人和股東的方式嗎？還是因為某種願景？

芬：文化是凝聚一個組織的東西。文化是使組織與眾不同、獨一無二的東西。我的時間至少有30％花在我們的文化上，甚至更多。

　　我們的主要文化基礎之一，是一個共同的技術平臺。你看金融服務業，你看所有的銀行和保險公司合併案，後果之一是一場金融危機，因為許多金融服務公司從未整合到一個共同的平臺上。我們一直有這樣一個基本信念，認為我們在世界各地都要用一個共同的全球平臺。我們能夠做這些巨型收購的一個重要原因，就是我們擁有這個技術平臺。

　　此外，我很早就認為全球資本市場將成為全球經濟成長的引擎。現在我仍然認為是這樣，雖然有人擔心我們過去三十年經歷的全球化正在發生變化。

　　這個基本信念是我們做那些收購的基本原因。我們收購BGI時，人人都說我們將變得太大。當時我們掌管2.7兆美元的資產，相當於全球資本市場的1.6％。現在我們掌管9.6兆美元的資產，相當於全球資本市場的1.9％左右。

　　事實是，如果全球資本市場沒有成長，我們不可能達到今天的規模。許多銀行在隨便某個州擁有10％或12％的存款。許多金融服務公司控制著其所處生態系30％或40％的資產。而即使我們這麼大，我們控制的資產，也僅占我們所處生態系的1.9％。

魯：你們的全球版圖是否使你們對世界各地的動態別有洞見，因此對你們所做的投資有幫助？

芬：這是毫無疑問的。因為在世界各地設有辦事處和替客戶管理資產，因為與更多客戶有更深入、更廣泛的對話，因為傾聽客戶的需求，我們會有一些獨特的見解，而這些獨特見解轉化為我們的阿爾法〔特定類型的投資在特定時期內超過市場平均水準的投資報酬〕。

魯：你們是否因為早早使用最新技術而占得優勢？阿拉丁（Aladdin）是什麼？開發它有多困難？

芬：阿拉丁〔貝萊德專屬的風險控管軟體平臺〕的基礎，是我在第一波士頓的失敗經驗。擁有我們自己的風險控管平臺，使我們能夠更好地了解我們承受的風險。阿拉丁並非只是從一個風險控管平臺發展起來，它成了公司的心臟，為整個組織輸送血液。它是一個真正的後、中、前臺技術平臺。它的功能比風險分析廣泛得多。它創造了極佳的效率和更好的對話。它增強了我們的文化。它源自我們的這個基本信念：技術將塑造我們的身分和特徵。

在 COVID 大疫創造出來的新工作世界裡，擁有像阿拉丁這樣的技術平臺作為我們所有工作的中心，是我們與眾不同的一個關鍵因素。它使我們能夠靈活調整我們的業務模式，使我們的員工能夠順利過渡到遠端工作模式，使我們能夠比較輕鬆地與世界上任何地方的客戶聯繫，使我們能夠接觸每一個財務顧問，幫助他們更好地完成工作。掌握先進技術去創建模範投資組合、使投資民主化，以及創造客製化的債務或指數，使我們占有獨特優勢。我們可以與每一位客戶合作，試著設計反映他們願望的投資組合。

魯：人們把資金託付給你們時，最在乎的是報酬率、風險調整報酬率、可以使用的良好稅務紀錄，抑或只是比較好的指導和建議？投資人把超過9兆美元託付給你們，真正想要的是什麼？

芬：有些客戶最在乎總報酬。有些客戶最在乎稅後報酬。有些客戶最在乎安全。最重要的是，客戶在尋找可以信賴的人，幫助他們確保未來財務無虞。

　我們管理的資產有三分之二是用於退休養老的資產。對這些資產來說，重要的不是交易，不是迷因股，也不是加密貨幣。最重要的是幫助我們的客戶退休後可以有尊嚴地生活。我們堅持著眼長遠，我們不參與關於市場即時動態和起伏的爭論。我們不涉入當下最熱門的股票或IPO。我們與客戶的對話，全都著眼於如何塑造一個投資組合以滿足他們的中期和長期需求。

魯：機構投資人想要的，與個人投資人想要的是否大有不同？

芬：若干年前我會說是。我會說個人投資人在增加，金融素養在提高。機構投資人，我們全都著眼於相對績效與責任。但是，有越來越多的機構投資人追求良好的長期報酬。他們也對絕對報酬感興趣。個人投資人比較重視風險調整基礎上的絕對報酬。現在，利用我們的技術，我們可以向他們展示這些。我們可以模擬他們的投資組合在不同的利率情況下、不同的經濟狀況下的表現，以便他們判斷自己是否可以承受這種波動或風險。世界各地所有的投資人出現了將願望融合成一種共同風格的趨勢。

魯：你們一直是ESG方面的領導者，甚至聲稱你們投資的公司必須遵循良好的ESG守則，包括良好的多樣性守則和環境守則。你們為什麼這麼做？這對你們的業務有幫助、有傷害，還是沒有影響？

芬：我不認為我在這方面有獨特的先見之明。2019年，我注意到我們與客戶的對話發生了巨大的變化。2019年所有的對話，有30％是關於永續發展和治理的。作為一個從事

金融業超過四十年的人，我很清楚，金融界發現問題時，會把問題提出來。我很清楚，這將會像1970年代和1980年代的MBS那麼重要，這將會像我們習慣的許多其他趨勢那麼超越。我們在2019年重新啟動了整家公司，而這顯著加快了我們的成長。

現在，受COVID大疫促進，越來越多客戶視永續發展為他們塑造投資組合的主要基礎。這就是我們的前進方向。我認為，永續發展將與風險控管的其他衡量標準沒有差別。

這就是為什麼在貝萊德，我們比世界上任何一家投資管理公司都投資更多在氣候風險分析技術上，以便認清投資組合層面、個別資產層面和個別公司層面的氣候風險。我們都必須遵循美國的信託標準規則。你必須記錄所有投資和證明這些投資是正當的。我們一直積極地投資，以便我們有最好的分析工具來認識所有資產類別的氣候風險和轉型風險。我們這麼做是因為我們認為這是一種投資風險。有越來越多客戶重視這一點，而這真的促進了我們的成長。

魯：巴菲特每年寫信給他公司的股東，告訴大家他的想法。他普及了這種做法。在寫信給股東的人當中，你和巴菲特很可能是最傑出的。寫那封信花你多少時間和心思？

芬：估計有數百個小時。我通常要到9月才動筆，但從9月到1月，這是我生活中非常重要的一部分。

財經媒體的主要話題是市場，圍繞著市場的最新動態。我們已經失去了著眼長遠的敘事。我們已經失去了關注希望退休後過有尊嚴生活的男男女女、探討對他們重要的事情的那種敘事。我2012年的第一封信完全著眼於長期主義（long-termism）。然後在2018年，我探討了利害關係

人資本主義（stakeholder capitalism），說明了這對長期主義為何重要。我收到了很多仇恨郵件，來自極左派和極右派。但我的信得到了客戶的好評，而我確實認為這對公司的發展有幫助。

魯：你認為自己現在更像是一位執行長、一名公司經理人，還是一個投資人？你還參與策略性投資決策嗎？

芬：我不負責公司的日常運作，這種情況已經很多年了。我有優秀的管理人員。我不是擅長管理大規模業務的人，這不是我的強項。策略和文化是我做得好的兩種基礎工作，而且我現在仍做得很好。我非常擅長處理客戶關係。我專注於大策略——關於我們要去哪裡、我們在ESG方面做些什麼，以及所有的收購。

　　我現在的希望是，在我的貝萊德職涯走到尾聲時，其他人可以接過我的這些責任。我花很多時間與董事會關注組織的發展。確保組織在創始人離開後運作良好，是領袖精神最重要的部分。你想知道公司一直以來如此成功的一個主要原因嗎？我知道我的弱點，而且我有很多弱點，但是我建立了一個有才能的團隊幫助我。

魯：很多年來，你是許多央行總裁、財務長和國家元首在金融和相關投資事務方面的非正式顧問。這件事對你來說有多複雜？COVID大疫爆發後，你是否必須以虛擬方式做這件事？與這些高官交談，對你在世界各地獲得洞見是否很重要？

芬：我最重要的洞見，來自前往某個國家，一天參加10場會議，吃過晚飯後搭飛機前往另一個國家，再參加10場會議，與我們的客戶、監理官員、政策制定者或國家元首交談。當你在飛機上，當你有時間休息時，你會試著累積消化那些談話。你會想：是否有某個共同的想法從一個國

家傳到另一個國家，從一個客戶傳到另一個客戶，從政策制定者傳到國家元首那裡？這種洞見只能靠當面交談或餐聚獲得，而我在COVID疫情期間非常想念這些。疫情期間，我們經常利用Zoom交談，就像我們現在這樣。

我剛從沙烏地阿拉伯回來，在那裡的兩天很可能是我這一年中最喜歡的兩天，因為期間我學到了許多關於中東政治和能源的東西。下個星期我整週都將在歐洲。這些行程賦予我確定政策策略和見解的動力。它促進我與政府領袖和客戶的對話。這一切會累積起來，就像沉積岩——這裡一層，那裡一層，很快你就會有一些東西。

魯：各方人士與你分享大量資訊。有什麼訣竅可以使人相信你的資訊保密能力？你如何處理所有這些資訊？這件事困難嗎？

芬：一點也不難。我們能獲得客戶託付那麼多資金，我們能與國家元首、監理官員和政策制定者進行這些類型的對話，是因為人們信任我們。事實證明，我們在各方面都是可靠的受託人。

我們有許多批評者。一如每一家公司，我們的聲譽極其重要。我嘗試告訴大家的是，我們為客戶管理資產，藉此賺取服務費。我們不為自己的利益投資，沒有因為為自己投資而產生的資產負債。作為受託人，我們掌握的所有資訊，都是直接為我們的客戶服務的。我是世界各地一些重要對話的受益者，而關鍵是信任。你一旦破壞了信任關係，就不會得到信任。我希望我給出的比我得到的更多。有人問我的意見時，我是在提供資訊，而不是取得資訊。

魯：作為世界上最大投資公司的執行長，你對投資一定有一些成熟的想法。你是否有一些應用於貝萊德投資活動的一般規則或箴言？

芬：是的，但我已經多年沒在交易檯上工作了。文化比其他的一切更重要。我們致力培養最好的投資人。我們圍繞著共享公開的資訊和分享見解建立了一個組織。我確實相信這是我們目前在主動報酬方面非常成功的基礎，最近的一些績效幾乎是我們歷來最好的。這花了很長時間，因為歷史上投資人希望創造自己的孤島。我們不希望任何人創造自己的孤島。我們成功的關鍵，就是這個資訊社群。

魯：你看到投資人最常犯的錯誤是什麼？是投資過度集中，還是仰賴新聞標題？

芬：他們現在可能正在犯這種錯誤。我們習慣了一種經濟環境，然後就假定這種環境會永遠持續下去。

　　眼下的挑戰是通貨膨脹。30年來，我們身處一種偏向通縮的環境，但是這種環境已經結束了。我們也經歷了流動資金非常充裕和利率非常低的一段時期，這也可能結束了。

　　投資人不應假定我們今天所感知的，七年後也將一樣。我在2004年和2005年就有這種感覺。一般來說，失敗是流動性和槓桿問題造成的。此外，我們顯然有政治問題，也有環境問題。

魯：我想，在貝萊德應該有人負責管理你的資金。這工作容易嗎？會有人想負責管理老闆的資金嗎？

芬：我很擅長管理我的資金。

魯：你管理自己的資金？

芬：是的，沒錯。

魯：市場上是否將出現一些與ETF相當的新產品？ETF在1980年代末和1990年代初面世時，在許多方面改變了投資世界。你是否看到不久之後，將出現類似的東西？

芬：ETF之所以帶來許多改變，是因為它是一種比共同基金更好的產品。我們在2007年看到了這一點。你可以用

Larry Fink

ETF管理你的課稅基礎（tax basis），但不能用共同基金做這件事。ETF一整天都有買賣價差；共同基金則是在一天結束時，才處理贖回和認購指示。這是ETF好過共同基金的許多原因之一。

我們正在開發一種名為「終身收入」（"LifePath Paycheck"）的產品。我們認為，世界上最大的無聲危機是退休金不足。我們已經研究了一種改造確定提撥退休金計畫的新方法，使退休金計畫參與者退休時得到比較像確定給付計畫那樣的保障。我們相信，我們正在做的事將重塑退休金計畫的面貌，將重塑確定提撥退休金計畫業務。我們在這方面所做的，同樣是聚焦於客戶的需求。

沒有足夠多的人注意到退休金不足的危機。如果你專注於滿足客戶的需求，如果你能創造出比所處生態系所提供的更好的東西，你就有巨大的發展機會。

魯：從事金融業或投資業，有什麼特別令人興奮之處？為什麼有才華的年輕人，應該考慮投身金融業或投資業？

芬：這一行不是人人都適合。如果你想在金融和投資界成功，如果你想在這一行做很久，你必須終身學習。你必須每天再教育自己，認識這個生態系中發生的事。我喜歡市場，因為市場不斷在變。雖然我的樣子不年輕了，但是我覺得自己是年輕的。我每天都在挑戰自己。這就是為什麼我說這一行不是人人都適合。

很多人不想持續成長，他們只想享受。但是，對那些喜歡應對變革挑戰的人，對那些喜歡全球資本市場作為全球經濟活動引擎的人來說，這是很好的職業。從事這種工作的快樂，來自對學習、再教育、與時俱進、日新又新的渴望。

每年夏天都有一批年輕的實習生加入我們公司，我上

臺對他們講話時，會說：「如果你認為你受教育的階段已經結束了，貝萊德不適合你。如果你想在金融和投資業有光明的職業生涯，你就必須每天挑戰自己，持續成長和學習。你一旦停止成長和學習，就會被人超越。」

魯： 如果你沒有投身金融業，你認為你會做什麼？

芬： 這是我永遠不想去想的一個假設性問題。我很可能會從事房地產業。

魯： 你會成為世界上最大的房地產開發商？

芬： 我不這麼認為。

上市公司股票

羅恩‧巴倫 Ron Baron

巴倫資本創始人暨執行長

Ron Baron

> 「我不視投資為賭博。我視投資為努力照顧自己和家人的長期利益。」

近年來，許多希望從上市公司股票價值上漲中得益的個人和機構捨棄了傳統的股票共同基金，轉為利用市場指數基金和ETF投資於股市。這些投資工具只是致力貼近市場的表現；不試圖挑選最好的股票或債券；高度仰賴電腦驅動的模型，而不是人為判斷；而且可以透過公開的交易所買進和賣出，費用極低。許多人已經形成一種牢固的觀念，認為公開交易的市場非常有效率，很難持續創造優於大盤的投資績效。因此，現在許多投資人認為，要從股市上漲中得益，買進並持有市場指數基金或ETF，要比借助股票共同基金的選股能力安全一些，而且成本低得多。

但是，雖然許多人抱持這種看法，有一些股票共同基金（投資人不能在市場交易時段內隨時買賣）還是能夠長期打敗大盤，而儘管市場上有ETF和費用非常低的指數

基金，這些表現突出的共同基金仍蓬勃發展。羅恩‧巴倫（Ron Baron）創立的巴倫資本（Baron Capital）就掌管一系列的此類基金。自1982年成立以來，巴倫資本的基金為投資人創造的報酬率，平均每年高於基準指數約500個基點。巴倫資本因此得以管理超過500億美元的資產，在投資人中擁有一群忠實的追隨者，其中不少人幾乎是從該公司成立以來就一直投資於其基金。

羅恩‧巴倫受過律師和股票分析師訓練，他如何創造出如此誘人的投資報酬（和忠實的追隨者）？他的做法是仿效巴菲特——尋找經營地位和管理團隊強健的企業（管理層最好持有公司不少股份），買進這些公司的股票，然後幾乎是永久持有，盡可能降低交易成本和賦稅對投資報酬的損害。羅恩和他公司的分析師們喜歡關注科技、消費者偏好和人口結構方面的長期趨勢。他絕對不是短線市場交易者。

當然，他的投資方法實際上要複雜一些，否則人人都會像他那麼做。他對所投資的公司做非常大量的研究，而且傾向支持這些公司度過難關，很少賣掉持股，通常只會在股票大幅升值以致未來的報酬料將「普通」，或公司出現意料之外的重大問題時賣出。

這種方法近年對羅恩非常有效：他決定追隨企業家伊隆‧馬斯克（Elon Musk），成為特斯拉（Tesla）的早期投資人，持股相當多。他也是太空探索技術公司（SpaceX）的大投資人，儘管該公司尚未上市；羅恩提供給投資人的巴倫共同基金私募股權投資組合持有SpaceX的股份。

我第一次見到羅恩是2012年凱雷集團要上市的時候，我在我們的投資人說明會中見到他。我很驚訝一家投資公司的負責人親自做詳細的盡職調查；他做了大量的筆記，

問了一些很有見地的問題。後來他買了凱雷的股票，成為大股東。隨後很多年，凱雷股價沒有持續上漲（雖然股息很有吸引力）。但羅恩堅持持有，而巴倫的投資人現在是快樂的得益者——凱雷的股價，包括股息，從新股上市到我這次訪問羅恩時，年均上漲超過16%。

羅恩還以另一種方式善待他公司的投資人。巴倫資本的年會在曼哈頓林肯中心的大都會歌劇院舉行，羅恩每年私人出錢請來超級巨星為他的投資人表演。共同基金公司的年會請來芭芭拉・史翠珊（Barbra Streisand）、貝蒂・米勒（Bette Midler）、保羅・麥卡尼（Paul McCartney）、比利・喬（Billy Joel）或艾爾頓・強（Elton John）表演，是非常罕見的。但巴倫資本正是這麼做。

不過，巴倫資本的投資人如此忠誠、如此滿意，是因為羅恩帶給他們的投資報酬非常好。2021年8月26日，我在羅恩位於紐約東漢普頓的家裡，為彭博電視節目《與魯賓斯坦談財富》（*Bloomberg Wealth with David Rubenstein*）訪問了他。

———

大衛・魯賓斯坦（魯）：你很早就已經是特斯拉和SpaceX的忠實支持者，當時沒什麼人認為這兩家公司值得投資。你早期看到了特斯拉哪些東西？你現在在SpaceX看到什麼？

羅恩・巴倫（巴）：關於特斯拉，早期我認為機會是將我們在美國和世界各地製造的汽車從汽油車轉為電動車。我是押注看好伊隆・馬斯克，當時多數人不看好他。特斯拉要成功，馬斯克必須是了不起的工程師、傑出的領導者，而且必須對技術有無與倫比的認識。然後，他必須對抗根深柢固的利益集團，包括汽車經銷商、汽車公司，以及石油公司、能源企業。克服這些困難真的不容易，因此你不

難理解為什麼會有人放空它。我們也有一段時間認為不應該投資特斯拉，然後我們在2014年至2016年間投資了3.8億美元，相當於我們當時資產的1.5％。我們至今已經賺了60億美元，而我認為未來十年，我們還將再賺三倍或四倍。

魯： 那SpaceX呢？

巴： 概念是一樣的。SpaceX是要顛覆一個仰賴成本加成合約、利潤得到保證的行業。航太業不想創新。他們有一項生產火箭的業務，而他們認為如果火箭可以反覆使用，市場對新火箭就不會有強勁的需求。

結果就是業界沒有創新。他們將火箭生產工作分包出去，結果是火箭越來越貴，但政府就是會買單。然後他們運用了壟斷力量。洛克希德馬丁（Lockheed Martin）與波音合資成立了聯合發射聯盟（ULA）。他們告訴政府，火箭的價格將會下降，結果卻是相反。

然後伊隆出現了，他說：「我有一個便宜的方法上太空，這個方法就是重複使用火箭。」其他人都說這是不可能的，結果是除了伊隆，沒有其他人嘗試完成這項非凡的壯舉。

伊隆真的做到了。他現在能夠以低廉的成本發射火箭上太空。現在因為發射成本便宜，有機會利用衛星通訊技術為消費者提供寬頻服務，可以產生上兆美元的收入。世界上一半的人沒有寬頻可用，這將是可以真正產生大量現金流的一項業務。伊隆現在有大約兩千顆衛星，是廉價的衛星，最終將會有一群多達三萬顆的衛星。當你可以反覆使用火箭時，發射費用就很低。你因此有機會放大量的衛星，為人類的需求服務。

魯： 你是否有特斯拉的車？

巴： 是的，我有三輛。應該是四輛。

魯：你開這些車時，如果覺得「也許這裡可以做得更好」，是否會打電話給伊隆，跟他說：「你可以搞定這個問題嗎？」

巴：我們真的有這麼做。我們買第一輛車時，我太太抱怨遮陽板上沒有化妝鏡。我說：「怎麼可能沒有化妝鏡？」我們才剛和這些汽車的設計師參觀過他們的工程部。我打電話給他說：「我老婆抱怨沒有化妝鏡。」他說：「是啊，我們必須做一個特別版的特斯拉」，額外加面鏡子。那是我太太的主意。

魯：我們來談一下你如何開始做這一行。你是在紐約長大的嗎？

巴：是在紐澤西的阿斯伯里帕克〔紐約都會區的一部分〕。

魯：你在成長過程中是否說過「我想從事投資業」？抑或你像許多男孩子，想成為職業棒球員？

巴：我父母希望我成為一名醫師。

魯：那你對父母說了些什麼？

巴：有一年夏天，我白天當救生員，9點做到5點，然後11點到7點在本地醫院的急診室工作。進來的人通常是受了槍傷或被刺傷。那時我是個很瘦的孩子。我必須把他們按住在輪床上，直到親屬同意做手術。有些人在我按住他們時就死了。這是一項工作。第二項工作是急診室會有醉漢進來，他們會把便盆弄得亂七八糟。我必須清理便盆。第三項工作是有人死去後，我必須把他們包起來，然後放進冰櫃。這些就是我的經歷。我討厭這種工作。

魯：所以你決定不去讀醫學院。

巴：對。我沒有考上醫學院。然後我對自己說：「反正我也不是真的想做這個。」

魯：那麼你在哪裡上學？

巴：我去了巴克內爾大學（Bucknell University）。大學主修化學。然後我拿了個研究生獎學金，在喬治城大學讀一年的生物化學，因為我不想去越南。那時我也做服務生和酒保的工作。我一年獲得1,600美元的研究生獎學金，住在岩溪公園的一個地下室裡。

　　然後在那年夏天，我為了多賺一點錢，挨家挨戶推銷富勒刷子（Fuller Brushes）。我敲某家的門，有個男士應門。我的人生因此改變了。他應門時穿得很像樣，身穿一件西裝外套、一條休閒褲，以及一件襯衫。他太太在廚房為他做晚餐，家裡的窗戶看得到風景。我問他：「你是做什麼的？為什麼你不用去越南？」他說：「我是一名專利審查員。這是免服兵役的工作。我年薪11,000美元！」我問他：「怎樣可以成為專利審查員？」他說：「你先參加法學院入學考試，然後如果你成績好，可以應徵美國專利局的工作，你就有機會成為專利審查員。你可以延後服役，因為專利審查是一種關鍵技能。」

　　就這樣，我這個主修化學的人去考了法學院入學考試，得到了好成績，進了喬治華盛頓法學院。我晚上去法學院上課，白天在專利局工作。所以，那個人可說是改變了我的人生。

魯：你是如何從喬治華盛頓法學院和專利審查員的工作轉到投資業的？

巴：我在我的猶太教成人禮之後，對股票市場產生興趣，因為我有一些朋友獲贈柯達公司（Eastman Kodak）和寶麗萊（Polaroid）的股票，是他們富有的祖父母送給他們的。當年寶麗萊是250美元的股票，柯達則是40或50美元，是績優股中的績優股。那是支持他們將來上大學的餽贈。我說：「我想投資股票。」我父親說：「我們不能投資股票。

我們從未做過這種事。」事實上，支持我創業的其中一個想法，是我希望幫助像我父母這樣的人投資股票市場。

當時我有 1,000 美元，我父親說：「如果你能向我解釋你想投資某家公司的原因，我就為你開一個帳戶。」我就去了這家叫麥唐納（McDonald & Company）的證券經紀商，它就在阿斯伯里帕克高中旁邊。我放學後去那裡，看到那些人，那些 40 歲或 50 歲的老傢伙們，他們坐在那些綠色椅子上，看著往往沒什麼動靜的收報機紙帶。我想，那時紐約證交所每天有 2,500 萬股的買賣，美國證交所則是每天 100 萬或 200 萬股。我拿到了一份關於孟莫斯郡國民銀行（Monmouth County National Bank）的報告。這家銀行離我住的艾倫赫斯特（Allenhurst）很近，就在阿斯伯里帕克城外。我告訴父親為什麼我想投資它，然後他就讓我投資。當時它是 10 美元一股，我買了 100 股。在接下來的六個月或七個月裡，該股每天或是價格不變，或是上漲八分之一美元。然後它被收購了，每股 17 美元。所以我的 1,000 美元變成了 1,700 美元。我說：「哇！這樣賺錢真容易。我想做這個。」

魯：你是在哪一年創辦你的公司？

巴：1982 年。我 1969 年來到紐約。我當時負債累累，住在紐澤西州我朋友家的地下室，失業了三四個月。我以為我永遠也找不到工作了。我當時想在中央公園外面開一家自行車店。

我跟我爸說：「我永遠也找不到工作，現在那麼多人失業，他們是分析師，都被炒掉了。」我父親說：「你一直想做這個。你不能停下來。你必須嘗試。」最後，我找到了一份分析員的工作。

魯：在一家證券經紀公司嗎？

巴：就是詹尼・蒙哥馬利・斯科特（Janney Montgomery Scott）這家公司。我在紐澤西普林斯頓為一個叫東尼・塔貝爾（Tony Tabell）的人工作。他為我選一些股票，然後我每週去拜訪那些公司，寫一封信發給公司的銷售人員。他們有250名經紀，而我就是整個研究部門。

魯：這份工作你做了多少年？

巴：一年。

魯：是不是因為你決定是時候創立自己的公司了？

巴：不是，我是被炒掉的！

魯：你被炒掉？為什麼會被炒掉？

巴：因為當時東尼在挑選股票，而我注意到通用開發公司（General Development），這是佛羅里達州一家土地開發商。我認為，考慮到通貨膨脹，這家公司沒有準備足夠的資金來開發他們的房產。我寫了一份報告表達這個看法，發表在《華爾街實錄》（*The Wall Street Transcript*）上。當時通用開發的股價是32或33美元，就開始下跌。董事長打電話來對我說：「你在做什麼？你錯了。」那天下午，我就被炒了。通用開發公司最後破產了，但我還是因為這件事被炒了。

當時我寫的每週通訊有發給艾倫・艾貝爾森（Alan Abelson），他是《巴隆週刊》（*Barron's*）的一名編輯。我打電話給他，看他能否推薦我做另一份分析員的工作。我不知道我為什麼會打電話給他。但我就是打了電話，而他邀請我去他公司參觀。他想請我當記者，他非常喜歡我的文筆和思考方式。我說：「非常感謝你，但我一直想當一名分析員。」他說：「你把我的名字放在你的履歷上吧，讓我當你的推薦人，我會推薦你。」這幫助我得到下一份工作。

　　突然間，我成了一名服務機構投資人的分析師。然後我和法學院的一個朋友成為夥伴，在1973年至1982年間一起工作，賣研究報告給對沖基金。我們有100個客戶。我們會向他們推薦股票，他們可能買進，也可能不買。我的收入是基於經紀商的佣金。1970年，我的淨資產是負數，後來情況大為改善；到1980年時，我的淨資產有100萬美元。1982年，我創辦了巴倫資本。

魯：你們以多少資本創業？

巴：巴倫資本實際上很缺資本。我的公司一開始的帳面值為10萬美元，有三名員工，包括我。我們開業的第一個月賺了3萬美元。

魯：2021年的今天，你們在巴倫資本管理多少資產？

巴：553億美元。這些年來，我們為客戶賺了515億美元的利潤。我和我的家人是最大的投資人。在我們管理的資產中，超過6.5％是我和我家人的。

魯：公司從大約10萬美元的帳面值，發展到管理550億美元的資產——不錯。

巴：現在，我的夢想是十年後達到2,000億美元，不知是否做得到。

魯：是以共同基金的形式管理嗎？

巴：是的，絕大部分是。我們那550億美元當中，我想應該有480億或490億美元是共同基金——17支基金或18支，其餘是獨立帳戶。

魯：主要是投資於公開交易的股票？

巴：是的，只有約9億美元不是。

魯：我們是在我自己的公司凱雷要上市時認識的。當時有人說：「你要去見羅恩・巴倫，因為他常在公司股票上市時買進。」我因此和你見面，當時我很驚訝，因為你拿紙筆

做詳細的筆記。我心想：「他是公司的負責人，不是有其他人會為他做這種事嗎？」但是，我看到你做筆記。我想你真的寫下了資料，然後加以評估。你問了我們一些非常詳細的問題。你對你覺得可能有趣的所有IPO都這麼做嗎？

巴：沒錯。我覺得有趣的公司，我都會這麼做。這就是我做的事，只是我不再用紙和筆了，現在我用電腦。和我一起工作的40位分析師也做一樣的事。

魯：當你這麼做時，你在尋找什麼？你以傾向長期持有著稱。我們公司準備上市時，你跟我說，如果你買進我們的股票，你會長期持有，結果你買了，也真的長期持有。關於長期持有，你有什麼理論？為什麼不見好就收，獲利了結？

巴：首先，你當時答應我，如果我買進，將會賺錢。那是一個承諾。你說：「買我的股票。華爾街不明白這家公司的價值。」你們上市時，公司股價是22美元，現在是49美元。如果你加入歷年的股息，算出複利報酬率，那麼我從你們上市時投資到現在，每年賺到16.1％。為什麼我們不選擇買進後不久就賣掉？

因為如果買入後不久就賣出，你每做一次就要被課一次稅，這是一個原因。第二，我怎麼可能認為自己那麼聰明，知道頂部和底部確切在哪裡，因此能夠在股價觸底時買進，在股價見頂時賣出？這是不可能的。此外，我完全不相信有人能預料到股市未來的走勢。1996年，葛林斯潘（Alan Greenspan）聲稱股市出現了「非理性榮景」，這導致股價「過高」，結果股市在接下來三年裡漲了80％，這件事使我對市場預測失去了信心。

魯：如果美國證交會的委員剛好看到這段訪問，我想聲明一下，我當時沒有承諾凱雷股價會上漲。我是說，我覺得它很有希望上漲，總之我是說了法律容許的話。

巴：你當時說的，絕對是合法的。

魯：很好。非常認真地說，當你掌管那麼多錢，掌管550億美元，你就肩負重大責任。每天晚上，你是否會擔心股市將下跌，導致你管理的資產縮水？會有人打電話給你，向你抱怨嗎？還是他們基本上會說「我很滿意」？

巴：他們多數是說他們很滿意。我的照片出現在我們的季度通訊上。我幾乎每天都會在街上被攔下來，攔住我的人對我說「謝謝你」。昨天晚上，我們在一家餐館吃飯。我們離開時，有個男人走過來對我說：「非常感謝你。你幫我賺到了我女兒上大學的學費。」我經常遇到這種事，真是難以置信。這就是我的工作。

魯：公開交易的股票市場，在過去一百年裡，平均每年大概提供6%左右的報酬。如果有人投資你們公司的某支基金，基金投資於公開交易的股票，他們是否可以假定將得到高於6%或7%的報酬？

巴：如果不是這樣，他們不會在我們這裡投資。

魯：那麼你怎麼看指數基金？有些人說：「買指數基金就好了。」照理說，人們買你的基金，是因為你們的投資表現會好過指數？

巴：是的。

魯：你們如何嘗試創造優於指數200個基點或300個基點的績效？

巴：自投入運作以來，我們的投資報酬率平均每年優於基準指數約500個基點。我們經常取得12-14％或15-17％的年度報酬率。例如，自1992年以來，在我們拿來比較的2,200檔或2,300檔共同基金中，巴倫夥伴基金（Baron Partners Fund）的績效紀錄好過所有這些基金。在1992年至2003年間，巴倫夥伴基金是以合夥方式運作，收取的費

用較高，但它仍取得這種傑出表現。自從它在2003年轉為一支共同基金以來，它是表現最好的共同基金。自1996年以來，巴倫成長基金（Baron Growth Fund）位居表現最好的2%基金之列。

共同基金表現優於其基準指數是非常罕見的。指數是被動的基準，打敗指數因此非常罕見。這是因為人人都認為自己比別人更懂，能夠預測市場何時上漲或下跌，因為他們知道利率將如何變化。

他們以為自己知道是否會爆發戰爭。他們以為自己知道下一任總統是誰。他們以為自己知道貨幣政策將如何變化。因為他們以為自己很懂，以為自己很聰明，所以他們相信自己可以打敗市場。但是，他們做不到，因為他們會買進和賣出，而他們掌握的資訊其實與其他人沒有任何不同。

他們很難充分利用任何資訊以取得優於大盤的績效。幾乎沒有人能一直打敗大盤。

魯： 假設有人來到你的辦公室，他們的公司即將上市，前來見你是因為你是眾所周知的長期投資人。面對一個來向你推銷公司IPO的執行長，你重視的是什麼？

巴： 我希望這個人非常聰明，工作非常努力，而且有誠信。我可以信任他，他對自己的事業有遠見，是出色的領導人。

魯： 假設有人具備這些特質，而你也喜歡他。但是，你買了他們的股票之後，股價表現很差。遇到這種情況，你是否曾經放棄，說「我必須出清這支股票」？

巴： 一般來說，我會放棄是因為我們對所投資的事業或人的判斷出錯，而不是因為股價表現不好。股價表現不是衡量公司是否成功的標準，股價表現就只是某段時期裡的股價表現。

Ron Baron

在我看來，我們表現出色的原因是我們的看法、我們看待企業的方式，和你們一樣。為什麼私募股權投資的表現會優於市場？因為重視企業的營利能力，投資於營利能力出眾的企業，使它們能夠變得更大。

魯：有個執行長前來做簡報，給你留下深刻的印象。你真正重視的是哪些特質？

巴：我們認為我們投資的企業具有競爭優勢。這些企業有一些特點，使對手很難競爭，我稍早談到的特斯拉和SpaceX就是這樣。

因此，這些企業具有本質上的競爭優勢，擁有優秀的人才，而且有很大的成長機會。這就是我們投資的原因。如果我們犯了錯，我們會賣掉持股。我們會盡快賣掉。犯錯並不是說股價表現不好。犯錯是指我們對人或業務的判斷有誤。股價反映人們在那個時間點對公司的看法，並不反映那家企業在那個時間點的價值。

魯：但一般來說，你買入一支股票是打算長期持有。如果你不滿意，你會堅持持有一年？還是兩年？三年？你平均需要多久才會說「我犯了錯，我想退出」？

巴：這不是時間的問題，這是公司基本面的問題。我可以持有一支股票若干年而不賺錢，這不會使我困擾到認為自己犯了錯。我們投資了特斯拉之後，有四、五或六年時間沒有賺錢。然後，突然間，我們的投資一年內賺了20倍。因此，這不是時間的問題，重點是基本面。

魯：你的投資人是個人比較多，還是機構比較多？

巴：一半一半。

魯：你們在紐約舉行的年度股東大會很有名。

巴：人們稱它為我的年度成人禮。

魯：會有一些非常有名的人出席。他們是傑出的藝人。

巴：保羅·麥卡尼、芭芭拉·史翠珊、比利·喬、艾爾頓·強、傑瑞·史菲德（Jerry Seinfeld）。我付錢請的。投資人如果投資了至少25,000美元在巴倫的基金，就可以參加。

魯：與企業執行長談判比較容易，還是與保羅·麥卡尼或芭芭拉·史翠珊談判比較容易？

巴：你無法想像與藝人談判是怎樣的情況。

魯：我們來談談投資人真正想要什麼。人們把錢交給你們投資，是想得到優於指數基金的報酬。我想他們希望盡可能降低費用。你做這一行這麼多年之後，你認為投資人最想要什麼？而你對與投資人打交道有什麼心得？

巴：多數人希望他們的錢每天持續增加，可以在沒有波動性的情況下賺得高報酬，而且費用很低。這是他們想要的。這顯然不是他們從股票投資中得到的東西。

魯：你們是否有投資人堅持持有基金10年或20年？

巴：我有一些投資人持有我們的基金數十年。投資人持有越久，通常會堅持越久，因為他們看到基金績效，而會計師告訴他們，他們以前從未見過股票共同基金創造出這樣的多年報酬。我們的長期持有策略和我們深入研究的能力，確實幫助我們取得誘人的報酬。

我們與個人打交道。我們有財務策劃師。我們在全美各地都有銷售人員。我們經由RIA〔註冊投資顧問，代表個人投資人的專業人士〕和經紀商間接銷售，也直接向富裕家族和基金會推銷基金。

魯：對你來說，投資的樂趣是什麼？你喜歡投資的哪一點？

巴：我很喜歡我的工作。我有機會與那些正在改變世界的企業經營者見面交談，他們會向我解釋他們的事業，我從中得到很多樂趣。我太太說：「我所有的朋友，他們的

老公都不工作了。你怎麼還在工作呢？你為什麼要做這個？」他們都打高爾夫或打牌。我想，任何一個人有機會做我正在做的事，而不是打高爾夫，一定會選擇做我正在做的工作。

　　但是，要達到這一點，需要大量的建設。你不能就說一句：「好吧，我要做這個。」那些人做的是賺足夠的錢，以便他們可以退休和過舒適的生活。我做的事情跟他們不同，我正在努力建立一個可以持續運作一百年的機構。

魯：如果有人想在你這裡投資，必須投資多少錢在你們的基金上？

巴：正常的最低投資額是2,000美元。但你可以只投資500美元，或每月50美元。買進或賣出都不收費。但如果你買進後三個月內就賣出，我們會視你為交易者，從此以後不接受你認購。

魯：這像是把他們當成叛徒。

巴：這正是我的想法。

魯：是否只要做得到，你很樂意一直做現在的工作？你沒有放慢腳步。你是否不打算全天打高爾夫？

巴：只要我身體健康。

魯：你的父母親是否都看到你事業成功？

巴：我爸爸活到95歲，我媽媽活到93歲。我爸在我創業時給了我5,000美元，讓我為他投資，這筆錢後來變成了幾百萬美元。

魯：你父親委託你幫他投資時，你有沒有給他手續費折扣？

巴：沒有，所有人都付同樣的手續費，包括我。

魯：現在很多人認為股市處於相當高的水準，很多人會說，股市處於股價已經充分反映股票價值的狀態。你對此

感到緊張嗎？你不做放空，也就是不會藉由放空保護自己，免得在股市下滑時損失慘重。你如何保護投資人免受股市下挫打擊？你是否擔心股市下挫？

巴：我不擔心這個問題。1999年12月至2008年是股市非常艱困的八、九年，期間股市跌了30％或40％，也就是八、九年裡平均每年下跌3％或4％。在那段時間裡，我們沒有賺到很多錢，但是我們也沒有虧錢。在那八、九年裡，我們漲了25％，那是股市非常糟糕的一段時間。當然，在那之後，我們的表現非常好。關於我對世界大局的看法，我唯一確定的是我確信我們的經濟會成長；我確信我們的國家可以生存下去；我確信通貨膨脹會持續下去。

我認為，我的錢每14或15年就會貶值一半，我想買的東西每14或15年就會漲價一倍。我視股票為一種幫助我對抗貨幣貶值的對沖。我想持有好的股票，也就是那種可以幫助我打敗通貨膨脹的公司股票。

沒有人可以預測市場的走向。沒有人可以告訴你市場何時太高或何時太低。我就只是接受將會發生的事。例如，市場下跌時，就像現在這樣，我們看到一種類股輪動，資金撤離我們投資的、過去幾年表現非常好的公司，轉進比較便宜的「價值股」。這種事情發生時，我們沒有改變我們的投資方式，我們只是試著繼續前進。

魯：你對加密貨幣有什麼看法？

巴：那是一種商品（commodity）。我們不投資於商品。我們不持有黃金。我們不持有加密貨幣。

我總是擔心這個問題：如果你有加密貨幣，而且它們變得非常有價值，為什麼政府會容許私人企業控制貨幣和經濟呢？在1932年或1933年，人們害怕把錢留在銀行裡。他們把錢從銀行裡提出來，買了黃金。然後，小羅斯福總

統（Franklin D. Roosevelt）禁止國民擁有黃金，你必須交出你所有的黃金。為什麼同樣的事情不可能發生在加密貨幣上？政府可能禁止人民擁有加密貨幣，即使區塊鏈不會洩露祕密，因為多數公民不想違法。我不是說這種事會發生，但我認為確實有一些風險。

魯：這些年來，你是否有視為榜樣的傑出投資人？

巴：人人都視巴菲特為榜樣，但他不像我那麼重視成長。不過，我愛看他寫給股東的信。

魯：他寫他那些信。你也寫你的信？

巴：是的。

魯：如果你在大學裡與那些想成為專業投資人的學生交談，你會告訴他們什麼是為此做準備的最重要事情？是博覽群書？聰明？勤奮？最重要的技能是什麼？

巴：以上皆是。三四年前，猶太新年的拉比布道感動了我。拉比說：「年輕時的你，會為你人生中取得的成就感到自豪嗎？年輕時的你會為你所做的事感到自豪嗎？」這是個很好的指導原則。未來某個時候，回顧自己所做的一切，年輕時的你會感到自豪嗎？

　　學生們應該做的，是只做那些他們覺得會使家人以他們為榮的事。

魯：對那些說「我想成為下一個羅恩・巴倫，或甚至是下一個巴菲特」的學生，你建議他們為成為優秀的投資人做些什麼準備？

巴：首先，他們應該研究他們正在投資或想要投資的企業，搞清楚他們為什麼投資這些企業；而且他們應該明白，經濟會有變化。變化是到處都在發生的。世界的成長全都發生在過去的兩百年裡，而這種成長現正加速。你必須了解你周遭的世界正在發生什麼事，了解我們的國家正

在發生什麼事。我不是說你將做一些短期的決定。但我告訴和我一起工作的年輕人，他們應該思考的是：如果他們家庭的福祉，取決於他們對我們所投資的企業判斷正確，他們需要知道什麼才能作出正確的判斷？

如果你擁有的一切，都取決於你對所投資的企業及其高層判斷正確，這並不意味著你必須總是正確的。但是，為了你的家庭的幸福，你必須知道什麼？這是你需要思考的問題。而你著眼的不是下一季。

魯：你從別人那裡得到的最好投資建議是什麼？

巴：我藉由觀察別人學習，而不是聽人說「做這個，做那個。」我總是在努力學習。我會思考：這是如何運作的？它有什麼優缺點？是什麼使你所做的與其他人不同？

從來沒有人說過「你應該這麼做，這麼做可以改善情況。」當年我來到紐約時，有一個人跟我說過一些我認為非常有趣的事。他說：「別在意每股盈餘，那些數字是他們做出來的。要關注的是銷售額。」我覺得很有道理。你如果被銷售額愚弄了，唯一的可能是有人搞了個騙局。我一直在累積這些小智慧。

魯：人們最常犯的投資錯誤是什麼？

巴：許多人認為，因為他們可以在經紀商那裡開一個帳戶，他們就可以買賣股票，表現不輸給任何人。但我不會想開飛機，不會想做牙醫的工作，甚至不想為自己剪頭髮——剪我剩下的那一點頭髮。許多人認為他們可以成功地買賣股票，因為他們拿起電話就能買賣股票，但其實他們做不到。

魯：如果我說：「羅恩，我有10萬美元想要投資」，你會建議我把這10萬美元投資在哪裡？

巴：巴倫財富創造基金（Baron WealthBuilder Fund）。那是

巴倫資本的一支基金，費用僅為五個基點。

魯：如果你今天向人建議投資機會，你會說上市公司股票是好的投資標的嗎？

巴：長期而言是。但每年要投入相同的金額，不要把它想成「這是我要做的一項投資。」你應該這麼想：「為了保障我的家人和我自己，我應該投資。我應該搞清楚我要投資多少錢，並且每年都這麼做。」

魯：有什麼是你會告訴別人不要投資的？加密貨幣似乎是一個。

巴：我沒有投資加密貨幣，但這並不意味著它不是好標的。有一些非常聰明的人投資了很多錢在加密貨幣上。我定期研究它，我選擇不投資，因為它是一種商品。我對投資於商品不感興趣，我感興趣的是投資於會成長的企業。我想投資的是會成長、擁有優秀的人才，具有競爭優勢，長期看好的企業。

　　我不視投資為賭博。我視投資為努力照顧自己和家人的長期利益。你應該做的是每年投入差不多的金額，持續很長一段時間，然後你年老時就會很富有。

魯：你人生中最自豪的是什麼？

巴：我真的為我們的成就感到自豪，當然包括我的事業，還有我的孩子們。我們都住在一起，他們想在我們的長島度假屋過週末使我感到自豪。他們努力工作使我特別自豪。我家族的價值觀也使我自豪。

上市公司股票

約翰・羅傑斯
John W. Rogers Jr.
艾瑞爾投資創始人暨執行長

> 「你必須有勇氣在所有人都遲疑觀望或賣出時進場買進。」

從普林斯頓大學畢業後不久（他曾是該校籃球隊隊長），約翰・羅傑斯（John W. Rogers Jr.）心生一個大膽的想法——他在金融服務業工作短短兩年之後，就在家鄉芝加哥發起一支股票共同基金，進而創立美國第一家由非裔美國人擁有和領導的資產管理公司。

那是1983年。現在，這家艾瑞爾投資公司（Ariel Investments）管理著超過170億美元，是美國最大的非裔美國人擁有和領導的投資管理公司之一。它能建立這樣的地位，是靠不懈地奉行其「價值」投資法，並拒絕追逐最新投資潮流或從事昂貴的（「非價值」）投資。

如此成就得來不易。募集初始資本也不容易。但最大的挑戰可能是在經濟大衰退（Great Recession）的嚴重金融衰退中生存下來，期間該公司管理的資產曾減少超過一

半。但是，在約翰的領導下，以及在魅力和才華洋溢的米洛迪・霍布森（Mellody Hobson）支持下，艾瑞爾投資公司得以蓬勃發展（霍布森也是普林斯頓大學的畢業生，現在是艾瑞爾的共同執行長）。該公司的價值投資法近年較難好好執行，因為股價普遍高漲，導致市場上價格便宜的「價值股」越來越罕見，但是該公司仍茁壯成長。

三十多年來，對投資界的許多非裔美國人來說，約翰一直是個榜樣和導師。無論環境順逆，他一直穩定、低調、專注地投資他認為價值遭到低估的股票；他至今仍親自做詳細的盡職調查，經常與他可能投資的公司的執行長會面。

約翰對投資的熱愛始於童年：他父親把股票當作生日和聖誕節禮物送給他，約翰則盡己所能了解相關公司的一切。要引誘他放棄投資，可能需要某種奇蹟。他的好朋友、籃球球友歐巴馬（Barack Obama）當選總統時，約翰完全沒想過進入政府工作。他是一名投資人，沒有什麼比投資帶給他更大的樂趣——可以相比的，也許只有幾乎每天光顧他最愛的麥當勞（他是麥當勞的董事會成員，也許還是最忠實的顧客）。

我認識約翰很多年了，最近因為同為芝加哥大學董事會成員而常有互動。他的父母是芝大法學院的畢業生（我也是），他在上大學之前就讀於芝大著名的實驗學校。我在2021年9月3日以虛擬方式訪問了他。

━━━━━━

大衛・魯賓斯坦（魯）：你建立的公司是非裔美國人擁有和領導的最大投資公司之一。你在1983年24歲時就創立這家公司。1983年時，有很多非裔美國人擁有投資公司嗎？當時是什麼使你認為，你可以建立一家像艾瑞爾這樣的

公司？

約翰・羅傑斯（羅）： 我們在1983年創業時，是第一家由非裔美國人擁有的共同基金和資產管理公司。

　　我之所以有信心，是因為兩件事。第一是我來自芝加哥這個城市，許多優秀的非裔美國企業家年紀輕輕就在這裡創立了自己的公司。約翰・詹森（John Johnson）透過詹森出版公司（Johnson Publishing）創辦了《Ebony》和《Jet》這兩本雜誌。他是了不起的榜樣，給予後來者極大的鼓舞。還有一位喬治・詹森（George Johnson）先生，與約翰・詹森沒有親戚關係，創立了詹森產品公司（Johnson Products），銷售Afro Sheen和Ultra Sheen護髮產品。這是在美國證券交易所上市的第一家由黑人擁有的公司，喬治・詹森非常成功。他公餘與唐・康納留斯（Don Cornelius）一起創造了音樂電視節目《靈魂列車》（Soul Train），並且創立美國最大的黑人銀行獨立銀行（Independence Bank）。這些榜樣使我相信，只要有自己深信不疑的產品，年紀輕輕也可以創業成功。

　　第二，我們在1983年創業時，是最早的中小型股價值投資公司之一。我們認為，擁有一種當時還沒有很多人仿效的產品和策略是很重要的。

魯： 你在創業之前是否已在金融界工作很久？你不認為累積更多經驗會有幫助嗎？

羅： 我父親認為累積更多經驗很重要，但我對自己的投資策略和理念很有信心。我認為我們有一種原創的中小型股價值投資法，而且當時是創業的好時機，市場開始擺脫經濟低迷期的影響，我們是順風而行。當時我真的很自在，很有信心。

　　當然，我很自在和有自信的另一個原因是，我在投資

銀行和金融服務公司威廉博萊（William Blair）工作時做過許多研究，選出了一些股票。它們的表現非常好，這些早期的成績對我有重要作用。

最後一點是，我父親在我12歲之後的每個生日和每個聖誕節都買股票送我。到我24歲時，在我創辦艾瑞爾之前，我已經累積了犯大量錯誤的12年經驗。

魯：你最初是從哪裡學習投資技藝的？是作為一個小男孩收取父親送你的股票嗎？你是從這裡開始學習投資的嗎？

羅：我從許多不同的人身上學習。我父親非常保守，只買高股息的績優股送我。這激起我對投資的興趣。他介紹我認識他的股票經紀人史戴西‧亞當斯（Stacy Adams），他是城裡南街的第一個非裔股票經紀人。他還是個黃金迷，教了我許多關於大宗商品投資的知識。

對我影響最大的是，我在普林斯頓讀書時，柏頓‧墨基爾（Burton Malkiel）是經濟學系系主任，我們必須讀他那本《漫步華爾街》（*A Random Walk Down Wall Street*）。那本書主要是講效率市場，但他也非常出色地講述了歷史上的一些大泡沫，包括南海泡沫、咆哮的二十年代，以及1970年代發生的事。他講述了這些泡沫的經過，包括泡沫的破滅。

我開始意識到，成為成功投資人的最好方法是反向操作，而不是追隨大眾。閱讀那本書，使我明白群眾的瘋狂如何支配市場，導致一些非常有效率的市場陷入欠缺效率的狀態。我記得，我在1979–1980年去見他時，市場景況不大好，但他告訴我：「現在是買進的時候了。」墨基爾教授早期對我影響很大。

魯：你是從一開始就視自己為價值投資人嗎？

羅：墨基爾教授是我思考價值投資法的起點。然後，約翰・楚恩（John Train）出版了《股市大亨》（*The Money Masters*）這本書，我因此開始認識這些傑出的投資人，例如約翰・坦伯頓（John Templeton），他的著名事蹟包括在第二次世界大戰爆發時買進股票。他是我的第一個榜樣，然後隨著我對巴菲特的認識增加，他成為我的第二個榜樣。他對價值投資法的描述，總是那麼有思想、那麼有說服力。

我想專注於中小型股價值投資，像坦伯頓那樣，在群眾認為情況不利時買進，或者像巴菲特那樣，在優秀企業不受歡迎時買進。別人恐懼時要貪婪，是他的一個關鍵主題。坦伯頓爵士則總是說：「人們最悲觀的時候，正是投資的良機。」這兩個主題引起我的共鳴，我樂於與群眾想法不同。我樂於在別人恐懼時挺身而進。這是我的起點。

對我來說，價值投資並非只是買進那些股價對每股盈餘或現金流的倍數較低的股票。EBITDA〔未扣利息、稅金、折舊與攤銷的利潤〕倍數必須是便宜的。我們還想做我們自己的獨立分析，以確定標的公司若被出售，它的價值是多少。

魯：你是否對現在還是沒有更多由非裔美國人擁有的投資公司感到驚訝？

羅：我很驚訝。38年前我創業時，哈羅德・華盛頓（Harold Washington）剛當選芝加哥市長。亞特蘭大市長梅納德・傑克遜（Maynard Jackson）曾是我心目中的英雄。我以為，主要城市的大門，將開始真正為非裔企業家打開，尤其是資產管理業的非裔企業家。我以為，不僅是公共基金將為非裔美國人打開大門，開明的公司也將如此。我尤其以為大學、醫院、博物館和基金會，將樂於雇用少

數族裔業者管理它們的捐贈基金。這些機構都在談論多元和包容——四十年前是這樣，現在仍是這樣。我假定會吹起這樣的巨大順風。這些從未經歷過傑基・羅賓森（Jackie Robinson）[*]時刻的機構，終將首次雇用少數族裔業者，首次雇用非裔美國人經營的公司。當年我想：「這將是極好的商業模式」，但我期望的事就是沒有發生。大門打開的速度非常慢。在非營利部門，大門打開的速度至今還是非常慢。

有人想雇用少數族裔公司時，也會出現兩個術語問題。其一是他們想雇用一家「新興」（emerging）公司。少數族裔公司的定義是新興公司。但是，如果他們去醫院做心臟手術，誰會想要一個「新興」醫師？你想要的是在行的業者，而不是新興業者。「少數族裔」與「新興」成為同義詞，而「新興」又意味著管理的資產不多於20億美元——如此一來，任何一家公司稍微成功一些，就會被視為規模太大，然後被排除在合作對象之外。

第二，許多大學和醫院奉行所謂的「供應商多樣化」原則。他們習慣把營建、餐飲之類的低利潤供應鏈機會交給非裔美國人，把金融服務機會、高利潤的業務交給成熟的私募基金、對沖基金和創投業者。在這些領域，他們不會考慮非裔美國業者。隱性或無意識的偏見，是我四十年前期望的成長沒有發生的另一個重要原因。

魯：艾瑞爾是以共同基金的結構設立的。你為什麼選擇這種結構？你們所有的基金都採用這種結構嗎？

羅：大概是一半一半吧。我們管理的資產很快就將達到180億美元。我們正經歷很不錯的成長，年底前有望達到

---

[*] 傑基・羅賓森是美國職棒大聯盟現代史上第一位非裔美國人球員。

200億美元。這些資產約有一半是在共同基金裡。我們的旗艦艾瑞爾基金（Ariel Fund）是我們最大的基金，管理的資產略多於30億美元。我們是晨星（Morningstar）和理柏（Lipper）資料庫中唯一可以追溯到1986年的中型股價值基金，在整整35年的時間裡，投資組合經理人一直不變是很罕見的。

我們喜歡經營共同基金，因為個人投資人可以利用我們的服務，少數族裔個人投資人可以利用我們的服務。把我們加入401(k)、403(b)或529投資帳戶是很容易的。共同基金賦予我們很大的彈性，可以配合我們服務機構投資人的獨立帳戶資產管理業務。

魯：近年當價值投資人是否不容易？現在情況如何？

羅：我們最近的表現非常好，現在是我們談論績效的美好時光。這是一個必須保持謙卑的行業，但我們今年迄今的表現非常好。事實上，在扣除費用的基礎上，我們的旗艦基金艾瑞爾的3年、5年、10年和35年績效都是領先的。相對於我們的基準，基金績效非常強勁。如此出色的長期績效是相當罕見的。

過去一年，我們的表現得益於我們創業時立志要做的事——在別人恐懼時貪婪。一年半前，市場因為COVID疫情而崩跌。當時我們積極買進股價重挫的愛股，而且因為有些公司首度符合我們的估值標準，我們找到了全新的投資機會。在COVID危機的高峰，我們在10年或15年前已經希望投資的公司，終於符合我們的估值要求。

回顧我們在這整個38年的表現（艾瑞爾基金的歷史為35年），投資績效是建立在市場因為出現某種恐慌而失去效率的時期。1987年，股市曾經一天崩跌22％，當時我們打電話給客戶，遊說他們拿更多錢給我們投資，那是一個

非常難得的撿便宜機會。

然後，2008-2009年是第二個非常難得的撿便宜機會，當時金融危機重創市場，衝擊持續到2009年春。看著我們喜歡的股票變得越來越便宜，我們持續買進。在晨星的資料庫中，從2009年3月9日的低點算起，我們的績效在我們那個類別高居第一，因為我們在低位積極買進。然後去年春天，出現了第三個非常難得的撿便宜機會。

這些是對我們的一年績效和長期績效都有重大影響的事。這種在我們所講的「緊要關頭」，面對巨大壓力時執行價值投資法的能力非常重要。你必須有勇氣在所有人都遲疑觀望或賣出時進場買進。

魯：自投入運作以來，你們的整體表現如何？

羅：非常好。在我們那個類別，我們的績效高居第一，具體表現取決於在哪一個月看。在2021年7月底，我們的艾瑞爾基金在扣除費用後，自1986年11月以來年化報酬率為11.67％──在接近35年的時間裡，11.67％的報酬率是優於所有相關基準，從標準普爾500指數到羅素2500價值指數都是。我們為這種長期表現感到自豪，但我們並非一帆風順，也曾遇到一些不好的時期。2008日曆年度是我們表現最令人失望的一年。我們在那段時間吸取了教訓，之後應該是進步了，那真是非常艱難的一年。

魯：在經濟大衰退期間，你們管理的資產減少了一半左右。你是否擔心公司能否生存下去？

羅：我們有自信能夠生存下去。我有米洛迪·霍布森這個了不起的事業夥伴，她在我們公司38年的歷史裡，和我一起工作了31年。我們都是理財上的保守派，因此都會存錢以備不時之需。這個觀念是我父親灌輸給我的，米洛迪則是她母親灌輸給她的。我們的儲蓄足夠我們生存幾年，

即使我們的收入很少。我們不擔心公司無法生存下去，但那段時間非常不舒服。我們被迫執行公司歷史上第一次裁員，那是令人心碎和殘酷的事。失去你認為信任你的客戶是令人心碎的。我們面對困難時，他們就離我們而去。

我們當時看到很多便宜的股票。我之所以非常有信心，是因為當時我就像是身處糖果店的孩子，興奮極了。一些優秀企業股價極其便宜，當中有些相對於我們估算的非公開市場價值折讓70-80％。那時候當投資人極有樂趣，即使我們在財務上受到打擊。我們深信市場會漲回來，深信我們喜歡的便宜股票會漲回來。看著這些股票變得越來越便宜，我們持續買進。我們在大幅降低我們的平均成本，這意味著隨後的績效將會非常好。

魯：你是否仍深入參與投資過程？

羅：我每天都在做這個工作，過去38年都是這樣。我經常與企業管理團隊交談，每季去拜訪他們，然後與競爭對手交談，聽聽他們對我們投資的產業和公司的看法，與賣方分析師交談，了解他們的觀點。這是我一生的工作。這是我做的事。

魯：說回你在普林斯頓的日子，為什麼你去那裡上學？當年你是否想成為一名籃球教練？後來發生什麼事？

羅：我想打大學一級籃球比賽，那是我的夢想。像普林斯頓和賓州這些地方，對一個實力不足以在北卡羅來納大學或你的母校杜克大學打籃球的人來說，是很有吸引力的。我不可能被北卡或杜克那樣的學校錄取。

但在普林斯頓打籃球的好處是，會有機會對上一些頂級球隊。我去普林斯頓是因為它有很好的計畫，當年他們經常排在全國前20名之內。常春藤聯盟的籃球水準在1970年代末位於頂峰，很多球員進入了NBA。

我經常跟人說，那就像從三年級的數學跳到微積分。很多人在高中和大學時數學很好，但會發現自己不可能成為數學博士，因為那太難了。你在食物鏈上爬到很高時，會發現情況變得非常複雜。我欠缺成為籃球教練的技能（那是我真正想做的），好在我有另一個愛好，就是喜歡股票市場。我的父母對我沒有跟隨他們的腳步去念法學院感到失望。但他們明白我熱愛籃球。我確信他們認為我長大後會放棄籃球夢。

魯：你畢業後做了什麼？

羅：我去了威廉博萊公司工作，這是個典型的普林斯頓故事。我媽有個朋友叫蒂爾登‧卡明斯（Tilden Cummings），他在大陸銀行（Continental Bank）工作，是普林斯頓的校友。蒂爾登打電話給普林斯頓知名校友內德‧詹諾塔（Ned Jannotta），他是威廉博萊的執行合夥人。他把我介紹給財富管理部門的人。那時我們被稱為股票經紀人。他們雇用了我。我是威廉博萊雇用的第一個從事專業工作的非裔美國人，他們很少雇用剛從大學畢業的人。我想他們在我身上看到了一些東西。他們看到了我對市場的熱情，看到了我對市場的熱愛，看到了我熱衷閱讀關於市場的一切，看到了我正在建立一種投資方法。他們可以看出我和其他人不一樣。我是家裡唯一的孩子，在一個由獨立思考者組成的社群中成長，因此學會了自己思考。

魯：你24歲時離職，創辦了艾瑞爾（Ariel）。Ariel這個名字是從哪裡來的？

羅：這個故事說起來很好笑。以前我愛看電視劇《華頓家族》（*The Waltons*）。有一集，劇裡的明星John-Boy愛上了一個叫Ariel的女人。我把它記了下來：「如果我將來有個女兒，我就為她取名Ariel。」我的公司比我女兒早七年面

世，所以我女兒叫維多利亞，Ariel 則是我公司的名字。我喜歡這個名字的發音，而且當年它並不流行。多年之後，才有主角為 Ariel 的電影《小美人魚》（*The Little Mermaid*）。

魯：你從哪裡取得資本創辦艾瑞爾？

羅：我去找我所有的高中同學，請求他們開支票給我，他們給我的錢介於 10 美元到 2 萬美元之間。我當股票經紀人時有客戶，我去找那些信任我的人。我去找我的鄰居，例如瓦萊麗・賈勒特（Valerie Jarrett）的父母，他們住在我長大的海德公園綠林大道上。最後，我去找我的媽媽和爸爸。我總是跟人說，我媽把她所有的流動資金都給了我，我爸則明確表示，他給了我他輸得起的錢。這些就是我最初的種子資本。

魯：你的做法成功了。你們早年表現如何？

羅：非常好。我們投資的股票在最初幾年裡表現出色，這對我們非常重要。我們想出一個主意，出版一份名為《耐心投資人》（*The Patient Investor*）的通訊，提醒人們我們是審慎的長期投資人，不會拿別人的錢去承受不適當的風險。在這份每月出版的通訊中，我們談論我們喜歡的股票，然後在背頁列出它們的表現。這增強了我們的可信度，因為人們可以看到我們以什麼論據支持我們的選股方法，還可以查看我們挑選的股票是否表現良好。我們投入運作六個月後，從霍華德大學（Howard University）那裡拿到 10 萬美元，這是我們的第一個機構客戶，這是我們成長的基礎。

魯：公司自創立以來有什麼變化？

羅：公司變化很大。一開始你必須請能來上班的人。我有個很好的高中同學，她辭去工作加入我的公司，成為我的第二號人物。第三號人物是我遇到的一個挨家挨戶賣字典

的人。我想，如果他是一個很好的字典推銷員，或許他可以成為很好的艾瑞爾推銷員。

公司從第一年我們這三個人發展到現在超過110人，在舊金山、紐約、芝加哥和澳洲雪梨設有辦事處。我們有多代人的深度和大量的人才。

以前我必須做所有的決定。現在我有一支優秀的領導團隊，幫助我們做各種決定，幫助我們管理公司。工作非常有趣。實際上，我可以做一點教練的工作。

魯：自公司開始運作以來，你的投資方法有什麼變化？

羅：核心理念還是一樣的，也就是買進價值遭到低估、擁有傑出管理團隊、資產負債狀況強健的優秀公司。隨著時間推移，有些東西改變了，其一是我們建立了自己的債務評估方法。這項工作由我的同事查理・波布林斯科伊（Charlie Bobrinskoy）領導，它是為了提高我們評估所投資公司資產負債安全邊際的能力，這件事對我們很重要。第二件事是我們努力學習行為金融學。我因為是普林斯頓大學投資委員會的成員，認識了丹尼爾・康納曼（Daniel Kahneman）。我們也認識了理查・塞勒（Richard Thaler），因為他就在我們的家鄉，而且我們都熱愛芝加哥大學，也決心為它奉獻。〔康納曼和塞勒都榮獲諾貝爾經濟學獎。〕

這些行為金融學領袖，改變了我們對日常工作方式的想法——他們致力了解我們的行為偏誤，包括哪些人有確認偏誤（confirmation bias）、哪些人受定錨效應影響、哪些人過度偏重近期事件。致力學習行為金融學對我們很重要，加深了我們對行為偏誤的認識，有助我們成為更好的投資人。

另一項關鍵進步是我們的提問能力。我們找來商業智

能顧問（Business Intelligence Advisors, BIA）這家外部公司幫助我們，他們是前中情局特工和政府官員，幫助客戶成為更好的提問者和更好的傾聽者，並且懂得判斷別人是否坦率回答問題。他們一直幫助我們互相指導如何更有效地利用我們與企業管理層交流的時間。

魯：這麼多年來，你作為投資人學到的最重要教訓是什麼？

羅：其中一個與確認偏誤這個概念有關。人很容易去尋找所見略同的人。你必須樂於傾聽所有的不同意見，確保自己與競爭對手、供應商、不喜歡該行業的其他基金經理人都談過，並且接收與己見不同的資訊來幫助自己做決定。這是很難做到的。我一直鞭策自己以一種不會引導別人說出我想聽到的答案的方式提問，我一直努力提出正確的問題，促使對方盡所能說出他們真正的想法。

　　第二個教訓是，獨立自主、不覺得有壓力要像其他人一樣，是至關重要的。我是作為一個獨生子長大的。我在海德公園長大。我想我有點像你，是那種有點古怪、與眾不同的人。

魯：我也是獨生子。這也許正是因為我們是家裡唯一的孩子？

羅：你不會覺得自己必須以任何方式遵循傳統規則，這對成功的投資至為重要。我越來越學會欣賞自己的怪癖，不會覺得自己必須像其他人一樣。我不發電子郵件。我不做人人都做的許多事情。

魯：你為什麼不發電子郵件？

羅：我不發電子郵件，是因為這會耗費大量時間，而且這使別人得以控制我的時間。如果每時每刻都有東西向你發出嗶嗶聲，你就不能閱讀和集中精神思考企業的長期價

值,而是不斷被當前的噪音淹沒。我有一些朋友每天晚上花幾個小時回電子郵件,這些時間花在閱讀和思考市場上會更好。

我想強調的最後一個教訓並不是新教訓,而是過去38年裡有人一再強調的一個教訓。巴菲特談到,在上個世紀,道瓊工業指數最初在66點,最終收在11,000點上方。他一次又一次地強調,期間我們經歷了大蕭條,經歷了幾次經濟衰退,經歷了一場大流行病,經歷了一些令人意外、震驚和心碎的總統死亡事件。我們經歷了第一次世界大戰、第二次世界大戰,以及越南戰爭之類的,而我們總是可以重新振興起來。我們的國家是有史以來最好的資本主義民主國家。保持這種提醒自己著眼長遠、不被日常新聞淹沒的能力,是有人一再強調的一個教訓,與我們強調的耐心投資人主題很契合。

魯:你買進一支股票,通常會持有多久?

羅:通常是五年,但我們的投資組合裡,也有很多股票是已經持有了10年、15年或20年。它們變得昂貴時,我們會減持;它們變得便宜時,我們會買進更多。許多公司的管理層很喜歡我們當他們的股東,因為他們說我們真的「稀有」,會持有他們的股票那麼久。

魯:要成為出色的價值投資人,除了耐心,你認為最重要的特質是什麼?

羅:因為一般人容易感受到從眾的壓力,特立獨行的能力至關重要,尤其是在緊要關頭。在2008年和2009年,人人都覺得世界末日來臨了。去年在大流行病爆發後,很多人以為世界末日即將來臨,沒有人知道這種病毒將摧殘我們的經濟多久。結果,那是有史以來最快結束的經濟衰退。在我們看來,那些時期是可以賺最多錢的時候,如果你有

勇氣在所有人都恐慌不安或遲疑觀望時買進的話。市場就像我40年前從墨基爾教授那裡認識到的那樣：市場極有效率，但有時候門會打開，機會之窗會出現，此時你必須準備好跳進去積極買進。要成為傑出的投資人，沒有什麼比這種獨立思考的能力更重要。

最後一點是必須有能力放眼長線，想像三年後、五年後的未來。多數人就是無法控制自己，他們會牢牢盯住當下的新聞，不會想到眼前的情況再糟糕也是會過去的。如果我能把眼光放遠，就有機會看到別人看不到的東西。

魯：如果你認為自己買錯了股票，你會賣掉，還是嘗試更換公司管理層？如果你認為自己犯了錯，你會怎麼做？還是說你沒有犯很多錯誤？

羅：多年來，我們犯過很多錯誤，我們會賣掉股票。我們不會試圖更換公司管理層，不會試圖做這種事，我們不玩那種遊戲。

魯：如果有人想拿自己的錢投資，你認為他們可以自己選股並且表現出色嗎？把錢交給專業投資人是否安全得多？

羅：可以肯定的是，把錢交給專業投資人會安全得多，而你很可能會得到一般水準的報酬。我認為，作為個人投資人，你能賺錢的唯一方法是留在你的能力範圍內。投資於你非常熟悉的行業，或許因為你本來就是做那一行的。你可能在醫藥業工作了30年，或者在科技業某個領域工作了30年，那麼也許你會有能力看到別人看不到的東西。但是，作為個人投資人，你投資時必須留在自己特別熟悉的領域裡，才有望成功。否則相對於專業投資人，你將總是處於劣勢，因為他們是許多領域的真正專家。

魯：你的資金是誰在管理？

羅：我的絕大多數資產是我在艾瑞爾的持股，以及我在我

們的旗艦基金的投資。我在我擔任董事的公司也有可觀的持股。所以，我的資產可說是我自己在管理，我沒有委託任何人為我管理資產。

魯：近年來，指數基金表現相當好。要打敗它們是很困難的，尤其是在收費方面。你對股票指數基金有什麼看法？你們是否只提供傳統的共同基金？

羅：我們只提供我們在艾瑞爾自己管理的共同基金。我們也吃自己煮的飯。說到底，一切取決於投資組合經理人的技能。

魯：關於股票指數基金，你認為它們真的值得投資嗎？你剛才實際上是說你們可以打敗股票指數基金。

羅：我們認為市場上有少數基金可以打敗大盤。我們相信自己，認為我們是少數可以打敗大盤的基金之一，但是面對絕大多數的基金，你投資於指數基金會得到更好的報酬。在艾瑞爾，我們不提供指數基金，我們提供我們自己管理的基金。但我們確實認為，絕大多數人投資於指數基金會得到更好的報酬，絕大多數機構也是這樣。投資人耗費很多錢在高昂的費用上，他們買指數基金可能比較好。

魯：你們現在也提供私募股權基金。你們為什麼投資這個領域？

羅：過去一年我們一直說，如果無法打敗他們，就加入他們吧。在我們的艾瑞爾基金中，一些最大的部位是公募／私募股權基金（public/private equity funds）。我們認為這一行有可為，決定除了將客戶的錢投資於公開交易的私募股權基金，還要發起自己的基金。我們覺得在這個非常重視多元和包容的時代，我們可以有所作為，幫助處理非裔美國人社群與白人社群財富差距巨大的問題。如果我們可以創建一支基金，投資於正在建立大型企業的非裔和拉丁裔

美國企業家，不但對我們的投資績效很有幫助，也將是一項非常重要的多元化舉措；我們將會幫助創造機會，在多元的社區裡真正創造財富。

魯：你從投資中得到什麼樂趣？

羅：我的競爭意識特別強，而投資真的是非常有趣的遊戲。每天早上醒來時，我總是迫不及待地打開CNBC，看看市場開盤的情況。我的投資組合經理副手會提供初步資料，幫我了解市場受什麼因素影響。他會把關於我們追蹤的公司和行業的所有新研究報告寄給我，我很愛看這些報告，很愛研究研究。我喜歡走出去，與所有其他共同基金經理人和投資組合經理人競爭。這真的太有趣了。

當然，當你表現出色時，你會得到很多樂趣，但我真的很愛這遊戲。我們的工作就像是大海撈針，就像尋寶者在尋找被藏起來的寶藏，尋找被誤解、被錯置的優秀公司。如果你眼光獨到，買到眾人看衰的優質股，然後看著它顯露光芒，為你和你的客戶創造出色的基金績效，沒有什麼比這更令人滿足的了。

魯：對那些尋求職涯建議的年輕專業人士，你是否推薦他們在這個金融領域發展？

羅：我常告訴年輕人，接觸金融市場的最佳方式，是在他們所處大學的投資辦公室工作。我真希望當年我在普林斯頓大學時，就懂得到普林斯頓投資公司實習。我曾在芝加哥瑞格利球場當小販，賣可樂、啤酒、爆米花和熱狗。我從不知道大學有個捐贈辦公室，可以在那裡認識所有的資產類別。

每次我和年輕人交談，我都說，去你當地的捐贈辦公室吧。學期期間在那裡當志工，暑假期間在那裡實習。那是你認識你想從事的資產管理業的最好地方。

如何投資 How to Invest

魯：你如何保持對投資趨勢、新股票、市場趨勢的了解？你如何保持知情狀態？

羅：我常跟人說，我整天都在閱讀。我會先看五份報紙，《紐約時報》、《華爾街日報》、《金融時報》、《芝加哥論壇報》（*Chicago Tribune*）和《芝加哥太陽時報》（*Chicago Sun-Times*）。我早上會看CNBC，了解最新趨勢和最新的新聞。我盡可能大量閱讀關於市場的書，近年越來越重視行為金融學方面的書。安妮・杜克（Annie Duke）是非常成功的女性撲克選手，最近出了一本書，還有播客節目。我們最近在研究她的作品。還有亞當・格蘭特（Adam Grant）的《逆思維》（*Think Again*）；這本書非常重要，因為它教你如何學會靈活應變，適時改變你對市場或個人決定的看法。太多人被某個決定鎖住而無法調整。

我一直嘗試建立一個很好的投資人網絡，其成員是我非常敬重的投資人。我與他們建立關係，以便我可以和他們交談，從他們的角度了解市場動態，了解他們在擔心什麼，了解他們看到哪些我們沒看到的東西。這也是我建議年輕人做的事——要和商學院的同學建立關係，這樣你可以在30年、40年後，當你在市場裡或市場外必須做某個艱難的決定、需要獨立的建議時，與他們交談。

魯：你在休閒方面做些什麼？你還打籃球嗎？

羅：不打了。在做了髖關節置換手術後，我不能再跑步了。約三年半前，我從頭開始學鋼琴。

魯：我總是想知道，是否有人可以在中年後開始學鋼琴，並且真的彈得很好。你可以嗎？

羅：我在芝加哥的全民音樂學校（People's Music School）找到一個非常好的老師。她是那裡的執行長，我覺得我彈得越來越好。

魯：如果我請你演奏《藍色狂想曲》（"Rhapsody in Blue"），你可以憑記憶馬上彈出來嗎？

羅：我必須看著樂譜彈。我想，我可以學會彈那首曲子。我現在在彈《多美好的世界啊》（"What a Wonderful World"）。披頭四的老歌《Twist and Shout》和《I Want to Hold Your Hand》，還有約翰・藍儂（John Lennon）的《Imagine》，我都彈得不錯。

魯：真不錯。你現在還是每天在麥當勞吃一餐嗎？

羅：我現在就在喝我的麥當勞健怡可樂。我並非總是吃一餐，有時是一塊餅乾和一杯健怡可樂。有時是炸薯條和健怡可樂。有時是一杯冰旋風。

魯：你常吃麥當勞，是因為你是該公司的董事嗎？

羅：這是我一直以來的一個習慣。大學畢業後，我喜歡外出，在麥當勞看報紙。我還遇到一些朋友，他們每天都在那裡。它就像我的另一個家，我一直很喜歡。

魯：你用電腦嗎？

羅：我學會用iPad，以適應我們身處的這個新世界，畢竟要用Zoom之類的東西。但是除此之外，我不用電腦。

魯：別人想聯絡你時，如何發訊息給你？

羅：我有一支手機。想找我可以直接打我手機，或者打電話到我家裡或辦公室。我跟人家說，我的電話號碼是有登記的，芝加哥東德拉瓦街的約翰・羅傑斯就是我。你撥打411查號台，就可以把電話接到我家裡。

房地產

喬恩・格雷 Jon Gray

百仕通集團總裁暨營運長

> 「最好是當個信心滿滿的投資人。如果你只是稍有涉獵,把一堆錢放在你不懂的東西上,結果往往很不好。」

從一開始,房地產實際上就是世界上多數人的主要投資資產。他們的主要資產——甚至是唯一的資產——是他們的住宅、土地、農場或牧場。

一直以來,人們因為能夠看到和觸摸這種資產,並且明白其價值,從中得到一些安全感。對多數人來說,紙上資產(例如股票或債券)無法像他們經常使用、看到和享受的實物資產那樣,予以他們一種情感聯繫。

在19世紀和20世紀的歐洲和美國,有些人取得財富時,覺得買入其他人居住或使用的房地產(土地或建築物)是有價值的。這種資產很容易理解。而且,這種資產產生的當期收入(租金),以及出售這些資產通常可以獲得的利潤,往往可以產生相對可預料的可觀報酬。

隨著人口成長和企業增加,對各種房地產的需求也增

加，越來越多投資人因此開始視房地產為一個重要的投資類別——不像成功的創投交易那麼高收益，但也沒那麼容易失敗。

在20世紀的大部分時間裡，在歐洲和美國，「核心」或傳統的房地產被視為一種相對安全、提供個位數報酬的投資。

1980年代末，美國爆發了儲貸危機，聯邦政府最終接管了破產的儲貸機構的房地產，然後很快就把這些資產賣給投資人，售價相對於最終轉售價值可說是非常低。

結果是買進這些房地產的人獲得誘人的雙位數報酬，這催生了一種新的房地產投資類型——它被稱為「機會型」（opportunistic）房地產投資，投資人以低價買入，為需要修復或增值服務的房產顯著增值，最終獲得類似收購（buyout）或創投交易的報酬。

報酬較高的機會型房地產投資，通常容許從事這種投資的公司向其投資人收取「附帶收益」（carried interest），藉此分享投資利潤。結果是大型私募股權公司進入房地產領域，這些公司在為其投資提供「附帶收益」增值服務方面有悠久的歷史。

喬恩・格雷（Jon Gray）和百仕通集團（Blackstone）在機會型房地產投資領域的崛起說明了這一點（雖然百仕通後來也擴展到比較基本或「核心」的房地產領域）。

1992年，喬恩剛從賓州大學畢業就加入百仕通，當時該公司其實沒有房地產投資業務。因為喬恩的領導，百仕通現在經營著全球最大和最賺錢的其中一項房地產投資業務，管理的資產超過2,900億美元。

這一切是如何發生的？喬恩又是如何完成房地產投資史上最傳奇的兩筆交易？這兩筆交易鞏固了他的聲譽，使

他得以建立百仕通極其龐大和成功的房地產業務。第一筆交易是以390億美元收購山姆‧澤爾（Sam Zell）的Equity Office Properties，當時是有史以來最大的房地產交易。雖然這筆收購是在2007年的市場高峰期完成的，但喬恩聰明地預售了最不受歡迎的資產，而餘下資產為百仕通創造了數十億美元的利潤。

第二筆交易是收購希爾頓酒店（Hilton Hotels），是一筆結合房地產和私募股權投資的交易。這筆交易是喬恩的主意，而他的技能在經濟大衰退期間的飯店業艱難時期挽救了交易。這筆交易最終賺了140億美元，是史上最賺錢的一次收購。

我與喬恩在紐約的百仕通總部交談時，他非常謙虛，沒有把他的成就歸因於他非凡的智能、極好的職業道德、迷人的個性，或是他精準的時機把握。但喬恩不但預見到經濟大衰退期間商用辦公室市場很可能發生的崩潰，還預見到近年獨棟住宅、出租公寓、物流倉庫和印度商用不動產的價值提升。

不過，喬恩的許多同事和他在房地產界的競爭對手都認為，喬恩從一個在百仕通投資銀行部門做日常繁瑣工作的年輕大學畢業生，一路高升成為該公司的總裁暨營運長，主要正是因為上述那些特質。

因為我們的非營利和商業活動有交集，我認識喬恩好幾年了，而我一直很欣賞他的那些個人特質。但我也欽佩他那種令人放鬆的謙遜——對一個在某個領域建立並領導全球最大的其中一盤生意多年的人，人們通常不會立即想到他是個謙遜的人。

雖然喬恩目前的職責包括監督百仕通各式各樣的所有投資活動，我希望和他集中討論房地產投資，畢竟他是

在這個領域成為世界級領袖。2021年6月7日，我在紐約的百仕通辦公室，為彭博的《與魯賓斯坦談財富》系列節目，面對面訪問了喬恩。

———

大衛・魯賓斯坦（魯）：你是以房地產投資人的身分在投資界成名的，而你已經建立了世界上最大的房地產生意。你在成長過程中一直想成為房地產投資人嗎？

喬恩・格雷（格）：我一開始沒有想過我會成為房地產投資人。我是在芝加哥郊區長大的。在去賓州大學讀書之前，我從未真的去過東岸。

　　我上大學時，決心主修英文。我當時的想法是我想成為一名記者。我為《賓州人日報》（*The Daily Pennsylvanian*）撰稿。進入學校一年後，我發現我的一群朋友，兄弟會的一些兄弟，喜歡商業。他們在華頓商學院，而我當時有一些股票。我喜歡數字，所以我決定要拿雙學位。大四的時候，我遇到一名年輕女士，她也是主修英文。數週後，我在一家小型投資顧問公司找到一份工作。

　　那是約三十年前的事了，那家公司是百仕通，那位女士是我妻子明迪（Mindy）。在百仕通，我一開始是在私募股權和併購部門工作。我大部分時間是在做計算，為客戶做推介書，以及訂晚餐。我必須確保同事們在晚上七點前拿到食物。

　　大約一年後，房地產市場崩潰了，百仕通集團富遠見的創始人史蒂夫・史瓦茲曼（Steve Schwarzman）和皮特・彼得森（Pete Peterson）說：「房地產是我們應該開拓的一項業務。」他們成立了房地產部門，但幾乎沒有人。我一直在幫他們起草第一支房地產基金的私募備忘錄。他們說：「你看來是個不錯的人。你想過來加入這個部門嗎？」

我和明迪商量，我和我爸媽商量，然後回去說：「好的，我加入。」我就是這樣進入了房地產這一行。

魯：你和你父母親商量你是否應該從私募股權領域轉到房地產部門？你和你父母親的關係一定很好。你太太是否說：「我不知道那是不是個值得進入的好領域」？

格：我太太和我爸媽問我：「你覺得呢？」我說：「我真的對公司自己打本投資很有興趣。」我對我們可以控制是否作出投資的決定很有興趣。當時我還想：「如果我留在私募股權部門，他們可能會使我想回去商學院。」如果是做房地產，我不認為我必須回去商學院，所以我就決定轉到房地產部門。我經常對我的孩子說：「運氣是一種核心能力」，而事實無疑如此。

魯：你們一開始做些什麼？你們有錢投資嗎？我想你們一開始沒有房地產方面的基金。你們是如何取得資金的？

格：我們用了公司的一點資本。我們利用私募股權基金做了一筆交易，但投資人是保險公司和日本投資人，他們之前在美國房地產市場受到傷害。所以我們必須募集資本。我們一開始只是做一些小交易。

　　我參與的第一筆交易是維吉尼亞州切薩皮克市的大橋購物中心（Great Bridge Shopping Center, Chesapeake），那是一筆600萬美元的交易。我們借了400萬美元，所以是投入了200萬美元的股本。你會以為我當時是要買下曼哈頓島。我去了那裡三個星期，見了每一個租戶，做了汽車流量統計，學習如何做這種交易。

　　這是一段奇妙的經驗，因為我什麼都要做：洗碗工是我，服務生是我，領班也是我。我們當時規模極小，我是親身學習一切工作。

　　我們在科羅拉多州科羅拉多泉做了一筆1,100萬美元的

飯店交易，是一間萬豪酒店（Marriott）。我回頭看這筆交易時，覺得自己實在不必做那麼多工作，因為那是飯店業非常困難的一段時期。我們買那間萬豪飯店的價格，是它幾年前建造成本的三分之一。我其實應該直接說：「我該如何簽合約？」

但那是非常好的教育。我很愛房地產業務。我可以離開辦公室，我可以坐飛機去見很多人，我得以認識許多不同的地方，而且因為業務規模很小，我可以接觸所有工作。結果對我非常好。

魯：現在沒有人會問百仕通是誰。當年你代表公司出去收購資產時，是否會遇到人說：「誰是百仕通？」

格：確實會有人問：「誰是百仕通？」我會說：「它是史蒂夫・史瓦茲曼和皮特・彼得森創立的，前者曾經主管雷曼兄弟（Lehman Brothers）的併購業務，後者曾經擔任美國商務部長。」

魯：我們來談一下你做的兩筆交易，它們成了美國房地產史上最著名的兩筆交易。第一筆是收購山姆・澤爾建立的 Equity Office Properties（EOP）。你可以解釋一下這筆交易嗎？為什麼它風險很大？為什麼它最終帶給你非常好的結果？

格：我們的業務成長了很多，從一開始做600萬美元的交易，到2007年初時完成EOP這筆390億美元的交易。我們是如何做到的？改變我們業務最大的一件事發生在2000年代初。經歷了網路泡沫和911事件後，我們陷入了經濟衰退。那是一次相當淺的衰退，但葛林斯潘〔當時的聯準會主席〕大幅降低利率。

房地產很好地適應了那場衰退和那波降息，吸引了大量資金流入。我們是機會型投資人，因此會想：「我們如

我偶然看到了房地產上市公司中的機會：有一些擁有房地產的公司，股票市值遠低於那些房產個別市值之總和。然後我們心想，市場上有商用不動產貸款擔保證券（CMBS）這種新債務工具，成本遠低於收購交易常用的槓桿貸款和高收益債。

我們說服了銀行容許我們利用CMBS收購房地產公司。從2003年末到2007年，我想我們做了12筆這種交易，收購那些大型的房地產上市公司。我們利用公開交易的CMBS，而且在許多交易中會賣掉部分房產。

你可以把我們收購的東西想成是一個水果籃：你會把葡萄賣給想要葡萄的人，把香蕉賣給想要香蕉的人。EOP那筆交易就是這樣。我們買下美國最大的一個辦公大樓組合。這筆交易一開始是360億美元。

Vornado這家公司決定和我們競爭，它是非常聰明的房地產投資人史蒂夫・羅斯（Steve Roth）經營的公司。問題是我們打算收購後賣掉三分之一的房產，而隨著收購價開始上漲，我們不想承擔那麼多庫存風險。

所以我去找山姆・澤爾，他顯然非常精明。我說：「山姆，如果你想我加入競投，你得讓我和一些下游買家談談。」他答應了。當時的情況就像經營一家商店，你在前面接收商品，同時在後面賣掉商品。

我們最終贏得競標。我們賣掉了接近三分之二的房產。我們還清了債務，並且取得一些極好的房產。我們保留了加州、紐約和波士頓的資產。如果我們也保留芝加哥郊區和康乃狄格州史坦福的資產，結果就不會那麼好。說到底，這是從批發到零售的套利交易，但關鍵是我們留住了什麼。我們最終使投資人的資本增加了兩倍。

魯：你們收購的資產，最終賣掉了三分之二左右。你如何向投資委員會解釋：「我想買這家公司，然後馬上賣掉三分之二？」這是否使你很難向人解釋？

格：不會，因為那一直是我們的業務計畫。我們通常賣掉三分之一，但在這筆交易中，我們知道自己在做什麼。隨著收購價被抬高，我們做了一次預售，所以我們知道這筆交易成交時或之後不久，我們就會賣掉許多房產。我們的說詞是：「我們最終還是會持有130億美元的房地產，它們的品質非常高，而且成本遠低於市值，因為我們已經賣掉了比較弱的資產。」所以參與者很放心。

魯：對你來說，這筆交易的最終結果非常好。但對那些買下你賣出的房產的人來說，結果就不是那麼好，因為你完成交易時，房地產市場可說就崩潰了。你們是否曾買回當中一些房產？

格：我們最後買回了一些。那些人有很多是我的朋友。當時沒有人知道音樂會停下來。

魯：我們來談你做的另一筆交易，它成為有史以來最賺錢的收購。就在2007–2008年市場崩潰之前，你買下了整家希爾頓酒店公司。這筆交易是著眼於房地產，還是公司？

格：兩者都有。我們利用我們的房地產私募股權基金和我們的企業私募股權基金做這筆交易。希爾頓除了擁有極好的房產，例如紐約華爾道夫酒店（Waldorf Astoria New York）和希爾頓夏威夷村（Hilton Hawaiian Village），還有頂尖的管理特許經營（management franchise）業務，旗下品牌包括希爾頓、大使套房酒店（Embassy Suites）、希爾頓花園酒店、逸林（Doubletree）等等。

這與那筆EOP交易相似：因為規模巨大，我們認為我們可以買到一些很有價值的資產，而且因為標的在公開交

易的市場上，它比我們個別收購相關資產來得便宜。我們也認為估值倍數是合理的。我們認為希爾頓這家公司非常好，而我們的收購代價是現金流的13或14倍。

我們失算的是時機。交易完成於2007年底，時機糟透了。在隨後不到一年的時間裡，雷曼兄弟宣告破產，全球經濟重創，全球旅行嚴重萎縮。希爾頓公司收入減少20％，現金流跌40％，我們歷來最大的投資必須減記價值71％。那種感覺非常糟。

但我們相信希爾頓前景很好。我們仍認為它在世界各地有巨大的成長機會，包括在中國、中東、歐洲，甚至是美國。我們也認為衰退是週期性的。我們因此在景氣底部增加投資8億美元，堅定支持，然後它開始成長，經歷了週期性復甦。我們最終將它上市，分拆成三家不同的公司，分別負責管理特許經營、分時度假（time-share）和房地產業務。我們為投資人賺了140億美元，所以結果是好的。

魯：在情況看來不好時，你是否回家對你太太說：「妳之前支持我投身房地產，但也許這不是個好主意」？

格：在壓力很大的緊張時期，身邊有人可以倚賴、聊天，而且還是對你有信心，真的很重要。但你還是會難過，因為你感覺很糟，覺得很對不起同事和投資人。但我們從未失去信心。

對我來說，希爾頓那段焦灼經歷很可能是我作為投資人的最重要經歷。我們在最壞的時候買下公司，但最終創造了史上最成功的交易。這說明了我們是在我們所說的「黃金地段」買了極好的資產，受到強勁的有利因素支持。全球旅行是個成長型產業。這些品牌極有價值。

我們投資的時候，太常聚焦於個別標的，而不是考慮「這個領域好嗎？」或「是否有很多有利因素？」。希爾頓

基本上是優秀的企業，所以我們即使支付過高的代價，甚至交易時機很差，還是承受得起。因為有稱職的管理團隊和適當的財務支持，我們最終賺了很多錢。這次經驗對我此後所做的一切影響很大。

魯： 在希爾頓交易之後，美國房地產市場有所好轉，但在它不是那麼好的時候，你們決定大量買進貸款違約、價格因此非常低的房子。這是個好決定嗎？

格： 這是個非常好的決定。我們的房地產業務的核心，是以低於重置成本的價格買進「硬資產」。如果建造一棟辦公大樓的成本是每平方呎300美元，我是否能以每平方呎150或200美元的價格買入這種房產？作為房地產的價值投資人，這通常是一種好買賣。

房市危機爆發後，世界上最大的私人資產類別，美國的獨棟住宅，價格跌了30％。在價格年年上漲了60年之後，在鳳凰城和拉斯維加斯之類的市場，房屋價值跌了接近50％。問題是，我們可以如何把握這個機會？

我們意識到，美國有1,300萬套獨棟住宅可供出租。多數情況是醫師或律師除了擁有自己住的房子，在住家附近還有另一間房子，把它租出去。他們不提供什麼服務，也不怎麼投資在房子上。

我們心想：「如果我們開始大量買進住宅，會怎麼樣？如果我們創建一家公司，提供真正的專業服務，投資在資產上，會怎麼樣？」我們曾經想過從銀行手上大量買進房子，但從未這麼做。我們最終做的是買入個別的房子。我們買進空置的、原屋主已失去贖回權的房子。我們不想去取消房貸戶的房屋贖回權。

我們最終買了5萬套房子，建立了一家公司。房市復甦了，我們把公司上市，最終出售了我們的股份。我們建

立了一些我們非常自豪的東西。

魯：房地產有哪些類型？據我所知，你們有核心、核心延伸（core-plus）、增值（value-added）和機會型房地產。可以解釋一下這四個不同類別嗎？

格：想想寶僑（P&G）和IBM之類的公司發行的投資級債券，它們被視為非常安全的資產，報酬率比較低。另一方面，有一些高負債的公司、不大成熟的公司發行的高收益債，投資人持有它們有望獲得較高的報酬。

　　房地產的情況與此相似。例如核心房地產，你可以把它想成是長期租給有信用租戶的房產，沒什麼風險。至於光譜另一端的機會型房地產，我們著眼的是「買入、修復、賣出」。例如有一棟破舊的空房子，它需要資本投入，你把它修好，使它脫胎換骨，然後賣掉。核心延伸和增值型介於上述兩者之間。報酬率因風險而異。

魯：如果是機會型房地產，你們想獲得怎樣的報酬率？

格：你會希望獲得20％的毛報酬率，帶給客戶15％的淨報酬率，這就是我們在房地產方面三十年來所做的。

魯：我們來談一下住宅和商用這兩種不同類型的房地產。住宅的風險是否低於商用不動產？

格：如果是出售的獨棟住宅，風險可能更高，因為你是要建造一些東西來出售，結果如何取決於市場狀況。如果是出租的住宅，例如公寓大樓，則通常比較安全，因為它的週期性沒那麼大。人們不會放棄自己住的地方，是會有一些波動，但遠遠沒有辦公大樓或飯店那麼波動。

　　我認為住宅比較安全，沒那麼波動。商用不動產涉及辦公大樓、倉庫（這是我們過去十年最大的主題）、飯店、購物中心、老年人生活設施。這些資產的風險報酬各有不同，取決於地點。

魯：房地產也可以分為「既有房產」和「待建房產」。建造房產是否風險較大、報酬較高？還是你們比較喜歡買既有房產？

格：我們通常是希望以折扣價購買既有房產。所以，我們在拉斯維加斯以不到一半的價格買下大都會酒店賭場（The Cosmopolitan of Las Vegas），因為它是在金融危機期間建造的。對我來說，這是最好的交易。我們偶爾也建造一些東西。但一般來說，我們希望購入已經在產生收入的房地產。開發房地產的問題是這有點像說「我三年後要做IPO」。等你建好大樓要出租時，經濟環境可能已經截然不同，你可能找不到租戶，你可能不會有收入。所以，我們一般傾向購買既有房產。

魯：根據經驗，房地產價格通常會上升。房產會升值。為什麼我們有時會看到房地產開發商破產的消息？

格：房地產業的典型錯誤是擁有長期資產，但以短債融資。開發商經常仰賴大量舉債，這可能導致他們陷入困境。可能影響房地產的另一件事，尤其是現在，是技術的變化影響我們的生活和工作方式。

　　想想封閉式購物中心，從戰後到大約十年前，它們是最好的資產。一個大型購物中心，以百貨公司為中心，有很多零售商，還有一個美食廣場。在沒有槓桿的情況下，這種資產的價值每年成長5%，持續四、五十年，因為它們就是這麼可靠。它們是堡壘。然後我們開始進入網路時代，電子商務開始流行。這對那些生意有重大影響，我們也已經看到嚴重的衰退。但這是在很長的一段時間裡發生的。更重要的因素通常是槓桿。

魯：為什麼利率對房地產那麼重要？是不是因為做房地產投資的人借很多錢？

格：部分原因在於房地產作為一個資產類別，被視為是比較安全的。如果你是放款者，它確實是。你以房地產為抵押，可以借到比較多錢，因此資本結構會有比較大的一部分是債務。所以如果利率上升，對價值無疑會有影響。

　　另一個原因是有些房產比較像債券。如果你擁有一棟大樓，以固定的租金租給政府20年，那麼利率上升會導致這棟大樓的價值降低。這與飯店不同，因為飯店基本上是逐個晚上出租的。房地產確實會因此對利率比較敏感。

魯：我注意到有些人會為債務提供個人擔保。我想你並不提供任何個人擔保。

格：不可以容許追索個人。這是多數開發商在1980年代末學到的教訓。

魯：房地產界最著名的箴言之一是「地段、地段、地段」。你也可以說是「在地、在地、在地」，因為多數人在他們熟悉的地區做房地產投資。你們則是在世界各地做房地產投資。你人在紐約，如何知道歐洲或亞洲房地產的價值？

格：關鍵是建立全球版圖。我們在美國各地、在倫敦、在亞洲的八個辦事處都有重要的業務，在我們投資的公司有數萬人。這是我們花了很長時間才做到的。我們在這方面已經做了三十年，認識到擁有在地人才真的非常重要。你需要熟悉市場的當地人。

　　投資房地產的一個好處是，我們看到的許多趨勢，尤其是科技驅動的趨勢，在世界各地都是一樣的。我們在2010年開始購買倉庫時，注意到那些電子商務租戶出現，我們因此開始在美國買進更多倉庫。你不必克服巨大的疑慮，就可以說：「同樣的事將發生在加拿大，將發生在英國、歐洲大陸，以及整個亞洲。」

只要你有技能，你就可以評估資產的價值，而且你會經常旅行。我常坐飛機。我已經不再從事房地產部門的日常管理工作。我的同事們做得非常好。他們在世界各地有在地團隊，我們在那些市場是在地投資人。你不可能像我們飛進飛出紐約那樣在孟買購買房地產。

魯：假設你的團隊中有人向你提出一項交易，你批准了，但結果不是很好。你會說「我們炒掉那個提議者」嗎？如果一項交易看來不如預期，你會如何挽救？

格：我們視投資為一種團隊運動。或許有人主張做某項交易，但我們會有不少人審視並最終批准。結果不如預期時責怪某一個人，我認為不是一種好的做法。你必須努力建立真正的團隊意識。

事情出錯時，你該做的是不要糾結於你已經投入了大量資金，而是要檢視現在的情況，然後作出艱難的抉擇。如果你投入了資金，買了一些東西，然後發現已經出現嚴重虧損，你該思考的是：從現在開始，那個資產會升值嗎？還是你增加投資，也只是花錢打水漂？有紀律的投資人會放下以前的決定，冷靜思考問題。

魯：從事房地產投資的樂趣是什麼？房地產有什麼吸引你，使你一直留在這一行？

格：我喜歡人。我喜歡認識各個不同的地方。因為做這一行，我得以見識整個美國，見識所有的先進國家。房地產是真的可以觸知的，你可以去一個地方探索，去感受一個社區。

如果你投資於製藥公司或其他企業，你很難說：「我真的知道這種藥物療效如何，與那種藥物比較有何不同。」但作為個人，你可以說：「我已經待在這個社區一段時間。我今天在奧克蘭。它開始仕紳化，感覺很像布魯

克林。我會把這些點連起來，然後這麼做。」房地產的可觸知性質，以及從事這一行的經歷——如果你很愛旅行，如果你很愛看不同的地方，房地產這一行是無與倫比的。

魯：你們的交易是怎麼來的？經常有人來找你們嗎？還是你們自己想出點子？

格：有人想做買賣時，我們往往是第一個接到電話的，因為我們買賣的房地產多過所有其他公司。我們剛開始做這一行時，要做成生意並不容易。我們必須飛到當地，遞上自己的名片，說我們有資本。當你在這一行做了很久，大家都認識你了之後，你往往會成為想做交易者最先聯絡的人。

魯：對個人投資人來說，投資房地產的最佳方式是什麼？

格：有幾種方式。例如有公開交易的 REIT〔不動產投資信託〕市場，你可以透過它投資美國的一些優秀公司。世界各地都有 REITs。

另一種方式是投資於非上市的 REITs。例如我們百仕通集團就提供 BREIT 這個投資工具，它主要擁有美國東南和西南地區的物流房產和出租公寓。過去業界在向個人投資人提供非上市房地產投資標的方面做得不好。我們致力提供一流的產品。也有其他業者提供類似的產品。

比較有冒險精神的投資人，可以與在地開發商合作。這方面我比較擔心利益和流動性不一致的問題。如果你選擇這麼做，通常不會有很多不同的選擇。

魯：你現在擔心經濟狀況嗎？經濟最近相當好，但很可能會在某個時候下行。總體經濟表現總是會修正的。如果我想投資房地產，現在是好時機嗎？

格：我認為現在仍是投資房地產的好時機，有幾個原因。房地產的警訊有兩個。一個是槓桿太高、資本太多，現在並沒有這種情況。另一個是營建活動太活躍，但新供給目

前實際上低於歷史水準。

我想指出的另一件事，是如果你看標準普爾500指數，自COVID爆發前的2020年初以來，它帶給投資人的報酬率是上市的REITs的四倍。由此可見房地產的復甦落後於大盤，因為人們顯然對實體世界有一些擔憂。

我認為隨著經濟重啟，隨著人們回到實體世界，房地產將會有所反彈。對房地產有利的一項因素是：通貨膨脹推高了建築物的重置成本。既有房產因此得到一點緩衝。

魯：你是否預計人們將回去上班，每週工作五天，像以前那樣使用紐約和類似城市的所有辦公空間？還是說對辦公空間的需求將會減少？

格：我認為需求會有所減少。將會有一些混合式安排，有些人可能將一直遠距工作。但是，因為我們曾經在家工作，就假定未來也將如此，或許有「近因偏誤」（recency bias）問題。

就我們公司而言，我們知道我們聚在一起會比較好，我們可以更好地發揮創造力，更好地解決問題，更好地訓練我們的年輕人。這是一種學徒式業務，年輕員工必須學會如何投資。

因此，我認為聚在一起是重要的。有些公司會得出不再需要那麼多空間的結論，而這將推高辦公大樓的空置率。人們會對擁有辦公大樓空間感到擔憂，而這可能製造出機會。因為未來若干年將會有一些逆風，然後假以時日就會復甦。

但我想指出，在美國以外的地區，例如在中國，辦公大樓已經回到充分利用的狀態。而在歐洲，人們家裡沒有那麼多空間，混合式安排較難實行。因此，不是所有地方都一樣。即使在我們這裡，我認為企業偏向要求員工回到

辦公室，雖然不會完全回到以前那樣。

魯：很多人搬去了佛羅里達州和德克薩斯州，也許是為了溫暖的天氣，也許是因為這些州沒有所得稅。你認為這種趨勢會持續下去嗎？這些地方吸引了很多人移入，現在在那裡投資房地產是好主意嗎？

格：我認為兩者皆有──天氣、較低的生活成本、較低的稅負，尤其是考慮到州與地方稅扣除額問題，以及對生活品質和犯罪的關注。德州是全國成長最快的州之一。COVID大疫加快了這種趨勢。

另一方面，紐約市、舊金山，這些都是了不起的地方。當你考慮到科技和創新、創業、移民，人們會去這些城市，他們想在那裡生活。如果有正確的政策，這些城市將能真正興旺起來。

魯：一如其他大型私募股權公司，百仕通現在關注ESG〔環境、社會和治理因素〕。你們購買既有建築時，如何處理環境問題？

格：我們已經對我們的投資人說：「我們購買的每一項資產，未來我們希望減少碳排放至少15％。」我們已經設定了這個目標。你可以圍繞著大樓管理系統、窗戶、溫度設定做一系列的事。

我們還在一些具體項目做了重要的事。在美國最大的公寓社區史岱文森鎮（Stuyvesant Town），我們做了一個全美最大的都市太陽能項目。在這些領域的信貸和能源投資方面，我們也做了一些事。房地產消耗大量能源，許多大樓的能源效率不佳。我們正試著成為一股向善的力量，盡自己的一份力量幫助地球。

魯：在你成長的時候，人們真的希望擁有自己的房子──在我成長的時候當然也是這樣，我年紀比你大。這是美國

夢的一部分。但是，你們現在買很多房子來出租，這是因為你們認為現在的年輕成年人想租房嗎？

格：這可能是一部分的原因。房屋自有率已經略為降低。出現了一種共享經濟（sharing economy），Airbnb和Uber盛行。但在過去12個月裡，在COVID期間，希望擁有住家的人激增。

我們對出租房屋的投資是基於這個事實：自2008-2009年以來，我們並沒有建造大量房子。在此期間，我們在美國平均每年建造不到一百萬戶房子，而我們很可能需要建造一百五十萬戶，才能滿足人口成長和淘汰舊屋的需求。獨棟住宅的價值因此得到支撐，而房屋租值也是。隨著這裡的經濟重啟，房屋短缺問題將變得比較嚴重。我們因此仍然認為這是個值得投資的領域。

魯：你收到過的最好投資建議是什麼？

格：我不知道這是別人的建議，還是我一路走來學到的東西，但毫無疑問，最好是當個信心滿滿的投資人。如果你只是稍有涉獵，把一堆錢放在你不懂的東西上，結果往往很不好。但如果你真的看清了一些東西，例如獨棟住宅、全球物流、一切移往線上的趨勢，然後全力投入，通常就會得到最好的結果。

魯：你在房地產方面做過的最差投資是什麼？

格：1999年我還年輕和充滿熱情的時候，我們在聖荷西北一街買了一些辦公大樓。當時有個網路泡沫，但我沒有意識到。有一棟樓的主要租戶是Gobosh.com，全名是GoBigOrStayHome.com（大展鴻圖或待在家裡公司），我真應該待在家裡。我們買下那棟樓的價格，很可能是實際重置成本的兩倍。那個租戶在我們完成交易三個月後就破產了。這是一筆小投資，但它是非常痛苦的經驗。

魯：如果我跟你說：「我有10萬美元，想把它投資在房地產或其他方面」，你認為我現在應該怎麼做？

格：房地產方面，我覺得我們在非上市REIT方面的產品非常好。你也可以投資在一籃子的精選上市REITs上。較廣泛而言，我認為標準普爾500指數也不錯。雖然價值已經發生了很大的變化，但市場目前的本益比略高於20倍，考慮到10年期美國公債殖利率的水準，我認為長期而言你會得到好結果。此外，這個指數裡面有很多快速成長的科技公司。

魯：我不應該把錢投資在哪裡？

格：你應該避開馬車鞭企業，避開固網電話公司和一些傳統零售商，一些傳統媒體公司。你應該著眼於未來。

在房地產方面，如果要我提供一個關於地點的建議，那就是要去創意和技術發達的地方，因為那裡是經濟活動最多的市場。所以，你應該去美國西岸、德州奧斯丁、劍橋、深圳、倫敦、阿姆斯特丹、特拉維夫、班加羅爾。全球經濟的成長很大程度上有賴科技驅動，那些是最值得投資的地方。

魯：是否經常有人找你，向你徵求投資建議？

格：他們經常問我關於住宅價格的問題，可惜那不是我的專業領域。我常對人說：「放眼長線」。我們身處的這個往往只看眼前的世界——Snapchat、TikTok、迷因股——對投資來說是危險的。

你應該思考的是：「這是一家基本面良好的公司嗎？所處的領域前景光明嗎？這是一筆很好的房地產，是那種供應有限、需求有利的資產嗎？」如果你擁有好東西，那就長期持有。找到適合投資的社區，投入你的資本，然後耐心等待。

房地產

山姆・澤爾 Sam Zell
股本集團投資（EGI）創始人暨董事長

> 「了解自己承受的風險，是你最終能做的最重要的事。」

在投資界變得如此有組織、電腦化和嚴肅之前，有一些具傳奇色彩的人物，他們直言不諱，依靠自己的直覺而不是投資備忘錄，而且不懼怕任何挑戰。事實上，挑戰越是艱巨，任務越是不可能完成，他們越是表現出色。

山姆・澤爾（Sam Zell）就是仍活躍於投資界的這樣一號人物，他長期以來被許多人視為房地產和許多其他領域最聰明、最堅強的投資人。他向來願意承擔別人認為最好避開的風險，而他的冒險行為看來是明智的，往往展現了點石成金的本事。事實上，在2017年，山姆被《富比世》雜誌評為「百大傑出在世商業頭腦」之一。

山姆曾自稱「墳墓舞者」（The Grave Dancer），因為他有獨特的才能，往往可以找到並把握別人如果嘗試會一敗

塗地的投資機會（那些人因此「走進了他們的墳墓」）。

雖然接受了律師的專業訓練，但山姆只做了四天的法律工作，因為他更喜歡管理和投資房地產。他在這方面做得非常好，最終建立了美國最大的上市辦公大樓資產組合（公司名稱為 Equity Office Properties），並在 2007 年藉由拍賣，在市場的絕對頂部以他原本以為不可能的高價賣出。（正如前一篇的喬恩·格雷訪談提到，百仕通集團是得標者，而且明智地在交易完成後幾個月內賣出所購入的三分之二資產，保留了最好的房產，最終得到了相當好的結果；那些從百仕通手上買進房產的人，就沒那麼幸運了。）

山姆的傳奇色彩不僅在於他的投資觸覺和時機把握，還在於他直率和「豐富多彩」的言語。他的自傳以「我是不是太含蓄了？」（Am I Being Too Subtle?）為書名，可說是恰如其分。但山姆直率的言語看來沒有使他失去任何崇拜者或朋友，他在世界各地都有極其親近的朋友和投資夥伴，而他經常和其中一些人騎機車長途旅行——他的無畏精神在這種旅程中更是顯露無遺。

我認識山姆數十年了，一直欽佩他，雖然我們不曾一起投資。我們曾一起參加投資會議的小組討論，而且有一個重要的共同觀點——某些法學院畢業生選擇不當執業律師，對法律這門專業是好事。

山姆這種人在這個世界上可能越來越少，好在至少還有一個——那個原型——與我們同在，而且他還生龍活虎，其他人在他這種年紀，很可能不會那麼費力地當墳墓舞者。我在 2021 年 5 月 20 日以虛擬方式訪問了山姆。

大衛·魯賓斯坦（魯）：你以購買失寵的資產著稱。現在你在買些什麼？在你看來，有什麼是因為現在所有東西看

來都很貴而失寵和受挫的？

山姆・澤爾（澤）： 重點是定價反映現實，而我會認為便宜的東西之所以便宜，是因為它們不是很好。我們發現的是，問題不僅是價格。過去三四年裡，我們花了不少時間做我稱為「代際投資」（generational investing）的事：有一家現有企業，可能是某一代人、某一個人在經營，然後有個阿姨、姐妹或其他人想要流動資金。我們實際做的是投入75％的資金，讓原本的經營者保留某種角色，而我們參與公司的發展。

魯： 1976年，你寫了一篇著名的文章，標題是「墳墓舞者」。文章是講你如何在失寵資產的墳墓上跳舞。當你現身要收購資產時，人們是否會說：「山姆來買，意味著我們一定是賣得太便宜了」？墳墓舞者的名聲是對你有害還是有益？

澤： 估計是50／50。有些人被嚇到了。多數人有足夠的自信，能夠自在地應對這種做法。是的，我寫了那篇題為「墳墓舞者」的文章，但我真正想指出的是，購買不良資產要求你走到非常接近墳墓之處，而如果你不小心，最好的意圖可能導致你掉進墳墓。

魯： 你在芝加哥長大。你的父母是來自波蘭的移民。你不是在富裕的家庭長大的。在成長的過程中，你是否想過：「我長大後想成為墳墓舞者，成為著名的投資人」？當你還是個孩子、還很年輕時，你想過要做什麼？

澤： 我曾確定自己應該成為一名消防員，後來想了想，變成想當律師。

魯： 你去了密西根大學讀本科。你怎麼會離開伊利諾州？

澤： 密西根大學真的是非常好的學校。我覺得我去一間比較優質的學校，可以增廣見識。

魯：你後來也上了密西根大學的法學院，所以你一定是認為你將成為一名律師。我想你的父母會說：「我兒子將成為一名優秀的猶太裔律師」，而且他們對此很滿意，對嗎？

澤：我父母的建議非常簡單，就是你必須學一門專業，這樣你就總是可以為自己工作謀生。他們鼓勵我去上法學院。我就是那種典型的故事：「什麼是律師？律師就是害怕看到流血的猶太男孩的職業。」醫學院不是一個選項，我對讀醫沒有興趣。但法律界對我有一些吸引力。

魯：你上法學院時，是很喜歡還是覺得「這很乏味」？

澤：我覺得非常乏味。我在法學院的三年，絕對是我那些年脈搏率最低的時期。

魯：我自己的情況是，我媽媽希望我去讀法學院。我成為一名律師，後來創辦了凱雷，當時我媽說：「你應該保留律師執照，因為你需要一些可以依靠的東西。」

澤：沒錯。

魯：我現在仍是華盛頓特區律師公會的會員。

澤：你媽媽和我媽媽應該可以成為好朋友。

魯：你在法學院讀書時，有機會買下一棟公寓大樓，對嗎？

澤：我是在大三時開始的。當時我去看一個朋友，他住在一棟房子裡。他說，房子的主人前一天晚上來過，買下了隔壁的房子，準備建一棟15個單位的公寓大樓。我說：「不如我們去找他，向他推銷一個計畫：我們來為他管理那棟公寓大樓，我們兩人各自得到一間免錢的公寓。」我們付諸行動，做得非常成功。然後我們又拿到一棟大樓的管理權，接著是一棟又一棟。然後我開始買幾間房子。我花了一年時間買下一個方形街區，我過得很開心。

魯：你有通過律師考試嗎？你到底有沒有參加過律師考試？

澤：當然有。

魯：你媽媽是否曾說：「你應該從事法律工作，而不是買這些房子」？

澤：她沒有。我離開法學院之前，就在做這些事了。所以，我實際上是同時在念法學院，而且我有畢業。

魯：你有個夥伴叫羅伯・盧里（Robert Lurie），應該是你在法學院認識的？

澤：是我在念大學時認識的。

魯：你是否認識他時就說：「我們一起做生意吧」？

澤：他是我還在念大學、著手建立管理公司時，雇用的第一個員工。到我離開安娜堡的時候，他在管理這家公司很大的一部分，我把公司賣給了他。我對他說，有一天他和這些小傢伙玩夠了，想要和大男孩一起玩時，就打電話給我吧。三年後，他打電話給我，我說：「當然可以。」然後，我們建立了非常好的關係。

魯：房地產有什麼吸引你的？房地產與購買證券或公司不同。後者你也有經驗，我們將會討論。但我們先來談談房地產有什麼吸引你，使你樂於在這個領域投資？

澤：首先，我懷疑是否有任何其他商業領域比房地產容許利用更多槓桿（或債務）。而且這些債務多數是無追索權的〔也就是說，放款人遇到違約時，不能尋求以借款人的個人或公司資產償債，只能尋求以貸款的抵押品償債〕。對一個尋求財富而不是收入的人來說，房地產可以利用的槓桿是非常誘人的。我不知道我是否曾坐下來具體計算過，但我覺得我在這個領域比其他領域有更好的機會賺到數倍於投入資本的利潤。

魯：投資房地產會借很多錢，這不時導致房地產投資人陷入困境。不過，你自己還是必須拿出一些本錢。你的本錢是從哪裡來的？是在公開的市場募資、向朋友借錢，還是

你自己出錢？

澤：最初我賺了一點錢。我買的第一棟房子要19,500美元，先付1,500美元，分期支付18,000美元。我做了一堆這種交易。

魯：在房地產方面，你們同時利用許多不同的工具。同時利用這麼多不同的工具，使它們保持正常運作，並且滿足所有人，是否很困難？

澤：令人驚訝的是，這不會有衝突。在我們的住宅公司Equity Residential（EQR）或我們的移動車屋園區（mobile home park）公司Equity LifeStyle Properties（ELS），沒有人會關心購買辦公大樓這種事。而購買一個移動車屋園區不可能與EQR有衝突。因此，實際上，在這個資產類別有三種相近的業務是非常有利的。我認為，這為我們創造了更多機會，尋找新的交易和更好的操作機會。

魯：我在凱雷的經驗是，經常有年輕人做一些深入的投資備忘錄，100頁的備忘錄，希望說服我或我們的投資委員會去做某些事。但我經常想，世界上最好的投資人會利用他們的直覺，不會仰賴100頁的投資備忘錄。多年來，你決定買房地產時，是否自己做盡職調查？是什麼促使你決定買或不買某些東西？

澤：我肯定沒有要求別人寫100頁的備忘錄，因為，第一，任何人能寫出100頁的備忘錄，我都會懷疑他；第二，我覺得我很可能無法不在看這種備忘錄時睡著。我們買任何東西都會做盡職調查，但盡職調查是幾個聰明的人去亞利桑那州圖森市查看他們打算買進的一些公寓，檢視入住率，與經紀交談，了解市場上有什麼新動態，那就是適當的盡職調查。現在因為有網路，大量資訊唾手可得，任何年輕的分析師都可以相對快速地針對他們想推銷的城

市或房產完成盡職調查。然後他們進來提出他們的建議，我坐在那裡，來回走動，提出我的質疑。如果他們成功說服我，我們就會買下那些房產。

魯：你做了美國最著名的其中一筆房地產交易。你建立了一家叫Equity Office Properties的公司，一般簡稱EOP，是一支公開交易的REIT。然後有人想從你手上買下它，最初是加州公務員退休基金（CalPERS），然後你安排了一場競標。事後證實，交易發生在市場的頂部。你當時為什麼要賣出公司？你是如何安排競標的？

澤：我很想把抓到市場頂部歸功於自己，但我向你保證那是意外，我甚至從未從這個角度思考這件事。不過，針對我們所有的REITs，我們每90天就會對它們的價值做一次內部分析，以便我們總是掌握情況。我們也對Equity Office這麼做。第一次接到詢價時，我們有點震驚，因為我們以為EOP太大，不可能被收購。所以，除了有人真的詢價這件事，我們甚至沒有多想什麼。

好在第一次的報價顯著低於我們自己的估計，所以我們就爽快拒絕，繼續工作，忘了這件事。然後就出現這句著名臺詞：有人從一家經紀公司打電話給我，問我：「要怎樣才能成交？」我的答覆是：「需要一個『教父的報價』〔（a Godfather offer），意為高到無法拒絕的收購價〕。」這促使百仕通集團第一次報價，而最終在另一家公司的競爭下，成交價從360億美元升到390億美元。

魯：最初的報價很可能比你最終經由競標得到的價格低20％或30％？

澤：是的，沒錯。

魯：結果是，買家是在市場的頂部買下公司。站在他們的角度，幸運的是百仕通迅速轉售了很多資產。如果他們沒

有這麼做，他們肯定是犯了一些錯誤。

澤：百仕通出售了投資組合裡超過三分之二的資產，而與百仕通交易的每一個買家都承受了損失。

魯：近年來，你買了很多房地產以外的東西。你是如何決定放心購買非房地產公司的？

澤：早在1981年，我和我的夥伴羅伯·盧里坐在那裡，反覆思考我們不喜歡大型商用不地產市場這件事。我們開始討論這個事實：只要你不是在設計火箭引擎或生物技術之類的東西，遊戲規則基本上就是明確的供給、需求、市占率問題。一切都是有道理的。我們對自己說：「既然我們在房地產這個領域如此成功，我們理應能夠把這種成功經驗應用在其他商業領域，而且同樣成功。」我們約定，從1981年起，10年內我們希望從100％房地產變成房地產生意只占一半。結果我們超額完成目標，持續至今。現在的比例大概是70％的非房地產和30％的房地產，而且業務非常多元化，包括物流、醫療、製造、能源和農業。

魯：你在非房地產業務也當墳墓舞者嗎？

澤：只要有這種可能，我就會這麼做。1990年，我們募集了10億美元的資金。在1990年，10億美元有10億美元真正該有的樣子。我們募集了10億美元，希望尋找「公司好，資產負債表不好」的投資標的。在接下來的八年裡，我們利用這些錢投資，很好地利用了這個機會，大有收穫。

魯：這些年來，你會去找一些大型機構投資人，也就是我經常去找的那些。那是怎樣一種情況？「偉大的山姆·澤爾、墳墓舞者先生」去向管理那些大型退休基金的年輕投資專家要錢，向這些人要錢很困難嗎？

澤：大概不會比你更困難。

魯：但你比我有名。

澤：你我兩人成功，都是有賴結合自我與謙遜。我們之所以成功，是因為我們能夠適當調整這種自我與謙遜，以便達成我們的目標。

魯：你認為你有哪些技能對你有幫助？是尋找交易機會、談判磋商、為交易安排融資、為交易增加價值，抑或以上皆是？

澤：我認為上述那些東西都重要，而且某種程度上確實對我有幫助。如果我必須作出決定，我會說，它始於對什麼類型的交易值得追求的某種天生的認識。我在1980年代有一個往來的銀行家，他桌子上有個橙色的牌子，上面寫著：「西部最快說不的人。」我永遠都不會忘記這個，因為我真正擅長的是不花時間在不會有結果的事情上。

魯：在投資界，沒有人能夠使每一筆交易都圓滿，而你也有一些交易沒有成功。

澤：毫無疑問。

魯：遇到這種情況時，你是否會說「我做錯了什麼？」你會責怪別人嗎？你如何面對你損失了一些金錢的事實？

澤：自從我開始投資以來，就一直不時遇到損失金錢這種事，我能做的就是記住。在棒球界，如果你每三次揮捧可以打中一次，很可能會有球隊以2,500萬美元的年薪羅致你。我想做的是60％或70％的時候做對事情，做錯時則能夠控制損失。了解自己承受的風險，是你最終能做的最重要的事。

魯：在你沒有成功的交易中，最受矚目的其中一筆是收購《芝加哥論壇報》。是什麼使這筆交易沒那麼成功？

澤：最簡單的說法是，我們做這筆交易的前提是，假定報紙業務的收入每年萎縮6％。但結果不是6％，而是30％。其他的一切都無關緊要。

魯：我們來談談投資的吸引力。投資界顯然有人覺得投資是很令人陶醉的事。找到一個機會，完成一筆好交易。你是否覺得做交易很有快感？這是你喜歡投資的原因嗎？

澤：這是一種不錯的說法。很久以前，任何一筆交易就已經不會改變誰為我的飛機支付燃料費。激勵我的是想出如何做事，如何使 $1+1=6$。事實是我們都在為慈善事業工作，因為無論我賺多少，最終都會捐出去。

魯：我理解這種感覺。可能會有讀者說：「我想成為下一個山姆·澤爾。」如果有年輕的專業人士想成為下一個山姆·澤爾，你會告訴他們必須具備什麼技能？

澤：我會說：「山姆·澤爾是專業的機會主義者。他是個企業家。作為一名企業家，他非常自信，是否有道理我無法告訴你，但他非常自信。他的字典裡沒有『失敗』一詞。他有時不成功，但從不失敗。山姆以同樣的方式看到問題和解決方案。山姆這種人是優秀的觀察者，無論他是藉由觀看還是閱讀或兩者兼而有之，他是優秀的觀察者，看到大量的事實，而且能夠加以整理，幫助他作出正確的決定。」

魯：假設有人說：「我不認為我可以成為下一個山姆·澤爾，但我有很多錢，我想投資房地產。」你會建議他們如何處理他們想投入房地產的錢？把它交給有經驗的人嗎，或許像你這樣的人？

澤：我肯定會建議他們這麼做，假設他們那些錢不是靠投資房地產得來的。有些人會說：「我是商人，我可以像其他人那樣成功投資房地產」，但公路上到處都是這種人的骸骨。我現在和其他人一起投資房地產，因為他們在房地產方面做得比我好得多，又或者他們的操作規模和我不一樣。如果有人真的有很多資金，而且希望分散投資到房地

產，市場上有不少專注於房地產，而且我認為做得非常好的投資經理人。

魯：如果有人想投資房地產，而不是做收購或創投交易，你認為怎樣算是可觀的報酬率？是8％、9％、10％之類的嗎？

澤：現在這其實是非常好的報酬率。現在房地產的資本化率（capitalization rate）很可能是接近5％，要達到10％的整體報酬率可能不容易。[*]

魯：你在找員工時，希望對方具備什麼條件？高智商、很好的工作態度，還是頂尖學歷？什麼技能會使你產生「我想請這個人」的想法？

澤：從你提到的最後一個條件說起吧。在我的記憶中，我從不曾重視一個人讀過什麼學校，無論學校是好是壞。我見識過太多我覺得沒有很優秀的哈佛畢業生，我也見過表現優秀的本地孩子。智商方面，如果我要找人為我工作，我希望他們的智商高於平均水準，但不要太聰明。我認為活力和積極性重要得多。為我工作過的最成功的人，都有最高水準的積極性。

魯：這些年來，有沒有你特別欣賞的投資人？可以是房地產界的，也可以不是。

澤：在商業方面，我有過的最重要榜樣是傑伊・普利茲克（Jay Pritzker）。傑伊是我見過的最聰明的商人，在我認識他之前和之後都是。我和他共事了二十幾年，真的很愉快。

魯：你的個人風格，我認為可以說是不拘謹的那種。你不

---

[*] 房地產的資本化率，是指扣除了所有費用之後，房產產生的收入帶來的年度整體投資報酬率。如果以100萬美元購入一棟辦公大樓，在支付所有的營運和保險費用之後，大樓每年產生5萬美元的淨收入，則這筆房產的資本化率為5％。出售該大樓時，如果市場狀況已經改善，買方可能願意支付高於100萬美元的價格。果真如此，這項投資的報酬率就會高於5％的資本化率。

是那種華爾街人士，你不是那種西裝革履的人。你是反傳統的。這對你有幫助嗎？你是向來如此，還是近年才變成這樣？

澤：我一直都是這樣的。早在1969年，我的公司就容許穿便服。以前會有一些投資人來我們的辦公室，因為他們無法相信你可以穿得很有趣又表現傑出。我們一直努力證明我們做得到。我們覺得，如果我們創造出一種獨特的環境，我們就能出類拔萃，而我們確實做到了。

魯：你有領帶嗎？

澤：有呀。事實上，我衣櫃的盡頭有一個領帶架。每隔一個月左右，我就會去把它們搬來搬去。這就像普普藝術。

魯：你有非常發達的幽默感。這是你年輕時就有，還是後來才發展出來的？你是否有時會因為你開了玩笑但有人不喜歡而受到困擾？

澤：當然。我正在學習如何做得更好。我總是想和身邊的人分享我腦子裡的東西，而有時我會覺得抱歉，但我從來沒有想要冒犯人。多年來，我認為我因為總是熱情和善於觀察而成功。如果我犯了錯誤，我會抓住它，而不是任由它造成傷害。

魯：你寫了《我是不是太含蓄了？》這本自傳。書名反映這個事實：你通常確實會告訴別人你的想法。你不會顧左右而言他。這種作風是否或多或少對你有幫助？

澤：是的，我想是的。

魯：如果你的投資生涯重來一次，你是否會有什麼不同的做法，抑或你對一切都很滿意？不是每一筆交易都成功，你有什麼遺憾嗎？

澤：沒有。這很可能是因為我的個性就是不會去後悔些什麼。我從來不是那種會去回顧過去，然後說「如果我有這

麼做就好了」或「如果我有那麼做就好了」的人。我總是對我所做的事充滿信心。確實，有時我希望有些事情我可以做得好一些。有時我希望我從山上滑下來滑得比上次好。但我從不會真的想「如果我有這麼做就好了」或「如果我有那麼做就好了」。

魯：有很多人依賴你。投資人把錢交給你。銀行把錢借給你。但你很喜歡騎機車。據我所知，你騎機車環遊世界，而且騎得很快。這麼做是不是有點不安全？

澤：我對自己的騎車能力很有信心。我從18歲起就一直騎車。我認為我是個相當好的機車騎士。如果你看統計資料，會發現絕大多數的機車事故發生在騎士收到車的頭六個月裡。歷史告訴我們，騎得越久越安全。

最後，我為生活付出了很多。我給了社會很多東西。我為社會工作。我積極做慈善。我必須做一些帶給我自由的事，而且我會一直這麼做。騎機車只是一個例子。

魯：在投資界，有些人喜歡一直看著電腦螢幕。你騎機車環遊世界時，很難跟上最新動態。你會擔心騎車期間發生大事嗎？

澤：不會，但我會跟公司保持聯繫。以前我們通常會去騎車兩個星期，可能每隔兩天和辦公室通電話一次。那是和現在很不一樣的世界。

魯：如果要你總結一下，你會對那些想成為成功投資人的人說些什麼？可以用幾句話概括你的建議嗎？

澤：優秀的投資人非常關注風險，風險就是損失的可能。伯納德‧巴魯克（Bernard Baruch）說得好，他說從來沒有人因為獲利了結而破產。重視控制風險的人最終有較大的成功可能。我自己的取向是，如果我現在想當投資人，我會成為一名觀察者。我會學習。我會思考。我會察看。

但我最終會審視這個世界，並問自己：「哪裡可能出錯？」我會處理好這個問題，而不是選擇樂觀的態度，然後對現實感到失望，或是對各種狀況毫無準備。

私人財富／家族帳房

瑪麗・卡拉漢・厄道斯
Mary Callahan Erdoes
摩根大通資產與財富管理執行長

> 「世界上最好的財富經理人聽遠多於說。」

幾個世紀以來，銀行和相關金融機構一直幫助非常富有的人管理他們的金錢和其他資產，並且幫助他們把財富移轉給子孫，繼續為後代管理財富。

但相對於總人口，需要這些服務的個人和家族很少。不過，近年來，隨著已開發市場和許多新興市場的財富激增，對這些服務的需求也大增。這種業務現在通常被稱為「財富管理」。

近年來，隨著擁有財富的挑戰增加，財富經理人為客戶提供的服務也有所擴展。傳統上，財富經理人為客戶管理財富，主要是藉由推薦投資標的（或在客戶的適當授權下，直接為客戶投資）。

但現在財富經理人提供的服務比以前多得多，包括提供所得稅相關建議，尤其是信託和遺產稅規劃；帳單支

付；慈善事業；離婚安排；以及處理家族內部的挑戰。財富經理人通常致力幫助一個家庭（或大家族）維持和保護他們的財富，甚至是幫助客戶增加財富。

並不令人意外的是，世界各地出現了許多專門的財富管理公司來滿足這種需求，雖然銀行仍是此類服務最重要的提供者。對許多人來說，這些銀行的典範是摩根大通，該行的資產與財富管理部門目前在全球為客戶管理超過4兆美元的資產。

超過一個世紀以來，「摩根大通」這個名字對資金顯然有很大的吸引力。但在此期間，許多其他知名業者在競爭激烈的財富管理市場已遭淘汰，部分原因在於它們未能滿足日益成熟的客戶對投資機會和報酬的要求。摩根大通之所以能做到這一點，頗大程度上要歸功於領導其財富管理業務的瑪麗・卡拉漢・厄道斯（Mary Callahan Erdoes）。

逾四分之一個世紀前，她從喬治城大學（她是班上唯一主修數學的女生）和哈佛商學院獲得學位後加入了摩根大通。在摩根大通，瑪麗的金融技能和投資觸覺很快得到賞識。雖然一如金融服務業的許多領域，資產管理業和財富管理業都是男性主導的領域，瑪麗很快就升到了摩根大通資產與財富管理部門的最高位置。

除了掌管財富管理業務，她還是摩根大通營運委員會的成員，而且十多年來一直是摩根大通傳奇執行長傑米・戴蒙（Jamie Dimon）信賴的顧問。

我認識瑪麗很多年了，因為我是她的財富管理部門一個非常滿意的客戶，而我們也都是紐約聯邦準備銀行的投資人諮詢委員會的同事。有傳言說，她有一天可能接替傑米・戴蒙。我自私地希望這不會發生，因為作為客戶，我真的希望她繼續掌管摩根大通的財富管理業務。為了慶祝

她在摩根大通工作滿二十五年，我轉發了JP摩根先生本人從天堂寄來的訊息，他說瑪麗實際上是他歷來最喜歡的摩根大通員工，但請她不要告訴傑米。2021年6月7日，我面對面訪問了瑪麗。

———

大衛‧魯賓斯坦（魯）： 妳在成長的過程中是否曾想過，「我長大後要管理4兆美元的資產」？

瑪麗‧卡拉漢‧厄道斯（厄）： 我真希望我小時候有這種千里眼，可惜沒有。我第一次接觸資金管理工作，是我祖母請我幫她對帳。她每個月付我幾塊錢，請我做這件事。

有一天，她說：「我覺得妳需要找一份真正的工作」，然後就送我去芝加哥市中心找工作。我在Stein Roe & Farnham的收發室找到工作，那是一家投資管理公司。那個收發室實際上是電腦室，你在那裡撕下列印出來的關於大型投資組合的資料，然後走到不同的樓層，把它們送到相關人員手上。一段時間之後，有幾個人開始向我解釋我每天送到他們手上的東西。

我就是在那個時候愛上了市場，了解到每天都不一樣，而且所有經紀人都以不同的方式管理投資組合。我還認識了加班的概念，所以這也很酷。

魯： 妳大學是在華盛頓特區的喬治城大學念的，妳現在是該校的董事會成員。妳在那裡主修什麼？

厄： 我主修數學，副修法文。

魯： 當時有很多女生主修數學嗎？

厄： 沒有，我是當時班上唯一的女生。這種情況正發生變化，因為有心人在全美國的大學為促進STEM（科學、技術、工程、數學）教育做了大量工作。但我當年是唯一的女生，而我不知道這會把我帶到哪裡。

我後來去了華爾街，在信孚銀行（Bankers Trust）受訓成為分析師。那些培訓計畫使人得以在一段緊張的時間裡加速學習。

魯：做了幾年之後，妳去了哈佛商學院。當時你們班上有很多女性嗎？

厄：那時女性比較少。但這是一段很好的經歷。它打開了世界的大門，使你看到你可以做的不同類型的事和你需要的培訓──不僅是成為金融分析師，而是還成為人的管理者。組織行為學很可能是我上過的最重要的一門課。

魯：現在妳已經在摩根大通工作了25年左右，掌管最重要的其中一個部門，也就是資產與財富管理業務。什麼是財富管理？它與資產管理有什麼不同？

厄：這兩個詞經常被交替使用，但它們是有不同的。在資產管理部門，我們為個人、機構、主權財富基金、退休基金管理資產。我們利用的工具包括共同基金、ETF、個別股票、個別債券、對沖基金、私募股權基金等等。這是我們在摩根大通經營的信託業務的核心。財富管理則是資產管理加上照顧客戶的整個資產負債表。

對那些接受我們的資產管理服務的個人，我們也幫助他們處理抵押貸款。我們幫助他們辦理他們可能需要的貸款。我們幫助他們辦理基本的信用卡。財富管理服務是嘗試滿足客戶整個人生的理財需求，包括他們的資產和負債，他們的規劃，他們的贈與，他們想留給家人的遺產，他們為了幫助孩子完成大學教育而準備的529計畫。它需要深刻洞察客戶整個人生的需求。

魯：許多類似摩根大通的機構都有財富管理業務。有些規模較大，有些規模較小，但基本上你們是為富有的人服務？

厄：是的。不過，現在許多成功的財富管理業者，已經懂

得如何將他們為富豪提供的非常好的服務，包裝成那些剛開始賺錢並希望存一點錢的人可以利用的形式。我們就能夠把我們為超級富有家族提供的服務包裝成迷你版本，一般人走進一家摩根大通的分行，也可以得到一些同樣的理財建議。

最重要的是及早開始儲蓄。看一下過去20年一般投資的情況。以一個平衡的投資組合為例，年均報酬率約為6.5％。問題是多數個人的實際報酬率不到3％，也就是還不到一半。為什麼呢？因為當市場出現這樣或那樣的情況時，他們會作出情緒化的決定。他們會被各種炒作迷惑。盡早提醒客戶這一點是超級重要的。

這就是這項業務有益的部分：幫助客戶完成他們各式各樣的旅程，幫助他們更好地理財——如果他們全靠自己，結果往往沒那麼好。

魯：所以，妳的意思是，一般人如果說：「我要自己理財」，通常不是在錯誤的時間賣出，就是在錯誤的時間買進？又或者至少未能得到如果有專業經理人幫助就可以得到的報酬？

厄：有些人本身是非常成功的投資人。在我做這一行的25年裡，我看到的是，多數人是因為做某件事做得非常出色而賺到很多錢。他們精通某件事，比如說經營世界上最大和最成功的私募股權公司，在那個領域沒有人可以打敗他們，這是他們賺錢的方式。但是，為了留住和繼續增加自己的財富，他們必須分散投資。分散投資就必須掌握許多不同的東西。一般來說，一個人很難精通許多不同的資產類別、行業、投資領域，因為他們沒有時間去掌握那麼多東西。因此，多數成功人士處理這個問題的方法，就是讓其他人幫助他們處理這些事情。

注意，這並不是說他們只是把事情交給別人去做，然後說：「一年後打電話給我，告訴我情況如何。」許多人積極參與財富管理事宜。有些人全權委託財富管理公司替他們理財。在我的整個職涯中，從不曾有兩個客戶在相同的人生階段，帶著同樣多的錢來找我們，然後決定利用他們的財富做同樣的事。

魯：妳的意思是，有些人在建立科技公司或其他方面是天才，但通常不會是投資方面的天才，因為投資需要一組不同的技能？

厄：精通某個領域通常需要很長的時間。我認為這就像成為一名專科醫師。如果你是心臟外科醫師，你會努力成為這個領域最好的醫師，但這並不意味著你會嘗試成為所有其他領域的醫師。這就是我們在資產和財富管理業務中發現的情況，它複雜到令人難以置信。我們在財富管理方面的工作，不僅是幫助客戶釐清他們需要哪些東西，之後還必須聯繫世界各地的優秀經理人，接觸不同的地方和不同的專家。

魯：讀者看到這裡可能會說：「我沒有2,500萬美元或1億美元，因此摩根大通不會想要我這個客戶。花旗集團也不會要。」要成為這些大銀行的財富管理客戶，需要什麼條件？

厄：以前大銀行確實會說，如果你的資金規模沒有達到某個門檻，就無法為你提供服務。但這種情況已經完全改變了，因為我們所做的一切都經歷分割化（fractionalization）和數位化。因此，即使你是第一次有一百美元可以投資，還是可以獲得一些頂尖的投資經理人提供服務，他們有平衡型共同基金。重點是及早開始儲蓄投資，獲得建議，並找到自己的有效理財方式。越早開始儲蓄，越早學習，越早受到教訓，對你越好。非常成功的財富管理業者可以在

這方面幫助你。

魯：假設有人發了大財，一下子變成了億萬富翁。他們會突然打電話給你們嗎？你們如何使非常富有的人成為客戶？

厄：這一行是基於信任的。如果你某天早上醒來，發現自己擁有巨大的財富，你不會冒然委託你並非認識多年的人幫你理財。

　　去認識潛在客戶，去認識他們的家人，在他們的人生中幫助他們解決一些問題，是個漫長的過程。你做得越多，越是能夠找到自己的方法，越是能夠提供適當的建議。

　　這種建議可以是繼續持有現金，或把各種資產換成現金，或是什麼都不做。與其說是管理你的資產，不如說是討論如何安排你的資產結構。我們來弄清楚我們將在哪裡持有資產。我們來弄清楚你要捐出多少錢，你要留多少給家人，這當中涉及多少稅。

魯：我來說三條理財規則，看看它們是否與妳的規則一致。第一條：不要失去你所擁有的。我常觀察到的一種情況是，有人發了財，認為自己可以使財富增加一倍或兩倍，而他們願意承擔可能使他們失去一切的風險。

厄：「不要失去你所擁有的」是個非常好的概念。我們總是對客戶說：「估算一下你擁有多少錢就可以不必改變生活方式。除此以外的一切，你都有更進取投資的餘地。」如果你投資受挫就無法維持你非常努力工作才得到的生活方式，那就太不幸了。

魯：我的第二條理財規則是：分散投資。不要把所有雞蛋放在一個籃子裡。

厄：完全同意。我們一直都看到這一點。你在今天的市場環境中也能看到。因為市場上有許多泡沫，有些東西看來很容易賺錢。世界各地的政府為市場注入了非常多流動

性，所以看似容易的事實際上可能並不容易。優秀的財富經理人的職責之一是，經常為投資組合做壓力測試，並且思考這個問題：「我們確定要維持那個超大的部位嗎？」

魯：我的第三條、也是最後一條規則是：對投資報酬率的期望要切合實際。對於自己將得到什麼，不可以有不切實際的期望。你們是否會告訴人們，不同的資產類別有不同的報酬率，對自己將得到的報酬率要有切合實際的期望？抑或他們都認為如果把錢交給你們，將可以賺一倍？

厄：這是個非常重要的問題，尤其是考慮到現在的利率水準。如果你以10年期美國公債1.5％的殖利率為基準，則高於它的都是額外的報酬。如果你去找客戶，對他說：「我可以帶給你高於公債1個百分點的報酬」，那是不會令人很興奮的，尤其是因為市場上一些資產類別最近短期內就可以提供10％、20％、30％、40％、50％的報酬。

如果你看過去20年，一般的平衡型投資組合年均報酬率只是約為6.5％。但是，6.5％的報酬率複利20年是非常可觀的報酬。過去一年裡，許多人的平衡型投資組合漲了30％，而他們已經習慣了這種報酬。他們希望聽到別人對他們說：「我可以幫你再賺30％。」但是，如果事情好到不像是真的，通常就不是真的。

魯：我們來談談如何成為一名財富經理人。我不知道哈佛商學院或其他地方是否有提供關於如何成為財富經理人的專門課程。你們聘請什麼樣的人？如何訓練他們？

厄：在華爾街，尤其是在財富管理方面，培訓是個非常漫長的過程。一開始是兩到三年的培訓計畫，不過它是一種持續的教育，每一天都在學習。每天早上，我們從八點鐘的會議開始，我稱之為一種迷你大學。你並非只是看報紙了解昨天晚間發生了什麼事，還必須明白這一切結合起來

如何影響客戶的投資組合。你每天早上都要綜合所有這些資訊，然後走出去，釐清如何將自己掌握的東西應用在每一種情況上。

魯：如果妳去參加一個富有家族的會議，他們的孩子或甚至是孫輩也在場，妳是否會發現他們彼此之間不怎麼談錢？抑或他們會有不同的看法？

厄：我從未見過一個家族是成員觀點全都一致，這正是我們這一行非常有趣的原因。每一天都會遇到新事物，每個家族都有一組新問題。你會看到不同的動態。有些人想參與，有些人不想。有些人想捐出所有財富，有些人不想。有些人想花很多時間思考如何回饋國家。

魯：愛國慈善事業。

厄：慈善事業本身是教導富有家族如何思考使命問題。使每一個人都願意妥協和支持某一種想法，並不是容易的事。

魯：是否會有客戶進來後，基本上只是徵求你們的意見？還是他們會告訴你們他們想要什麼？抑或他們只是說：「我不知道我真正想要什麼。請告訴我我應該怎麼做？」

厄：最成功的人極少會說：「我不知道我想要什麼。」但是，從他們認為自己想要的，到他們最終可能到達之處，是個漫長的旅程。多數客戶對於如何表達他們期望的風險和報酬，會有自己的想法。他們可能會說：「我不想損失一分錢。」「我需要這種收入。」「我只想投資在這些國家。」「我只想投資於這些行業。」「我對環境問題非常有興趣，我希望在這方面加倍投入。」每個人都有自己獨特的路。世界上最好的財富經理人聽遠多於說。

魯：人們什麼時候會建立家族帳房（family office）？通常有多少淨資產才會建立家族帳房？

厄：無論家族規模如何，家族帳房都可能是有意義和重要

的，意義在於有人在你身邊為你服務。他們可以直接為你工作，也可以是在一家外部公司工作。我喜歡將摩根大通視為一個外包的家族帳房。

至於何時適合建立家族帳房，並沒有明確的標準，這完全是個人偏好的問題。我們有一些客戶身家數十億美元但沒有家族帳房，也有一些客戶淨資產1,000萬美元但有自己的家族帳房。這完全是你想著力於哪裡的問題。

魯：誰為妳管理資產？我就不想自己是那個必須來說「嗯，結果不是很好」的人。妳如何選擇為妳管理資產的人？我估計妳是使用摩根大通的服務。

厄：我家一直都是使用摩根大通的財富管理服務。但非常重要的是，我自己不會花很多時間管理自己的財富。我想，我們的客戶不會希望我花大量時間考慮自己的投資組合。

我還認為，我覺得客戶應該投資的所有東西，我自己也能投資是非常重要的。一般來說，我們在摩根大通提供的幾乎所有產品，我是最早的買家之一。

魯：我們來談一下財富大移轉的問題。我這個世代，嬰兒潮世代，正在變老。它被視為美國歷史上最富有的世代，但最終，這個世代將把它的一大部分財富交給自己的孩子。

這對一個家庭來說是很難處理的事嗎？客戶是否會當著孩子的面，對你們說：「我不希望我的孩子有太多錢」？抑或他們會說：「我的孩子對理財一無所知，不要讓他們做任何決定」？你們如何處理這些代際問題？

厄：代際問題很可能是最艱難的挑戰之一，隨著時間推移而變化。如果你住在美國，你的錢基本上有四個去處。你可以自己把錢花掉。你可以把錢送給你的孩子。你可以把錢捐給慈善機構。你也可以把錢交給政府。你必須想清楚，你希望四者各占多大的比例。

這個問題沒有正確的答案，也沒有錯誤的答案。你非常努力賺錢，希望弄清楚如何將你的價值觀傳給下一代，或透過慈善事業發揚光大。你也可能想找到自己的理想生活方式。

這不是任何財富經理人可以告訴你的。我們的角色是找出解答這些問題的方法，然後應用某個計畫，隨著時間推移完成計畫。

魯： 我發現，對有錢人來說，最難決定的事情之一，就是要給自己的孩子多少錢，以及如何處理自己的遺產。有時，妳不得不問客戶的意願和他們的打算，這是否會使妳覺得尷尬？妳是否曾經發現，一對夫妻一方沒有告訴另一方財富將如何分配？

厄： 這種情況很常見。但關鍵不在於沒有告訴另一方，而是沒有真正明白什麼時候將發生什麼事和這當中的機制。我們花很多時間在一張紙上畫出易懂的示意圖，說明什麼時候實際將發生什麼事。

當客戶說「如果我死了」，接下來的對話是最困難的。我們必須先處理好這個想法。為了釐清重點，必須完成這些可怕的對話。不過，如果你及早思考，這種對話的情緒化程度可以大大降低。

魯： 我不會說出他的名字，但世界上最富有、最著名的其中一個投資人告訴我，他幾乎每年都修改他的遺囑，已經改過17或18次。然後他會拿遺囑給他的孩子們看，了解他們的看法。人們通常會拿遺囑給自己的孩子看嗎？還是說，這是一種猜謎遊戲？

厄： 每年都改遺囑，會使家族年度會議變得很有趣。

最重要的是好好討論那些問題和得出結論，並理解跟隨財富而來的責任。因為財富並非只是在你提到的財富大

移轉中，下一代人拿到一些錢。保存財富也很重要。為你的社區和你深切關心的東西做正確的事也很重要。

有時我們是這種對話的催化劑，因為這不是你希望每天晚上都在餐桌上談論的。這是可能有點尷尬的對話。

魯：妳在聽這些家族問題時，是否有時會覺得自己像個心理醫師？

厄：有一點。作為財富經理人，我們會認識非常多家族，不僅是在美國，也有巴西、歐洲和亞洲的家族。我們的工作是把我們累積的集體經驗帶給客戶，告訴他們：「如果你這麼做，情況可能是這樣。」我們經常幫助客戶聯繫其他家族，例如會說：「我來打個電話，問一下他們是否願意分享經驗。」這些可能是我們可以提供的最好建議。

魯：眾所周知，霍華德・休斯（Howard Hughes）去世時沒有留下遺囑。你們往來的人，來找你們時是否多數已立遺囑？

厄：不是所有人來找我們時都已經有遺囑。我們認為我們的工作非常重要的一部分，就是確保客戶了解人生中應該完成的事項清單，而立遺囑無疑是其中之一。

魯：我們來談一下財富管理業者目前所處的環境。利率已經處於低位很長一段時間。政府非常積極地刺激經濟，資產價格相當高。你們現在是否告訴客戶要小心，因為經濟可能放緩？除了提供財務建議，你們是否也為客戶提供地緣政治方面的建議？

厄：是的。每天都有不同的對話。正如你所說的，因為當局注入了大量流動性，市場目前非常健康。我們剛經歷了一場經濟衰退，比一般的經濟衰退嚴重五倍，發生得非常快。我們因應這場衰退的方式，是大幅增加美國政府的赤字，增幅超過過去五次的衰退。我們的政策反應是前所未

有的，而現在我們看到它在市場產生作用。看到像狗狗幣
（Dogecoin）這種東西，有人出於開玩笑創造了它，但它現
在有三、四百億美元的價值〔2022年6月1日的價值為110
億美元〕。你必須問自己，這是金融體系裡浮濫的流動性
造成的，抑或它們是實在的新事物？

　　只有時間能告訴我們答案。不過，這又要說到你指出
的最重要的事情之一，也就是分散投資。我們根本沒有辦
法能夠知道每一個資產類別未來將發生的所有事情，因此
最重要的答案是，這些投資組合必須適當多樣化。

魯：如果有客戶跟你們說：「我想投資加密貨幣」。你們
會說：「你不應該這麼做」，還是你們會幫他這麼做？

厄：區塊鏈技術是這一切的基礎，它是非常真實的，正在
改變我們與不同金融市場進行數位互動的所有方式。數位
貨幣是新事物。目前人們正在爭論數位貨幣是不是一個資
產類別。

　　我們有很多客戶說：「那是一個資產類別，我想投
資。」我們的工作是幫助他們把錢放在他們想投資的地
方。這是非常個人的事。我們沒有把比特幣當成是一個資
產類別。時間會證明它是否具有價值儲存的功能。它現在
呈現的波動性，必須隨著時間的推移逐漸消失。

魯：2008-2009年的經濟大衰退期間，我們都在金融服務
界。當時是否有摩根大通財富管理部門的客戶打電話跟你
們說：「我得跳樓了，我的錢看來要賠光了」？當時有恐
慌嗎？你們如何安撫客戶，使他們冷靜下來？那是一段相
當困難的時期。

厄：確實是非常困難的時期，其種子在我們眼下仍未過去
的大疫期間也產生了作用。2008年的經濟大衰退，使我們
猛然意識到，資產的安全和保障極其重要。

私人財富／家族帳房　瑪麗・卡拉漢・厄道斯　Mary Callahan Erdoes

這是很長一段時間以來第一次出現這種情況：人們除了感嘆「天哪，市場可能大跌，而我可能賠錢」，還開始問自己，「我的錢被放在哪裡？有哪些東西與其他資產混在一起？我是怎麼看這問題的？」

我記得2008年秋天一度出現瘋狂的資金流動，每天都有數以十億美元計的資金在移轉。許多人焦慮地思考「我想把我的錢放在哪裡？」有一段時間，每天都有約10億美元流入我們的銀行。

致力幫助客戶認識其資產的安全和保障以及分散投資的意義，是至為重要的。你必須挺過這種時期。你不能情緒化，因為說到底，很多有錢人並不是明天就需要動用他們的錢。他們的財富是留待好幾十年後用的。謹記必須著眼長線，很可能是我們所做的最重要的事。

快轉到這場大流行病，你會看到發生了許多同樣的事。回想一下2020年3月的情況，當時市場極度波動，許多人認為：「我應該賣掉我所有的資產。整個世界將會改變。」但也有一些人心想：「哇，我可以利用這些機會。除了維持日常生活所需要的錢，我可以把所有資金投入市場。」

資產的安全和保障又一次成為關鍵因素。現在你看到資金持續流向優秀的金融業者，因為他們為客戶提供好建議，幫助客戶想清楚長期問題，管理資產不會只看短線。

魯：經濟大衰退期間，許多人認為一些大銀行將會倒閉。摩根大通被普遍視為最安全的銀行，因此許多人從各處提取資金，把錢都交給摩根大通。你們能夠輕鬆地管理所有這些資金嗎？妳對那麼多錢迅速流入感到驚訝嗎？

厄：那麼多人對他們的錢由其他業者持有和管理感到不安，使我相當驚訝。我們經歷大衰退時學到的教訓，以及傑米‧戴蒙向摩根大通所有員工展現的領導力，是我們永

遠不會忘記的。

　　2007年夏天，我們經歷了震盪。2008年發生了貝爾斯登事件，我們對該公司伸出援手，後來將它併入摩根大通。到了2008年秋天，我們已經知道這個遊戲應該怎麼玩。公司管理團隊每天開會三次，上午9點、中午、下午5點。你環顧世界，了解即將出現的問題，試著提出問題。

　　有句老話這麼說：「要想釐清某件事為何發生，記得一定要問五個『為什麼』。」對於市場各部分的不同機制，我們大概問了50個為什麼。這幫助我們更快、更好地了解市場上發生的事，並且能夠將訊息傳達給我們的客戶，以確保他們有適當地分散投資。

　　到了COVID全球大流行時，我們採用了同樣的應對方式。你必須弄清楚：「什麼在變化？我知道什麼？我從世界各地了解到什麼？」利用一家大型全球型企業的力量，為客戶提供適當的建議，是我們做得非常好的事情之一。

魯：妳是否必須跟上所有的經濟和政治動態？妳是否每天都要聽幾次關於最新動態的簡報，以便能夠回答問題？

厄：當你是資產或財富經理人，當你是在受託管理他人資產這一行的任何領域，你就必須這麼做。你總是在致力了解最新動態的所有組成部分。

　　在摩根大通，沒有一個人需要為每一個資產類別做這件事，我們在每一個領域都有主題專家。我們可以找到人幫助我們釐清過去一年中各種事物的細微變化。我們每天綜合分析這一切，並試著把訊息傳達給我們的客戶。這是個夜以繼日、全年無休的過程。

魯：妳剛進入這一行時，是否會有有錢人進來說：「可以安排男性當我的財富經理人嗎？」我想，現在不會發生這種事。女性的財富經理人會受到歧視嗎？

厄：好在我從未遇到這種情況。我想即使在當年，摩根大通也不會容忍這種事。但這並不意味著客戶對誰為他們服務沒有偏好。如果你和我見面，我向你介紹我們公司為客戶服務的方式，你可能會喜歡我們公司，但或許會覺得和我合不來。

優秀的財富管理業者會確保客戶與服務他們的人合得來，因為這是個漫長的旅程，客戶必須信任提供服務的人。人員安排必須有彈性，而且必須照顧家族裡不同成員的偏好。同一個家族裡，不是人人都想讓同一個人幫助他們管理財富。財富管理業者的真正優勢，在於能夠非常靈活地服務客戶。

魯：接著來幾個快問快答的問題。妳收過的最好的投資建議是什麼？

厄：一件事如果好到不像是真的，通常就不是真的。

魯：關於不應該做的事，妳會提出的最重要投資建議是什麼？

厄：無法簡單解釋給你聽的東西，絕對不要投資。華爾街的問題之一是，人們使用大量的首字母縮寫，導致解釋某些東西變得很複雜。好的投資顧問可以向你解釋清楚複雜的事物。

魯：如果明天有人打電話跟妳說：「相對於妳所有的客戶，我不是那麼有錢，但我確實有10萬美元。我想把它放在某個地方。」妳會建議那個人把10萬美元放在哪裡？

厄：放在一個平衡和足夠多元化的投資組合裡，可以長期持有，有望獲得健康的複利報酬。

魯：妳認為一個人在理財上不應該做的最重要事情是什麼？

厄：不應該把所有的雞蛋放在一個籃子裡。

魯：我的節目製作人希望40歲就能退休。妳可以給她一些好的投資建議嗎？

厄：盡早開始儲蓄投資，有多少就投資多少。有個有趣的問題：「你會選擇讓1美元每天倍增，還是直接拿100萬美元？」1美元每天倍增，不用一個月，你就可以拿到超過100萬美元。投資和複利，這是所有問題的答案。

魯：妳正在經營世界上最大的其中一家財富管理公司。相對於這份工作的挫折，妳從中得到什麼樂趣？

厄：真正的樂趣是幫到我們管理的那些大型退休基金。我們現在為某些人30年或40年後退休所做的每一個小決定，可能使他們退休後的每一年，每個月多了幾百美元可以花。這可能根本改變一個人的生活。

魯：妳會建議年輕人選擇財富管理作為他們的職業嗎？

厄：財富管理是每個人人生中重要的一部分，你越是負責任地認識如何投資，你就越是可以幫助自己、幫助家人、幫助仰賴你的建議的其他人。你不需要大筆金錢就能做到這一點，而且可以做得很好。

魯：我說過很多次，私募股權是人類最崇高的職業。但妳很可能會說，財富管理是人類最崇高的職業，對吧？因為你們保護客戶的財富，並且使它增加。

厄：完全正確。我們的工作很可能使客戶未來可以過更好的退休生活，這很有價值，使我非常欣慰。

私人財富／家族帳房

唐恩・費茲派特
Dawn Fitzpatrick
索羅斯基金管理公司執行長暨投資長

> 「在這一行，我們全都有時犯錯。你只需要略多於50%的時候做對，就可以有非常好的表現。」

Dawn Fitzpatrick

近一個世紀以來，美國最富有的家族，包括洛克菲勒、梅隆、菲普斯、范德比、甘迺迪等家族，都設有家族帳房，以便管理家族的資產，並處理慈善、房地產、帳單支付、保險、法律和遺產問題。這些家族帳房提供的服務，往往與摩根大通之類的財富管理業者相同。不過，擁有巨大財富的家族，似乎更喜歡建立自己的內部財富管理公司，以確保得到更大的控制權和隱私保障，以及滿足自己的特殊需求。在一個家族帳房裡，所有專業人員通常專注照顧一個家族的利益和需求，雖然隨著時間推移，最初的核心家庭通常會變成一個大家族。

家族帳房通常首重保存財富，其投資部門往往相當保守。家族帳房往往設立於家族財富的創造者不再活躍於金融或商業世界之後很久。

　　近年來，一些巨額財富的創造者在相對年輕的年紀已經建立家族帳房，以便管理自身事務和照顧子孫的需求。而當財富創造者仍活躍於金融界時，這些家族帳房就並非只是被動地收取股息。它們投資於私募股權、創投和成長資本工具，往往充當這些基金的領投投資人（lead investor），為相關家族創造了大量的新財富。最近，其中一些帳房，例如戴爾和普利茲克的家族帳房，還從其他投資人那裡募集了大量資金，以補充它們在可能相當賺錢的一些新投資案中投入的資本。

　　因為這些趨勢，家族帳房已成為投資世界越來越重要的一部分。家族帳房通常可以快速行動，不受監理或官僚因素束縛，並且可以利用其洞察力、人脈和聲譽為投資真正增值。

　　在卸任凱雷共同執行長一職、成為公司的共同執行主席之後，我仿效私募股權界的許多同業，創立了我的家族帳房 Declaration Capital，以幫助我分散投資、從事凱雷不涉足的活動，以及讓我的三個孩子參與我的一些投資活動。

　　不過，我在這方面的作為遠遠比不上一些先行者，他們比我早得多設立家族帳房，可用來投資的資金比我多得多，而且是遠比我受敬重的投資領袖。其中一位是喬治‧索羅斯〔（George Soros），雖然他現在也有大量資產放在一個基金會裡〕，他是對沖基金投資的先驅，數十年間為他的投資人創造了大量財富。在對沖基金還不是那麼廣為人知、尚未成為投資界持續存在的重要部分之前，索羅斯在 1969-1970 年創建了一些對沖基金，隨後數十年是這些基金非常活躍、親力親為的領導者。

　　結果非常驚人：索羅斯成為世界上最富有的專業投資

人之一。他也投資於股票和債券，但他的強項主要在於他能夠辨識總體市場趨勢，並且根據這些趨勢做大規模的操作。近年來，隨著他把權力交給其他人，並將大部分時間放在慈善和政治活動上，他自己的資產是由他的家族帳房管理。

　　目前，索羅斯已將其家族和基金會的投資重任交給極受敬重的投資人唐恩・費茲派特（Dawn Fitzpatrick），她是女性投資專業人士中的開創者。

　　雖然索羅斯現在通常不會涉入其巨額財富的管理工作，但因為他向來以精準把握市場時機和敏銳的判斷力著稱，其家族帳房的投資活動勢必仍吸引市場的大量關注，而這可能使唐恩的投資決策受到嚴格檢視。

　　唐恩畢業於華頓商學院，職業生涯始於自營交易公司歐康納（O'Connor & Associates），在瑞銀收購該公司後留了下來。隨著時間推移，她成為歐康納的投資長，最終成為瑞銀資產管理公司的投資總監，監督超過5,000億美元的資產管理業務。她在那裡的傑出表現吸引了許多求才若渴的機構，包括我自己的公司，但最終索羅斯成功羅致她。索羅斯願意把他巨額個人財富和個人基金會（美國最大的基金會之一）的資產管理權交給另一位傑出的投資人。

　　我曾在紐約聯邦準備銀行的投資人諮詢委員會與唐恩共事，而從委員會其他成員和紐約聯邦準備銀行官員聽她意見的情形看來，她在投資界顯然極受敬重。

　　她的投資祕訣並不複雜，包括對索羅斯留下來的東西保持敏銳的觸覺、高智商、非常積極的工作態度、不被可用於投資的巨額資金嚇倒、願意傾聽同事的意見，以及可能還有每天跑步的決心（這是她在賓州大學參加田徑和越野隊留下來的習慣）。如果我認為養成跑步的習慣也有助

我保持頭腦清晰，進而改善我的投資技能，我會考慮這麼做。但我認為唐恩投資成功，主要有賴她的其他特質。我在2021年6月22日以虛擬方式訪問了唐恩。

————

大衛・魯賓斯坦（魯）： 妳現在是索羅斯的家族帳房和基金會的投資長，索羅斯把他相當大一部分資產捐給了這些基金會。妳向誰負責，是索羅斯、他的家人、基金會的董事會，還是某個投資委員會？

唐恩・費茲派特（費）： 我向基金會的五人投資委員會負責。這個委員會由來自多個不同資產類別的一些精明投資人組成。

魯： 多年來，索羅斯請過一些優秀的投資專業人士為他工作，但在他最高級的投資專業人員中，妳是第一位女性投資長。投資界有些人說，妳這個職位的流動性相當高，是什麼促使妳接受這項挑戰？

費： 我這個職位無疑曾有許多人員變動，但我自信有能力管好資產和管好團隊。我進來時要求建立一種結構，讓我可以為長期成功建立一個平臺。我是索羅斯基金管理公司（Soros Fund Management, SFM）第一個兼任執行長的投資長。你想想這種投資，影響你能交出什麼投資報酬的，並非只是前線的投資組合經理人。即使投資表現良好，也遠未能保證成功，而我也不是一定可以做得下去。但作為投資人，我們的工作就是承擔計算過的風險，而我認為這是個非常值得承擔的風險。

魯： 妳之前在一家上市公司工作，短期盈利和季度業績極受重視。現在監督大型家族帳房的投資活動是什麼感覺？妳的眼光變得比較長遠。這是否和妳之前的工作非常不同？這會是一個問題，還是一種好處？

費：這是一個重要的好處。資產管理業專注於公開市場的很多業者，無論是對沖基金還是只做多的投資經理人，都必須管好每個星期或每個月的投資報酬。正因如此，你會看到一些適得其反的行為。對我們來說，基金會中只有一個非常精明、著眼中長線的投資人或客戶，是一個巨大的優勢。我敦促我們的投資團隊思考如何利用這個優勢。我們可以以某些方式把握市場錯置造就的機會，這是我認為較為傳統的資產管理業者難以做到的。

魯：你們是否著眼於許多不同的資產類別，從固定收益到貨幣、私募股權以至成長資本？在最著名的投資類別中，是否有你們明確不涉足的東西？

費：沒有。我們的投資授權範圍很廣，基本上可以投資於世上任何地方的任何資產類別。我們盡可能誠實地認清自己在哪些領域有優勢，在哪些領域沒有。以大宗商品市場為例，那裡的垂直整合投資人和交易商占有巨大優勢；我們因此可能會在商品市場做方向性投資，但不會做相對價值交易或複雜的交易。此外，避免做那些與基金會的價值觀不一致的投資是很重要的。例如，我們不會投資於私營監獄。

魯：你們是否直接進行投資，像索羅斯以前那樣，抑或你們基本上把投資工作外包給投資經理人，然後你們管理那些投資經理人？

費：SFM平臺的美妙之處，在於我們既可以在內部管理資產，也可以分配資金給外部經理人。自從我加入SFM以來，我們實際上一直朝直接在內部管理的方向發展，因為這可以發揮我們的優勢。如果你利用外部公開市場對沖基金或只做多的基金為你投資，他們必須管理一百個或一千個投資人的效用曲線，而不是只需要服務好單一投資人。

Dawn Fitzpatrick

對我們來說，第三方資產管理產品的建構方式之間存在空白，這些空白處的機會是巨大的。因為我們的獨特性，我們致力辨識和利用這些機會。作為單一合作夥伴，能夠向公司或針對投資計畫提出涵蓋債務和股權的解決方案，也為我們創造了機會。

目前，我們約70％的公開市場曝險是由內部直接管理，95％的私募信用曝險由內部管理，而這是因為我們可以影響結果。如果出了狀況，我們可以控制情況和解決問題。只有在私募股權和創投方面，我們的多數投資是由外部經理人管理。

魯：你們是否追求每年達到特定的報酬率？

費：追求每年達到特定的報酬率是危險的，因為這可能導致你恰恰在不對的時候過度冒險。不過，我們以幾個不同的數字作為評估績效的基準。我們拿自己與大型的大學捐贈基金比較，看它們創造怎樣的報酬率。我們也看一個簡單、被動的60／40投資組合（60％的公開交易股票，40％的公開交易債券），然後我們也有自己的政策投資組合，是由我們的投資委員會設定的。這個政策投資組合有標準的公開交易的大型股和成長股部分、保本部分，以及實物資產部分。我們拿自己與這三個組別（同儕、被動、自訂的基準）比較，這是我們判斷自己是否表現出色的方式。

魯：妳最初是如何進入投資這一行的？是什麼促使妳想成為一名投資人？

費：我天生好奇心強，而且喜歡競爭。小時候我們住在一個鄰里關係密切的1970年代錯層式住宅社區，不同房子之間的門都是打開的。我經常到我鄰居馬帝‧阿特拉斯（Marty Atlas）家裡，他教我如何看報紙的股票頁面，我因

此在年紀很小時就開始關注上市公司。我12、13歲時，他給我一本《股票作手回憶錄》〔（*Reminiscences of a Stock Operator*），埃德溫・勒菲弗（Edwin Lefèvre）的華爾街經典著作〕，而我從那時起就迷上了金融市場，一心想成為一名投資人。

魯：妳家裡是做投資這一行的嗎？

費：完全不是。我的祖父母從愛爾蘭移民來美國，我父親從事電腦顧問工作。

魯：妳上華頓商學院時，是否期望有天成為一名投資人？

費：是的，絕對是這樣。我在高中時，華頓就是我最想上的學校，而一到那裡，我的重心就是在金融上。我加入了賓夕法尼亞投資聯盟（Pennsylvania Investment Alliance），盡可能從老師和同學那裡學習。

魯：妳從華頓畢業後先做什麼工作？妳喜歡芝加哥的交易場嗎？當時哪裡有很多女性和妳一起工作嗎？

費：從華頓畢業後，我去了一家叫歐康納的自營交易公司。他們專門從事各資產類別的衍生工具交易，是第一家使用運算能力強勁的電腦來設計相對價值交易策略的公司。這是一家用人唯才、論功行賞的公司，智力資源充沛，所以是很好的工作場所。我去美國證券交易所當辦事員，然後去芝加哥選擇權交易所（CBOE）當交易員，在交易場學到了很多。那裡女性不多。

　　不過，我小時候不像現在有那麼多女子運動隊。我來自一個熱愛運動的家庭，家人多數身材高大，但我個子很小，總是班上最小的。如果沒有女子隊，我爸媽會把我扔到男子隊裡，要我參加比賽。不能哭，不能找藉口。這種心態對我很有幫助，所以當我走進交易場或這一行的任何場所，我從來沒有覺得自己不屬於那裡。

魯：我想妳會去那家公司，是因為歐康納是個好聽的愛爾蘭名字？

費：很巧的是，那剛好是我媽媽婚前的姓氏。

魯：成為優秀的投資人，需要具備什麼條件？是否有一些特質是妳認為優秀的投資人不可或缺的？

費：我談到了好奇心。你不能人云亦云，不求甚解。你必須總是問為什麼，不斷地問為什麼，努力尋根究底。我也認為必須有自知之明，清楚自己擅長和不擅長什麼，並且願意與人合作，建立團隊和培養人才以彌補自己的不足。在這一行，你是靠獨到眼光賺錢的；你提出與眾不同的觀點，而它假以時日成為多數人的共識。你必須相信自己可以有獨到之見，可以成為獨立思考者，然後願意押注在自己的獨到見解上。

我想說的最後一點是，在這一行，我們全都有時犯錯。你只需要略多於50％的時候做對，就可以有非常好的表現。當你犯錯時，你必須有認錯的紀律和謙卑，願意縮減部位，然後繼續前進。

魯：妳現在的職位必須監督許多不同領域的經理人。妳如何決定分配多大比例的資產到某個資產類別？妳聘請經理人時，希望他們具有什麼特質？

費：這主要是看你有怎樣的機會。你要考慮潛在的報酬流（return stream）以及與該報酬流有關的風險，然後你要想想有多少其他報酬流與之相似。如果可以找到兩個誘人的報酬流，但它們看來非常不同，也就是其中一個很可能不賺錢時，另一個可以賺到錢，那就顯然好得多。

至於分配資金或聘請投資組合經理人時我們重視什麼，我們稍早談到了自知之明。我與經理人坐下來時，我希望他們能夠向我解釋他們有什麼過人之處，以及為何有

這些優勢。我不喜歡那種總是說自己在投資操作上百發百中的經理人，因為這永遠不會是真的。你想要那種非常想贏的經理人，但他們必須輸得起，並且能夠從失敗經驗中學習，因為輸錢在這一行是無可避免的。

我們聘請投資組合經理人時，希望他們能在我們這裡一直做到退休。不過，有時候機會會因為監理或其他原因而消失。我們也經常看到不錯的經理人變得過度關注蒐集資產而非創造增值報酬。投資策略幾乎總是受到容量限制，超過一定的水準還吸收資產只會損害報酬的品質。有時更糟糕的是，經理人開始做一些超出能力範圍的投資，以他們並不擅長的方式投資。

無論你是直接請人還是委託外部基金投資，把客戶的利益放在第一位都是重要的。這一點永遠都應該是理所當然的，但我想我們都知道事實並非如此。

魯： 如果經理人表現不佳，妳會給他們多久的時間才解雇他們？一年？五年？妳會等多久？

費： 經理人不賺錢，未必是我們要與他們分道揚鑣的理由，事實上還可能是我們想把資本配置增加一倍或兩倍的時候。我們傾向考慮市場狀況，評估經理人取得的報酬是否符合我們的預期。有時候，你會遇到經理人賺的錢顯著超出你的預期，而這實際上是個警訊。有時候，你會遇到經理人因為正當的理由而虧損，而這實際上是個機會。你會希望自己能夠作出這種判斷，而你與一名經理人合作越久，就會越有信心作出正確的判斷。當然，你也會遇到因為做錯事而虧損的經理人。他們會被解雇，而且他們活該被解雇。

魯： 根據妳的經驗，最好的投資經理人通常具有哪些特質？

費：我會說，他們知道自己因為經驗、知識或有利的地位而勝過一般投資人的地方。他們對市場有一種健康的尊重。他們在壓力下能夠保持冷靜，而且有求知的好奇心。他們是優秀的資訊聚合者和吸收者。我們都有確認偏誤的問題，而優秀的經理人投資時會考慮到這一點，並且知道偏誤在哪裡。他們心態開放，在沒有事實支持的情況下，他們不會執著於某種觀點。

魯：對那些沒有像索羅斯那麼富有，但有足夠的資產建立家族帳房的人來說，家族投資辦公室運作良好的重要條件是什麼？多年來，妳有欽佩的家族帳房嗎？

費：首先，你必須了解家族帳房的目標。他們打算每年從家族資產中花掉多少錢？他們想留一筆備用資金，以備特別支出嗎？了解世代交替計畫非常重要。投資經理人常聚焦於客戶想得到的報酬。但另一方面，你必須了解客戶能夠忍受多大的跌幅，因為若非如此，你可能會遇到你最不想遇到的情況，也就是忽然出現客戶無法忍受的虧損，然後你被迫在最壞的時機賣出。這種問題要先與客戶談好，這樣當你遇到投資組合虧損時（這是無可避免的），你與客戶的對話會輕鬆得多。我還認為現在需要與客戶討論ESG（環境、社會、治理）問題。他們在這方面傾向怎麼做？他們有哪些紅線？在投資上有什麼領域，是他們絕對不想涉足的？

魯：除了自身組織的ESG問題，妳是否也關注為你們投資的經理人的ESG問題？

費：是的，我們兩者都關注。這當中很大一部分是關於透明度和問責。ESG方面的很多措施是新生事物，還在發展中，所以必須就此展開對話。一般而言，我們發現無論是在經理人層面還是我們投資的公司層面，人人都希望做

好ESG。有時候，他們只是欠缺工具，或是不知道從哪裡開始。

我們真的努力想成為解決方案的一部分。我們認為這是一個旅程，我們希望與我們投資的公司以及投資經理人一起走這條路。你必須報告你的DEI（多樣性、公平性、包容性）數據，你必須報告你的氣候數據，並證明你取得進展。

魯：妳以受託人的身分為他人管理資產時，妳覺得像喬治‧索羅斯當年那樣大膽押注——例如他1992年放空英鎊的著名交易——是否適當？抑或妳認為為別人的家族帳房管理資產時，這種押注太冒險或規模太大了？

費：當年喬治放空英鎊時，有一個非常精彩的故事。他的一名交易主管問他：「你知道這一次我們可能輸個精光嗎？」喬治答道：「沒關係啊。我可以重新賺回來。」

我真心認為他做得到。他的力量令人敬畏。他已經91歲了，但還是精力充沛。在聚合和吸收資訊方面，沒有人做得比他更好。我為基金會管理資產，不認為自己有輸個精光然後重新賺回來的權利。這就是為什麼我向投資委員會報告時，我們會討論可接受的最大跌幅和流動性需求，並據此管理投資組合。話雖如此，有趣的是，我進入SFM時，發現它的投資組合過度分散。投資組合如果過度分散，投資績效必然平庸，因此自我上任以來，我們的投資標的有變得比較集中。

魯：以這種方式管理資產，妳從中得到什麼樂趣？是涉足許多不同的資產類別、接觸頂級經理人，還是能夠投資於新領域？

費：這一行我最喜歡的一點是，每天都有不同的挑戰和學習機會。就SFM平臺而言，我們在解決問題方面比任何

其他投資機構享有更多自由，尤其是相對於我們的規模而言。這真的很有趣，而且我們有一支非常敬業的團隊一起工作。考慮到我們擁有的工具和我們服務的基金會，這真的是世上最好的工作。

魯：索羅斯創造了「反身性」（reflexivity）這個詞。他說，當事情朝一個方向發展時，它朝那個方向發展的程度將超出你的預期，然後才會反轉，因此如果你認為自己發現了某種趨勢，就應該大舉押注。妳也是這麼做嗎？抑或妳不會像索羅斯當年自己管理資產時那樣大膽押注？

費：我們關注這一點。我們很難不以這種觀念關注加密貨幣，我可以告訴你，喬治也是這樣。加密貨幣引起他的注意，恰恰是在你剛才所講的概念下，但那種概念下的遊戲和市場已經有所改變。以前資產比較容易以那種方式變動，因為資訊不對稱的情況比較多。以前也有比較多不同的貨幣，而中央銀行也不像現在那麼老練。說了這麼多，就是要說我們現在不會做很多那種大膽押注。我們以不同的方式賺錢，但市場中的機會集（opportunity set）與喬治大賺數十億美元時非常不同。我想，如果喬治現在做投資，他賺大錢的方式會與他的全盛時期不同。

魯：妳如何衡量自己在這方面的表現？是某水準的報酬率、投入資本的倍數，還是令投資委員會滿意？妳如何衡量自己管理一個家族帳房的表現？

費：我顯然希望使喬治和監督我的投資委員會滿意。我之前提過，我們以三種基準評估自身表現，包括大型的大學捐贈基金、60／40投資組合，以及我們的政策投資組合。但說到底，關鍵是確保基金會每年有超過十億美元的資金可用來做他們所做的所有好事。他們是人權倡議方面最大的私人資助者。

說到成就，我在這裡創造的投資報酬很重要，但我也希望建立一個歷久不衰的組織。換句話說，我希望確保我在任時，以及我離開後的數十年裡，SFM會有人才、流程和團隊持續創造出色的投資績效。有時候會有人希望他們離開之後，組織分崩離析，因為這證明他們很有價值，但我不同意這種想法。

魯：妳是否曾經後悔沒有從事其他職業？

費：沒有。能做這一行，我覺得非常幸運。我每天起床都充滿期待。我確實也做白日夢，期待自己退休或半退休時去教書。這是我未來可能會做的事，但我現在正是在做我想做的事。

魯：妳不工作時，會做什麼來放鬆一下？運動嗎？我知道妳年輕時是優秀的田徑選手。妳有什麼嗜好、公益活動？妳不工作時都做些什麼？

費：工作使我很忙。我還有三個在上學的孩子，我是兩個董事會的成員，一個是學校董事會，另一個是巴克萊的董事會。我非常相信「凡事要做好」，所以那些事花了我很多時間。不過，我還是很愛跑步，那是我冥想的方式。我幾乎每天都跑步，而且我現在還是可以很快跑完一哩。我也喜歡閱讀。我有一個圖書館，是祖父母送給我的，我很喜歡。

魯：我想過跑步，我已經想了五十年左右，但還沒真的去做，所以我不想傷到什麼。妳的孩子會進入私募股權這一行或投資界嗎？

費：他們都對我的工作很有興趣，過去一年，迷因股和加密貨幣吸引了年輕人的注意。我想，我至少有一個孩子將來會做交易和投資。

魯：我不知道我作為一個父親是失敗還是成功。我的三個

孩子都在私募股權這一行。

費：我認為這是好事，代表他們喜歡爸爸的工作。

捐贈基金

寶拉・佛倫特 Paula Volent

洛克菲勒大學副校長暨投資長；
鮑登學院前投資長

> 「我不認為可以坐待錯誤過去。一旦你做了錯誤的決定，又或者你已經失去信心，你就必須採取行動。」

在19世紀末和20世紀初，美國的大學捐贈基金規模較為有限，相對於英國頂尖大學的捐贈基金尤其如此。1900年，哈佛大學的捐贈基金為1,300萬美元，耶魯大學則有500萬美元。

　　當年大學的營運成本相對小得多——學校的大樓、學生、教職員和獎學金都比較少，監理和行政成本也少得多。因此，多數大學並不特別關注捐贈基金的規模，也並不認為這些基金產生穩定、可觀的收入流非常重要。

　　這種情況在1930年代和1940年代改變了。美國的大學意識到，巨額的捐贈基金可以使它們在追求學術卓越的競爭中占得優勢。而隨著戰後許多退伍軍人利用《美國軍人權利法》尋求高等教育學位，大學的營運成本顯著增加。

　　在1940年代末和1950年代初，哈佛大學的財務長保

羅・蓋柏（Paul Cabot）開始把哈佛的捐贈基金投資在公開交易的股票上，大大提高了投資報酬率（在此之前，美國的大學捐贈基金主要是固定收益或債券投資人）。其他大學跟隨這種做法，公開交易的股票因此成為大學捐贈基金投資日益重要的一部分。

但是，從1985年開始，31歲的耶魯大學經濟學博士大衛・史雲生（David Swensen）被任命為耶魯大學捐贈基金的操盤人，結果永久改變了大學捐贈基金的投資方式。隨後三十多年間，大衛取得持續高於平均水準的報酬率，改變了大學捐贈基金的投資方式，成了這個精英投資領域的典範。

從大衛1985年開始領導耶魯捐贈基金到他2021年不幸早逝，耶魯捐贈基金的年化報酬率為13.7％（截至2021年6月30日），相對這段期間顧問公司康橋匯世（Cambridge Associates）追蹤的大學捐贈基金的平均報酬率，大衛創造了500億美元的價值。

大衛・史雲生獨特的創新投資方式起初被視為太冒險，他大量投資於流動性不佳的資產，例如私募股權、創投、房地產和對沖基金等資產，並利用外部的投資經理人管理這些資產；這些經理人往往才剛成立自己的基金，耶魯因此可以成為他們的重要投資人，有望得到手續費優惠待遇。如前所述，長期而言，這種投資方式的績效非常出色。假以時日，其他大學和一些非營利組織的捐贈基金也跟隨這種做法，結果就出現了倚重低流動性但高報酬資產的「捐贈基金」投資方式。在2021財政年度，這種投資方式為多家美國大學創造了令人讚嘆的報酬率，包括聖路易華盛頓大學（65％）、鮑登學院（57％）、杜克大學（56％）、麻省理工學院（56％）、普林斯頓（47％）、耶

在許多人看來，大衛・史雲生的另一項成就同樣重要：他在大學捐贈基金投資這一行培養了一個世代的專業人才，這些人領導了其他重要機構的捐贈基金。其中最成功的人之一是寶拉・佛倫特（Paula Volent），她在2000年至2021年間領導鮑登學院（Bowdoin College）的捐贈基金，現在掌管洛克菲勒大學的捐贈基金。掌管鮑登學院捐贈基金期間，她創造的報酬率超過常春藤聯盟每一間學校的捐贈基金，包括她的導師掌管的耶魯捐贈基金。

寶拉並不是以傳統方式進入投資界的。她在大學和研究院時期接受的是藝術史和藝術品保存維護訓練，原本以為假以時日，有天她將成為美術館的高層。但是，因為她偶然對財務學產生興趣，結果去了耶魯管理學院讀書，並且在大衛・史雲生那裡實習，隨後幫助史雲生撰寫他的經典著作《開創性投資組合管理》（*Pioneering Portfolio Management*）。

她開始管理鮑登學院的捐贈基金時，其規模相對有限，只有4.65億美元。寶拉因此不容易爭取最好的投資經理人與鮑登建立關係。但更大的挑戰可能是在寶拉開始管理鮑登的捐贈基金時，掌管大學捐贈基金的女性堪稱鳳毛麟角，女性在當時男性主導的捐贈基金投資界不容易受到重視。

但是，寶拉追求成功的動力、敏銳的智慧，以及樂於冒險試用新投資經理人的態度，成了她的成功公式。她愛上了鮑登學院，樂於繼續在該校應用這個公式很多年。但是，她在2021年決定受聘掌管洛克菲勒大學的捐贈基金，因為幫助該校從事尖端生物醫學研究的吸引力是她無法抗拒的。

　　我會認識寶拉，是因為我曾尋找有才華的投資專業人士擔任美國國家美術館的投資委員會成員。因為寶拉對藝術有興趣，而且在加入投資這一行之前曾在國家美術館短暫工作，她看來是理想的人選。她出任該委員會成員的唯一問題是，委員會主席不得不花時間思考這個問題：多久之後，國家美術館每一個人都將意識到，寶拉和委員會其他成員，包括金・盧〔（Kim Lew），本書也訪問了她〕，對投資的認識遠遠超過主席？真的是遠遠超過。我在2021年6月11日以虛擬方式訪問了寶拉。

大衛・魯賓斯坦（魯）： 多年來，我見過許多優秀的投資專業人士，他們好像多數是幾乎從兒童時期就愛上投資。他們在大學時期和畢業後花很多年學習如何成為投資人。妳的職業生涯是從藝術界開始的，這對後來成為專業投資人的人是很不尋常的。妳是如何從藝術方面的人轉向成為投資界人士的？妳對藝術的興趣，對妳成為優秀的投資人是否有幫助？

寶拉・佛倫特（佛）： 我是家裡的第一代大學生。我父親有嚴重的讀寫障礙，甚至沒讀完小學三年級，就被趕出了學校。但我爸非常有創造力，而且很有藝術天賦。他畫畫、發明東西，對很多事物十分好奇。我媽是家庭主婦，沒有上過大學。從很小的時候，我就很好奇，也很愛閱讀。流動圖書館的每一本書我都看了。在我的整個職業生涯中，我一直非常好奇，並且大量閱讀。

　　我深深感受到教育的重要性，覺得獎助學金特別重要，而這也是我對自己在鮑登學院所做的事非常自豪的原因之一。我起初在波士頓的愛默生學院（Emerson College）讀書，當時我認為我將成為一名語言治療師，因為這樣的

話，我將可以工作、結婚，以及做各種事。在那裡，我必須修一門藝術史的課。我必須寫一篇論文，而因為一個偶然的機會，我去了〔哈佛大學的〕福格美術館，隔著門看著當時的紙質修復師瑪裘莉‧柯恩（Marjorie B. "Jerry" Cohn）正要將一幅畫泡進一盆水裡。她抬起頭來對我說：「別站在那裡。如果妳想進來，就進來看我在做什麼。」

　　我總是告訴學生，你永遠不知道機緣巧合、天時地利什麼時候出現。那次遇到柯恩使我對藝術品修復產生了好奇心。我熱愛藝術，花很多時間去美術館，結果離開了愛默生學院。我工作了一段時間，然後去新罕布夏大學讀書，付州內學費（in-state tuition），因為我是自己付大學學費。我主修化學和藝術史，因為我對藝術品修復極有興趣。我從新罕布夏大學畢業，主修藝術史，副修化學，獲得布朗大學和鮑登學院提供在它們的美術館工作的機會。我去了鮑登學院當策展助理。

魯：最後，妳去了耶魯管理學院。妳是如何轉換跑道的？

佛：離開鮑登學院之後，我在克拉克藝術中心（Clark Art Institute）的藝術品維護室工作了一小段時間，然後去了紐約大學的美術研究所，獲得我很喜歡的藝術史碩士學位，專攻北方巴洛克繪畫和當代藝術。我還在紐約大學的藝術品保存維護中心獲得一個藝術品保存維護學位。我在紐約歷史學會實習，然後在舊金山藝術宮（Palace of Fine Arts）的紙質修復工作室實習，最後在洛杉磯郡立美術館的紙質修復實驗室實習。實習完成之後，我去和洛杉磯一些私人執業的修復師一起工作。我與許多畫廊、私人收藏家和藝術家合作過。

　　然後，我開始自己執業，與藝術家和收藏家合作修復他們的藝術品。我經營自己的事業時，意識到我必須掌握

一些財務知識。我有員工，必須發薪水，也要買保險。

我開始在加州大學洛杉磯分校上夜間的商學課程，然後有個教授說：「妳在這方面很有能力，有沒有想過在商業方面做點什麼？」我曾想過藝術品修復的問題。我修復過很多藝術品，但也遇到有人付不起修復費的情況，也曾去過一些小美術館，看到裡面的文物支離破碎。我開始對修復藝術品以外的事產生了興趣。當時我想，我會成為一名美術館館長，專注於藝術品的保存維護。

我在UCLA夜校的教授認識耶魯管理學院招生部門的一個人。當時，耶魯管理學院有一個公私營管理碩士（MPPM）課程。古根漢美術館的館長湯姆·克倫斯（Tom Krens）讀過耶魯管理學院，因此那裡有藝術與職業的聯繫。

我申請了耶魯，獲得提前錄取，他們說：「妳最好現在就來，因為妳的年紀不小了。」與此同時，我獲得國家美術館提供威廉·萊舍爾研究獎（William R. Leisher Fellowship）。萊舍爾是一名繪畫修復師，死於腦癌，國家美術館設立了一個研究獎來記念他。

我拒絕了耶魯，去了國家美術館，除了主要修復當代藝術品，還負責蒐集來自世界各地的重要藝術家的材料，記錄和分析它們。這份工作非常好，但我又和湯姆·克倫斯談過，而他說：「妳有這個去耶魯的選項。妳不應該錯過。」

我決定去耶魯。我先生和我之前一直想生孩子，當時我們才剛說完：「好吧，看來是不會有了」，然後我馬上就懷孕了。我到了耶魯，我的女兒在2月出生。他們說：「妳就不能請幾天假，然後再回來嗎？」我說：「不行。」

我女兒約一個月大時，我相當焦躁。我想繼續學習如

何成為一名美術館館長。我知道美術館倚賴捐贈。我去敲了大衛‧史雲生的門，他人很好。我們談了一陣子。他看了我的履歷，然後說：「妳沒有任何與投資有關的學經歷，但妳何不來我們這裡，先幫我們整理文件，我們再看可以做什麼？」

就是這樣，我開始和大衛一起工作。我開始整理投資推介書、法律文件、投資備忘錄。我開始組織他們的盡職調查流程，然後大衛開始分配一些專案給我。因為受過藝術史方面的訓練，我是個出色的寫手。在藝術史研究中，你必須把所有相關的不同資料拼湊起來。在藝術品修復工作中，你會做大量研究。在對一件藝術品做侵入性處理之前，你必須做好研究和測試，因為你必須了解什麼地方可能出錯。

我的這種訓練可以直接應用在投資的盡職調查上。我致力將事情的所有不同部分拼湊起來，然後決定是否投資，同時也思考哪裡可能出錯。這裡有左腦／右腦的問題。

我回去耶魯管理學院完成我的學位。我一直在耶魯投資辦公室工作，並且當大衛的助教。他把賽斯‧卡拉曼（Seth Klarman）、邁可‧普萊斯（Michael Price）之類的投資人帶到他在耶魯學院的課堂上。我還在蓋蒂美術館實習了一個暑假，在那裡的投資辦公室工作。大衛想讓我看看傳統的投資組合與他管理的耶魯捐贈基金投資組合有何不同。我幫助蓋蒂為他們的第一項私募股權投資做盡職調查，並且做了一個現金管理方面的大專案。

我從耶魯管理學院畢業，抱著小女兒參加畢業典禮。賽斯‧卡拉曼講投資的著作《安全邊際》（*Margin of Safety*）大獲成功，得到很多人關注。大衛有點好勝，也想寫一本

書，而他知道我是個好寫手。當時我已經接受了迪士尼的一份工作，將回到洛杉磯，在他們的投資辦公室工作。大衛要求我再留幾個月，幫助他寫《開創性投資組合管理》這本書。

這件事顯然不是三個月就能完成的。我放棄了迪士尼的工作，大衛給了我耶魯投資辦公室的一個高級助理職位。為了那本書，我們非常密切地合作了大約一年。我一直覺得《開創性投資組合管理》這個書名很狂，但現在認為這是對大衛所做的事非常貼切的描述。

我在耶魯投資辦公室的時候，大衛正投資於私募股權和創投之類的各種新資產類別。他提出了「絕對報酬」這個說法，著眼於對沖基金真正該做什麼。在大衛的領導下，耶魯投資辦公室當時在做所有這些創新的事。

我剛進耶魯時，沒有任何金融背景。我不知道基點是什麼；我去到耶魯管理學院時，必須回頭學好最基礎的數學。我當時有個小寶寶，這很有挑戰性。不過，我當時所做的一切是如此令人興奮，而大衛很愛教導人，認為沒什麼問題是太基礎的。

魯：大衛是告訴大家要投資什麼，還是等其他人提出想法，由他來決定是否投資？他是怎麼做的？

佛：耶魯在紐海芬的投資辦公室總是有人來訪。基金經理人會來。耶魯的教授如羅伯·席勒（Robert Shiller）和史蒂芬·羅斯（Stephen Ross）會來，並與員工共進午餐。那是一種合作，但大衛是真正看到機會的人。

他教了耶魯團隊很多東西，包括尋找欠缺效率的情況，著眼於其他人忽略之處，以及支持那些將「吃自己煮的飯」的聰明創新者。他不喜歡那些靠聚集大量資產、收取資產管理費而發財的金融業者。他希望與規模較小的經

理人合作，尤其是在房地產這個資產類別。

　　最終決定權在他手上，但我們也必須向耶魯的投資委員會報告投資建議。我們把相關討論和詳細的備忘錄帶到投資委員會，他們會討論並進行表決。我把這種紀律和程序帶到鮑登學院。雖然撰寫盡職調查備忘錄花很多工夫，而且這是投資決策過程的一個關鍵部分，但很多時候我們花了很多工夫在詳細的備忘錄和投資建議上，然後在最後時刻我會說：「現在我們完成了所有工作，它不像之前那麼令人信服了。」

魯：妳在耶魯待了多少年？

佛：我是1996年至2000年在耶魯的。

魯：是不是待了四年之後，妳認為「我現在已經準備好獨當一面了」？妳如何得到鮑登學院那個職位的？

佛：艾倫・舒曼（Ellen Shuman）是我在耶魯的同事之一。她是鮑登學院的校友，她跟我說：「鮑登從來沒有一個專門負責投資的人。」他們有個財務長，請了投資公司康橋匯世當顧問，但內部沒有人負責監督投資。

　　我到任時，史丹・朱肯米勒（Stan Druckenmiller）是投資委員會的主席。他很早就將對沖基金納入投資組合，但鮑登內部沒有正式的程序處理這種事。基金經理人會被邀請來參加會議，然後委員會在會後進行表決，整個過程不會有很多分析。

　　艾倫邀請我與鮑登那邊幾個人談談。我家來自緬因州，我覺得那是個好機會。我去了鮑登，與他們面談，覺得它是創新的，真的很有創業精神。

　　那年6月，鮑登捐贈基金有4.65億美元。我是在2000年7月加入的，當時網路泡沫開始破滅，因此在我任內的第一年，捐贈基金萎縮至約4億美元。第一年，我基本上

就是傾聽介紹，以及了解投資組合。我成功的關鍵之一是釐清這個問題：「投資委員會的風險屬性（risk profile）是怎樣的？鮑登的風險屬性是怎樣的？」它與耶魯不同，少了幾個零，而且風險屬性完全不同。

魯：妳有幸曾與我們這輩子最著名的其中兩位投資專家史丹・朱肯米勒和大衛・史雲生共事。他們有何相同之處，又有什麼不同？

佛：首先，他們都是了不起的導師。大衛慷慨仁慈，他灌輸了一種為大學奉獻的愛。他本來可以經營對沖基金，本來可以多賺很多，但他很愛耶魯。他愛與學生一起工作。他愛賺錢支持獎助學金。他也向我們灌輸了一種好奇求知的精神。他對寫作技巧和批判思考的要求很高。我們寫那些備忘錄，他會以紅筆批改。他使你成為真正的好寫手。

史丹是最慷慨仁慈的，非常了不起。很多時候，他話不多，只說是或否。很多時候非常悲觀。對市場的轉變很有見解。我從史丹那裡學到的是風險控管。如果你有情況不了解，你必須說：「我不清楚，我了解後再跟你說」，而不是試圖蒙混過去。你去見投資委員會時，必須已經做好提出建議所需要的一切準備。

大衛也是這樣。你必須切實做好功課。這是一個機構很重要的錢，你不能隨便亂撒。你對資金如何配置必須深思熟慮。

我到那裡時，投資界沒有人知道鮑登。他們以為我們是在北極之類的地方，因為我們的吉祥物是一隻北極熊。根本沒有人知道鮑登學院，所以我在頭五年裡的工作，主要是出去見頂級的投資經理人，向他們講鮑登的故事，以及那些錢對支持教育有什麼意義。

鮑登學院仍奉行招生時不考慮學生家庭財力（needblind）和確保學生不必借錢完成學業（no-loan）的政策，是少數幾間這麼做的大學之一。鮑登有許多傑出校友和長期致力於「共善」（the common good）的歷史。

在我任職於鮑登學院的早期，我必須走出去推銷鮑登的品牌，致力爭取頂級投資公司為我們服務。當時我們在創投方面完全沒有投資，因此我找出最好的創投業者，開始去拜訪他們。最後紅杉資本因為見我見到怕，就說：「好吧，妳可以拿50萬美元投入我們新創立的中國基金。」我把這項提案帶到投資委員會，努力爭取通過，現在紅杉是鮑登所建立的最重要和最成功的投資關係之一。如今鮑登在投資界的名聲非常好。

魯：妳在2000年上任時，鮑登捐贈基金有4.65億美元。妳在2021年離職，當時捐贈基金有多少錢？

佛：大概是27.2億美元。

魯：在那段時間裡，鮑登的年化投資報酬率是否高於主要的常春藤名校？我看到的資料說，你們的內部報酬率高於常春藤名校。

佛：是的，那是真的。大衛寫了一封漂亮的信給我，信中引用了達文西的一句話：「超越大師的學生堪稱優秀。」有一次，他在我的辦公室裡，從我背後看到一些數據。他真的很好勝，當時他說：「喔，天啊，妳要打敗耶魯了。」

鮑登的風險屬性和選擇經理人的方式，與許多同業非常不同。例如，過去十年裡，我在固定收益方面的投資很少。我的投資組合通常處於全數投入的狀態，不會持有大量現金。我們非常精準地滿足流動性需求。截至2021年6月30日，鮑登的捐贈基金投資報酬率，無論是1年、3年、5年、10年還是20年，都在最高十分之一之列，希望以後都會這麼好。

魯：有些人不熟悉大學的捐贈基金，可以說一下它們的作用嗎？華府中人、政府裡面的人，有時會批評一些學院擁有的巨額捐贈基金。這種基金的主要目的是什麼？

佛：是為了永久支持大學的運作。以前大衛總是說，班傑明·富蘭克林（Benjamin Franklin）說：「你避不了死亡和納稅」，但捐贈基金可以。不過，現在有些大學的捐贈基金也要納稅，因為它們的學生人均捐贈基金超過50萬美元。〔美國國會2017年對某些大學的捐贈基金課徵捐贈稅。〕

捐贈是永久的支持。在鮑登學院，他們仍保存著詹姆斯·鮑登三世（James Bowdoin III）的捐贈。他捐了一塊土地、一些圖書館書籍，以及好像1,000美元。我們保護捐贈的原本價值，投資收益則可以花用。

鮑登學院約40％的營運預算來自捐贈基金，81％的獎助學金來自捐贈基金。我同意，有些大學的捐贈基金確實很大。但市場有波動，所以正如大衛的書指出，捐贈基金可以保護學校，使學校不必過度依賴學費收入。〔在許多美國的大學，學費收入通常只夠支付學校不到一半的營運成本。如果沒有捐贈收入、政府援助，或以獎學金形式提供的慈善支持，大學要收回成本，將必須把學費設在絕大多數學生不可能負擔得起的水準。〕

在大流行病之類的困難時期，學費收入減少，你會看到很多沒有捐贈基金支持的學校倒閉。捐贈基金也支持你致力於創新，不必仰賴政府撥款。

魯：它的運作方式是你有一個捐贈基金，然後每年爭取一定的報酬率，風險報酬適當的某個報酬率。妳是否有一個每年都想達到的目標報酬率？妳每年要交給學校多少錢以支持其運作？

佛：鮑登學院有一項支出規則，採用12個季度的平均值，取12個季度的捐贈基金價值，然後算出平均值，這就是你使用的數字。我們取其5％。我們致力獲得這5％，再加上彌補通貨膨脹所需要的報酬。在洛克菲勒大學，我們採用一項不同的支出規則，考慮上一年的支出，根據通貨膨脹加以調整，另外也略為考慮12個季度的移動平均值。

魯：如果我沒說錯的話，在1940年代末，蓋柏家族的保羅‧蓋柏成為哈佛大學的財務長（據我所知，他是兼職工作），他決定更積極地管理捐贈基金，當時哈佛的捐贈基金可能約為2億美元。捐贈基金比較積極地參與投資，就是從這裡開始。事情就是這樣發生的嗎？

佛：絕對是這樣。鮑登與蓋柏有關係，因為康橋匯世成立時，客戶是鮑登、哈佛和另外幾間學校，但蓋柏是在此之前開創捐贈基金積極投資潮流的關鍵人物。在蓋柏這麼做之前，多數大學的捐贈基金主要投資於產生收益的資產，例如借給教職員的房貸，以及鐵路公司股票之類的。此外也有很多債券，因為你只能花掉當期收益。然後在1970年代，福特基金會（Ford Foundation）發表了一份關於股票投資和總報酬政策概念的重要報告，主張可以花掉投資獲利和收益，促使許多機構開始做更多的積極管理和花掉投資獲利與收益，投資重點因此從固定收益轉到股票上。

魯：延續這個故事，大衛‧史雲生的創新，是積極布局「另類」投資（私募股權、創投、成長資本、不良債權之類的），配置比例遠高於傳統方式。這是他取得高報酬的主要原因嗎？

佛：大衛進入另類投資領域，是因為他知道可以利用欠缺效率的情況並獲得流動性溢酬〔這是指「欠缺效率」或不容易交易的資產之估值，通常低於流動性較高的資產，因

為投資人支付溢價換取後一種資產容易買賣之效率〕。大衛也很擅長把握最佳時機進出市場。他很勇敢。市場低迷時，他會進場買進。他非常擅長重新平衡投資組合。他往往在旅行時，利用黑莓手機做投資組合再平衡。他對市場充滿熱情。他很早就看到了中國的崛起。這是我認為大衛吸引我的其中一點——他的好奇心，以及嘗試新事物的意願和勇氣。經濟學家凱因斯（John Maynard Keynes）是他崇拜的人之一，他非常喜歡凱因斯的這句話：「世俗智慧告訴我們，從眾而失敗，要比不從眾而成功更有利於名聲。」

「另類投資」是個很廣的類別。它可以是私募債權。它可以是對沖基金。它可以是收購基金（buyout fund）。它可以是支持某個人在車庫裡發明東西。大衛願意著眼於所有的子類別。他是個非常規投資人。

魯：捐贈基金的投資涉及兩個重大決定，一個是資產配置，也就是固定收益、股票、另類投資等資產類別要各配置多少，另一個是選擇哪些外部投資經理人來為基金投資。對妳來說，哪一個決定比較難？哪一個更重要？是資產類別之間的配置，還是投資經理人的選擇？

佛：在商學院，你學到的是投資報酬主要取決於資產配置。但是，隨著捐贈基金的投資方式變得比較精細，資產類別之間的差別已經變得模糊。例如，創投業者的許多投資組合持有IPO之後公開交易的股票。此外，你會看到維京（Viking）或孤松（Lone Pine）等業者管理的那些混合式基金，它們公開交易的投資組合持有一些非公開交易的資產，所以資產類別之間的差別變得非常模糊。

我認為鮑登之所以成功，主要在於選對投資經理人。我們每年都做資產配置研究，使用一些指標來幫助我們分

析，以便評估是否應該定期調整我們對低流動性資產類別如創投或非公開交易房地產（private real estate）的配置。你不能真的每年重新平衡低流動性的另類投資，因為你何時收回資金是經理人決定的。你對另類投資的投入越多，越是必須考慮是否有能力產生流動資金以滿足資本需求和機構的營運所需。

　　你必須投資於股票。為什麼你需要固定收益？是為了流動資金嗎？是為了對沖通縮？還是為了對沖通膨？不同的資產類別各有原因。對鮑登來說，大概對耶魯來說也是，經理人的選擇與資產配置一樣重要，甚至可能更重要一些。

魯：妳希望妳屬意的經理人是怎樣的？

佛：我們花很多工夫著眼於不同的主題。我每天早上都看《華爾街日報》和《金融時報》。賽斯·卡拉曼總是說，他看到的最好想法是在《華爾街日報》上。你看到一些有趣的東西，然後你思考哪裡可能會有獲得報酬的機會，哪裡有欠缺效率的情況。

　　我喜歡盡可能多見不同的經理人。你常會聽到經理人針對特定事物說出相同的看法，然後也會遇到持不同觀點、對市場有不同看法的經理人。我會看經理人的團隊構成。你可能會常遇到一種經理人，他們需要他們的分析師在他們身邊，以便提供你想要的資訊。我想找的經理人對自己投資的股票有透澈的認識，並且有良好的盡職調查程序。

　　最近，我們向基金經理人詢問他們團隊的多樣性，這個問題將會越來越重要。在鮑登時，我會對可能投資的基金做詳細的盡職調查，然後如果我們決定投資，我們將會是忠誠的投資人，除非發生了重大變化。

　　我喜歡那些在機會不是很誘人時把錢還給投資人的經理人。我也喜歡那種看到誘人的機會時打電話給我的經理人，他們會說：「我想要新資本來利用這個欠缺效率的情況。」我做過的一些最成功的投資，是在經理人經歷績效最差的時期後增加投入，因為我很了解那個投資組合，而且與經理人保持良好的溝通。

魯：根據妳的經驗，基金被超額認購的經理人是否帶給妳更好的報酬率？抑或是那些因為需要資金而爭取妳投資的經理人帶給妳更好的報酬率？

佛：二十年來，我一直維持一個二軍投資組合（farm-team portfolio）。史丹・朱肯米勒以前常打電話跟我說：「我遇到了一個非常優秀的年輕人，他或許可以對捐贈基金投資組合大有貢獻」，但很難做盡職調查。沒有歷史績效可以分析。你不知道這個人是否能夠經營好一家公司。我們因此建立了一隊二軍。它真的很成功，貢獻了很好的報酬。

　　這也是一種模式識別。很多人可以是優秀的投資組合經理人但不懂得如何經營一家公司，所以投資公司會因為意見分歧之類的問題而解體。我投資成功有兩種常見的情況，一是很早就與經理人建立關係，觀察他們，然後適時增加投資；二是與非常優秀的經理人建立關係，因為我們講了鮑登的故事和機構的使命，然後對方想要這樣的投資人。

魯：我們來談談ESG和多樣性。妳開始做這一行時，沒有很多女性在管理大學的捐贈基金。妳在工作上是否曾經遭受歧視？是否有人說「女人不能做這個」，抑或沒有這種問題？現在還有這種問題嗎？

佛：這絕對是我必須處理的一個問題。我去參加會議，經常發現只有很少女性。我不認為這個問題已經解決了。我

積極為資產管理業的女性培力，包括年輕女性。辛瑪‧新戈蘭尼（Seema Hingorani）創辦了「女性投資人」（Girls Who Invest）這個組織，我從一開始就與她們合作。我還與「金融業百強女性」（100 Women in Finance）合作。我正指導一些女性和由女性經營的創投公司。我正努力使更多人注意到相關情況。

　　情況有一點好轉，但問題還沒有解決。例如，女性創投業者在募資方面遇到很大的困難。我去耶魯管理學院或鮑登學院，我告訴女性：「妳可以從事資產管理工作。這是女性一個可行的職業。」我不想看到的是，一家金融機構請了一個與「女性投資人」組織有關的人，或請一個女孩當實習生，然後認為自己已經符合多樣性的要求，再沒有其他事情需要做。金融機構必須為年輕女性開闢一條通往最高層的路。

魯：如果今天有投資公司來找妳，他們的歷史績效極好，但整個團隊都是男性白人，妳是否會說：「我可以投資，但你們是否可以請一些不是男性白人的員工？」還是妳會說：「我們根本不會考慮請你們幫忙投資」？

佛：我會展開對話。這是我想做的事。我想開啟對話。

　　去年我們請一個來自「女性投資人」組織的實習生，她檢視了我們所有的投資經理人，看了組織結構圖和女性員工的位置。很多女性員工是在法規遵循、會計和行政部門，而不是做投資組合管理工作。我們與我們的經理人分享了這項發現，並且進行了討論。

魯：有些人會說：「促進多樣性，性別與種族多樣性，是好的社會政策。」還有些人會說：「這也很可能造就更好的報酬。」妳怎麼看促進多樣性可造就更好的報酬這樣的想法？

佛：文化上而言，多樣性很重要。這取決於人，取決於他們的長處。如果要請人管理一個投資組合，我不會請一個不曾有機會承擔盈虧責任的女性。我需要有一些經驗，並投資於那些願意給女性機會成長為優秀投資人的公司。在某些領域，例如在某些消費領域和創投業，女性作為消費者可以帶來男性可能沒有的一些東西。

在我看來，隨著我們的社會變得更多元化，而且這種多元化反映在企業運作和改變的方式上，一個反映社會多元化的經理人會比較能夠了解哪些公司有望在這種環境下蓬勃發展。

魯：有些投資人，包括我，會回顧自己錯過的交易機會，然後十分懊惱。也花很多時間思考自己做了但沒有成功的交易。妳有沒有想過那些錯過的交易？妳會為那些沒有成功的交易責怪自己嗎？

佛：我兩者都有。你會開始認出一些模式，有時會看到自己的偏見，看到自己錯過的東西。從自己的錯誤中學習，從自己的成功中學習，是進一步發展非常重要的一部分。我們曾投資一個房地產基金，績效不是很好，但因為我喜歡那個經理人，我就想：「好吧！再給這個經理人一個機會。」我沒有意識到那個基金正走向解散，而且那個機會並不吸引人。我無疑會在事後檢視我們所有的投資。

魯：如果妳做了一項投資，然後或許一年後意識到自己犯錯了，妳會說「我明天就退出」嗎？還是妳會說「我再堅持一段時間」看看？妳是如何處理錯誤的？

佛：首先，我會與經理人見面很多次，試著釐清我們是犯了錯誤，抑或只是遇到市場波動。我不認為可以坐待錯誤過去。一旦你做了錯誤的決定，又或者你已經失去信心，你就必須採取行動。如果你什麼都不做，是很難把錢賺回

來的。那是一種糟糕的策略。

魯：管理大學捐贈基金的人，薪酬通常是公開的，而這份薪酬比當對沖基金經理人所能賺到的少得多。為什麼這是一條吸引人的職業道路？

佛：我剛有說過，我是家裡的第一代大學生。我由始至終都仰賴獎助學金，甚至在研究所也是。我一直在非營利機構工作。當你管理一個捐贈基金或基金會時，你會有一種自己正在為社會做事的美妙感覺，你知道你賺的錢將使世界變得比較美好，可能使一些從未想過自己可以在鮑登學院或洛克菲勒大學這種地方受教育的學生接受教育。

　　管理捐贈基金是一種事業經營，每天都在考慮不同的資產類別。你要思考如何做好平衡，在賺錢支持現在的學生之餘，也照顧未來的需求。這是智性上有趣的活動。我知道這在對沖基金中也很可能做得到，但我發現，這裡的使命讓這份工作有特殊意義。

魯：假設有人看了這段訪談，然後說：「我想成為和寶拉一樣的人。我該如何接受訓練？我應該去藝術學校學習藝術品保存維護嗎？我應該如何為自己在大學捐贈基金界找到工作做好準備？」

佛：機緣很重要，要對經驗和機會持開放態度。我認為博雅教育真的非常重要，要學習如何寫作、批判思考，以及培養好奇求知的精神。在捐贈基金管理界，很多人有藝術史、歷史或英語學位。在大學階段，你必須有好奇心，並且探索所有領域。我不認為人人都要有 MBA 學位，但我的 MBA 學位改變了我的人生。

魯：我們來談一下未來五年。大學捐贈基金的投資方式估計將如何改變？

佛：最近這場大流行病將使大學對教育的看法發生很大變

化，將會出現混成學習（hybrid learning）和更多科技應用。

目前市場頗有一些小泡沫。一些創投交易的節奏和估值令人咋舌，促使你思考這種情況能持續多久。〔聯準會前理事〕凱文‧華許（Kevin Warsh）寫過一封電子郵件給我，說到「鍍金時代即將結束」。現在進入投資界的很多人，除了在大疫開始時的那幾天，從未經歷過熊市或高通膨。

我們現在必須有一個多元化的投資組合。我們必須認識到，全球化正在倒退，我們過去的一些策略和主題可能將會行不通。我們還必須認識到，創新，無論是區塊鏈還是生物技術的進步，將持續與我們同在，而你必須踏入門檻，開始了解這一切。

我想到了資產類別界線的模糊化，公開與非公開交易的資產混在一起，以及多重策略產品。未來要創造我們過去五年取得的報酬，將會相當困難。

魯：什麼是熊市？我不記得有熊市。〔我現在記得了，那是在2022年5月之後。〕

最後一個問題。妳是否後悔自己沒有成為美國國家美術館的第一位女館長？如果妳留在藝術界，那可能就是妳。妳是否後悔沒有留在藝術界？

佛：沒有。我愛我的工作，它非常有趣。我在很多小型機構的投資委員會當志工，我很喜歡這麼做。我至今仍收藏藝術品，我有很多藝術家朋友。但我很愛每天去發現哪裡有機會，哪裡有挑戰。我沒有任何遺憾，但我對學生們說，如果三十年前有人告訴我，我會坐在這裡和你對談，我一定不會相信。

捐贈基金

金‧盧 Kim Lew

哥倫比亞投資管理公司總裁暨執行長；
卡內基基金會前投資長

> 「我們著眼長遠建設。」

數十年來，在美國，大型基金會管理其捐贈基金投資的方式一如大學——最初投資於穩健的債券，然後也投資於相對安全的上市公司股票（也就是從事「主流」投資）。數十年前，隨著主要大學開始為其捐贈基金尋求更高的報酬，它們開始投資於「另類」資產（也就是風險較高但有望帶來較高報酬的資產），而大型基金會也這麼做。隨著提高投資報酬的壓力日增，大學和基金會都轉向建構迎合其基本資產長期性質的另類投資組合。因為這種投資的管理相當複雜，擁有較大型投資團隊的大型大學和基金會身先士卒，規模較小的機構則跟隨其後。

大學設立捐贈基金以創造相對可預料的年度投資收益，用於支持學生獎助學金、研究工作、資本投資、教職員和學生活動。捐贈基金年度收益的某個比例通常用於滿

足此類需求。雖然人們普遍認為學生支付的學費相當高，而且學費每年以2-4％的幅度調升，但學費僅能支應學生實際教育成本不是很大的一部分。基金會的捐贈基金實際上更需要產生穩定、可預料的報酬，以便基金會能夠兌現長期的資助承諾（基金會不像大學那樣可以仰賴穩定的學費收入作為一個重要財源）。

在同世代的捐贈基金投資人中，金・盧（Kim Lew）是領袖之一，尤其是在另類投資領域。她曾在福特基金會掌管另類投資，然後成為卡內基基金會（Carnegie Corporation）的投資長。2020年，她出任哥倫比亞投資管理公司（Columbia Investment Management Company）的總裁暨執行長，該公司負責管理哥倫比亞大學的捐贈基金。

雖然基金會和大學在捐贈基金投資方式上有許多相似之處，但大學可以仰賴校友捐款和政府撥款來滿足部分財務需求。基金會的資金需求則通常完全仰賴捐贈基金，因此必須對現金需求特別敏感。我想金・盧可以很好地說明基金會與大學的差別，並且討論其他問題。

從華頓商學院和哈佛商學院畢業後，金・盧起初並不認為從事非營利投資是她該走的職業道路。投身華爾街的薪酬、聲望和職業機會都好得多，看來是她比較可能走的路。但與福特基金會一名主管的一次意外會面，使她認為非營利投資工作是更好的職業選擇——雖然在當年，有色人種女性投身投資界做任何工作都會面臨不少挑戰。

金的父親是華人，母親是非裔美國人。她出生時，父母親都只有17歲，父母雙方的家庭對兩人結婚生子都很不滿意。但她的父母一直在一起，養育了一個非常聰明、積極進取的女性——迄今為止，她在學業和職業上面臨的所有困難都一一克服。在金開始她的投資生涯時，身為女

性專業投資人這件事本身就有必須克服的困難。去年，我為美國國家美術館的投資委員會尋找經驗豐富的專業人士時，金是我詢問的每一個人都推薦的人選（一如寶拉・佛倫特）。

這次訪問是彭博電視節目《與魯賓斯坦談財富》的其中一集，在哥倫比亞大學的室外進行，警笛聲、頭頂飛過的飛機和附近的建築工程不斷提醒我們自己身處紐約。我在2021年7月30日面對面訪問了金。

大衛・魯賓斯坦（魯）： 哥倫比亞大學的捐贈基金大概有多少錢？

金・盧（盧）： 大概是143億美元。

魯： 為什麼主要大學有這麼大的捐贈基金？似乎都比二、三十年前來得大。

盧： 大學的捐贈基金既用於滿足學生的需求，例如提供獎助學金，也用於滿足大學更大的需求，例如教職員的研究工作和學校的資本投資，例如蓋大樓。

這些需求與日俱增。例如，哥倫比亞大學正努力處理氣候問題，這是非常重要的工作。這背後有大量的研究工作，學校也必須支持參與其中的一些學生。捐贈基金增加是為了幫助解決諸如此類的一些大問題，以及教育將成為未來領袖的學生。

魯： 近年大學捐贈基金的投資報酬率非常好。這是因為投資經理人非常能幹，還是市場景況一直很好？

盧： 兩者皆有。我們希望我們選到特別能幹，甚至能夠打敗大盤的投資經理人。不過，市場近年也一直很強勁。現在有非常多技術，可以更有效率地做很多不同的事，因此出現了很多新想法和新機會。

現在，為了達成投資報酬目標，人人都著眼於股票選擇權。他們針對資金的最佳去處做大量的相對決定。這意味著所有的好主意都有人爭著採用。一些機構手握大量資金等著投資，他們對投資報酬的要求很高，所以你會發現一些最好的投資主意變得越來越昂貴。

魯： 大學捐贈基金剛起步時，比如說在20世紀初或更早的時候，規模非常有限。假以時日，它們開始投資於固定收益和債券以外的資產。現在，它們相當大一部分資金是在做所謂的另類投資。為什麼另類投資現在成為捐贈基金投資如此重要的一部分？

盧： 另類投資越來越稱不上是另類，成為投資組合的核心部分。它們之所以一度被視為另類投資，是因為以前做這種投資是不尋常的。但是，對基金會或大學捐贈基金來說，它們是特別好的投資，因為它們是長期資產。你不可能立即拿回你的錢，它真的是為未來所做的投資。我們本質上著眼長遠，所以這是非常適合我們的投資。未來數百年，哥倫比亞大學料將繼續運作，所以投資在要等待10年或20年的資產上是沒問題的。

魯： 大學通常每年從捐贈基金中提取一定比例的資金支付營運成本，可能是4%到6%。哥倫比亞大學是這麼做的嗎？

盧： 沒錯。

魯： 所以，每年妳必須至少賺4%到6%，或視你們的支付率而定？

盧： 支付率由董事會決定，我們不參與決策。對我來說，工作成功的關鍵標準，是投資報酬足以滿足支付要求和彌補通貨膨脹，因為一年後為同樣的學生支付的費用將會比今年多。我希望確保我的報酬率不低於支付率加通膨率。

魯： 在川普（Donald Trump）的減稅方案中，有一條規定要

求大學的捐贈基金首度納稅。有些大學的捐贈基金已經在繳稅了。對非營利的大學捐贈基金課稅的理論依據是什麼？

盧：我想國會是越來越覺得，大學不再像以前那樣必須將所有資源投入在它們的使命上，因為大學的捐贈基金一直快速增加，而且捐贈基金的投資獲利不必納稅。

很多人看到捐贈基金就會想：「它們這麼大，又不用納稅，這是支持政府的一個好機會。」但大學從事大量的研究工作，這些工作以有意義的方式支持社會。人們著眼於賦稅時，有時會忘記這一點。

魯：你們管理捐贈基金，是雇用外部經理人幫你們投資，還是聘請員工，然後由他們在內部做投資？

盧：我們雇用外部經理人。

魯：你們雇用經理人，是否看他們的績效紀錄、他們的多樣性、他們對ESG的承擔？你們希望經理人具備什麼條件？

盧：我首先看他們的策略。他們的策略是否獨特？是否有機會獲得異常高的報酬？然後我看他們的組織。他們是否建立了一個支持他們的策略而且合理的組織？

然後，我看他們是否與我契合？是否與哥倫比亞大學契合？他們是否視我們為合作夥伴？他們是否正直誠信？他們是否恪守我們恪守的價值觀？他們是否和我們以一樣的方式著眼長遠？

然後，我們會檢視績效紀錄，看是否支持我們對所有其他方面所做的評估。很多時候，人們從績效紀錄入手，但績效紀錄只是告訴你經理人在過去那種情況下表現如何。我想知道的是他們未來會有什麼表現，所以我應該先思考他們必須具備什麼條件，未來才能成功。然後我再去看他們的績效紀錄，看他們是否具備相關技能。

魯：假設有人打電話來說：「我想向哥大捐贈基金做一次

簡報。我是哥大的一名傑出畢業生，捐很多錢給學校，而且我的公司請了很多哥大畢業生。」你們會因此對這個人另眼相看嗎？

盧：我們有責任與所有校友會面，也有責任為組織的長遠利益做最好的決定。哥大在教育和培養有創造力的優秀人才方面表現出色。但我們優先照顧捐贈基金的利益，確保我們所做的事能夠創造我們需要的報酬，並且支持機構的價值觀。

魯：妳來哥倫比亞大學之前，在大型基金會卡內基基金會擔任投資長。為大學和基金會監督投資有什麼不同？

盧：兩者面對的問題大有不同。在基金會，主要的問題，也就是我們首先要解決的問題，是流動性問題。基金會沒有資金流入，因此我們必須確保基金會能夠履行支付義務。這包括支付基金會的撥款，滿足另類投資組合的無準備金承諾，以及管理投資組合涉及的再平衡操作。

大學有資金流入。有學費收入，有校友捐款，還有其他現金來源。大學也有準備金。因此，主要問題不在於流動性。主要的問題是波動性，因為大學的預算是基於預期報酬，而資產價值下跌使大學面臨風險。因此，基金會和大學捐贈基金要解決的是不同的問題。

魯：大學可以決定每年動用多少百分比的捐贈基金來幫助滿足大學持續的現金需求。這個百分比（「支付率」）可以是4％、5％或6％，取決於各種因素，包括捐贈基金的投資表現。支付率由大學董事會決定。另一方面，美國聯邦法律要求基金會每年至少拿出基金會捐贈基金的5％給受資助者，對嗎？

盧：對。

魯：如果妳知道妳每年必須支付5％，妳的投資方式是否

會有所不同？

盧：是的，但差別在於我們必須支付我們所擁有資產的
5％。因此，如果市場顯著下跌，我們必須支付的金額就會
減少。所以，真正重要的是控制固定成本。基金會如果運
作良好，固定成本非常少，因為大部分支出是資助款。我
們從不希望削減資助，但我們可以這麼做。但在大學裡，
幾乎所有成本都是固定的，因此要減少支付會困難得多。

魯：有時校友和其他人會說：「大學不應該投資於石油、天
然氣或社會有爭議的其他東西。」你們如何處理這種問題？

盧：在任何一家機構，投資部門與機構的價值觀保持一致
都是非常重要的。另一方面，作為捐贈基金的執行長，我
希望操作上可以盡量不受限制，因為我的主要目標是取得
滿意的投資報酬。但我認為我們不能以犧牲價值觀為代價。

一直以來，哥倫比亞大學明確表示重視永續發展。哥
大設有氣候學院，也有地球研究所。學校董事會決定致力
解決這種世界性問題時，校董們也就決定了他們要恪守的
價值觀。我面試這份工作時，他們明確告訴我這很重要。
我完全沒有異議，因為我當然想確保捐贈基金的管理方式
與大學的價值觀完全契合。

同樣地，隨著時間推移，哥大已經真的決心要促進多
樣性、公平性和包容性。他們從策略角度思考了這個問
題，要求每個部門、教師、員工和供應商從策略角度思考
如何支持社區。我們在捐贈基金也將這麼做。我們將仔細
研究，並努力確保我們合作的投資經理人足夠多樣，並且
反映國家的情況。

魯：擔任一間大學的投資經理人，這項工作有什麼吸引人
的地方？比在私募股權界工作更好嗎？

盧：這是最棒的工作。我們是一家非常好的機構，正從事

189

捐贈基金　金‧盧

Kim Lew

很多人想支持的偉大事業。我們能夠與各種各樣的人交流，而在我成長的過程中，我從未想過自己會有機會接觸這些人。我們大學裡有充沛的專業人才，每天你都能學到更多東西。每一天，你都能對一個在做基於使命的偉大工作的機構作出貢獻。我想不出比這更好的工作了。每一天我都學到東西，每一天我都覺得自己在做很好的事。

魯：假設有個捐贈者說：「我願意捐一大筆錢給哥倫比亞大學，但我想確保這筆錢投資得當。」妳是否承受不能虧損的壓力？

盧：任何有能力捐一大筆錢給哥大的人都了解市場，他們知道市場會波動。我們著眼長遠建設。當然，沒有捐贈者會想投資在一個不能產生適當的風險調整報酬的地方。如果捐贈者認為他們可以自己投資並僅支持哥大的特定計畫，他們會這麼做。但我們能夠做一些個人無法做到的投資，有些投資機會是個人很難把握的，卻是我們能夠把握的。我們總是對捐贈者說：「你是在做一筆長期投資支持哥大的發展，我們將竭盡所能做好捐贈基金的投資。」

魯：我們來談談妳如何走到現在這個位置。妳父親是華人，母親是非裔美國人，妳出生時，他們都才十幾歲。

盧：是的。當年這在雙方家裡引起很大的爭議。兩個17歲的孩子要生孩子，這是沒有一個家庭想遇到的事。我父親因此和他家裡疏遠了很長一段時間。但是，我父母親作為一對夫妻有堅實的基礎。他們真的非常重視孩子的教育。正因如此，我和我弟弟的成績都很好。

魯：妳在哪裡長大？

盧：我出生於紐約哈林區，所以來哥大工作有回家的感覺。出生於哈林區之後，我在這裡和祖母一起生活了若干年。大概六歲時，我們搬到了布朗克斯區。

魯：妳在哪裡念高中？

盧：布朗克斯科學高中（Bronx High School of Science）。

魯：那是很好的高中。

盧：可能有人會不同意，但我認為那是全市最好的高中。

魯：妳一定成績很好，因為妳考上了華頓商學院。妳到華頓上學時，是否心想：「哇，這些人都很聰明，而且家裡比我富有，背景也比我優越，例如他們是念預備學校（prep school）的」？還是妳沒有這麼想？

盧：我當然有這麼想。我並非只是在布朗克斯長大，我還是在布朗克斯的公營住宅長大的。公營住宅區很少人上大學，像賓大這種世界各地的人都來念的大學就更不用說了。賓大是我離開家鄉後去的第一個地方。我在賓大遇到的第一個人來自阿拉斯加，我因此相當震撼。賓大的學生來自世界各地，經濟背景大有不同，但我覺得這一點在當年並沒有現在這麼明顯。我們全都住在校園裡，全都住在同樣的宿舍裡，全都在食堂吃飯。相對於當年的我，現在來自窮人家的學生面對的貧富差異明顯得多，處境也困難得多。現在的財富是非常矚目的，而當年並不是這樣。

魯：妳畢業時，是否有希望成為某間大學的投資長這種想法？

盧：我主修會計，因為我知道那意味著什麼。我以為我會成為一名會計師。我去了幾次會計工作的面試，清楚意識到那種文化很可能不是很適合我。於是我四處問人：「你們覺得我可以做什麼？」有些人說：「妳主修會計，可以投身銀行業。妳可以成為一名信用分析師，又或者去投資銀行業。」我選擇投身商業銀行，結果去了漢華銀行（Chemical Bank），它提供的信用專業培訓可能是當時銀行業最好的。這是個非常好的決定。

魯：妳後來去了哈佛商學院進修。當年要進哈佛商學院是否困難？

盧：很不容易。當時我有幾家商學院可以選。我決定去哈佛，主要是因為他們會要求你在課堂上勇於表達自己的想法，並且要能夠提出論點支持自己的主張。當時，公開演講對我來說是很吃力的事。我覺得哈佛商學院會給我機會，學習如何更好地表達自己並建立自信。

魯：在哈佛念書，是否使妳變得更有自信？

盧：在某些方面確實是。但在某些方面，它是有點嚇人的。你在某個領域有競爭力，而你所在的地方有很多像你這樣的人。對很多人來說，這真的很有挑戰性，你必須找到一個支援系統。你必須找到一些行政人員和教職員關心你，並且致力做他們需要做的事，使你找到歸屬感。哈佛商學院有為我做到這件事。

魯：哈佛畢業後，妳決定做什麼？

盧：我去了保德信（Prudential），具體而言是保德信資本（Prudential Capital），在私募（private placement）組，像是信用的下一層。

魯：之後妳去了福特基金會工作。妳是怎麼得到那個職位的？

盧：主要是靠運氣。我在商學院有個同學，他媽媽是福特基金會的研究總監、科技分析師和另類投資總監。她身兼多個職位，當時決定逐漸放下科技和保險領域的選股工作。我同學知道福特基金會在面試。他說：「我媽媽做投資，妳也做投資，妳應該去找她談談。」於是我去找她談。她叫貝蒂・費根（Betty Fagan），是我遇到的最好的導師。

我們相處得非常好。她介紹我認識當時的投資長，名為琳達・史壯夫（Linda Strumpf）的女士，以及上市公司

股票部門的負責人，名為哈立戴‧克拉克（Halliday Clark）的先生。我和他們每個人都談得非常好。如果說哈佛商學院沒有教你別的東西，那它確實教會你如何說服別人讓你去做某份工作，即使你可說是沒有資格去做那份工作。結果他們聘用我擔任股票分析師，雖然我沒有股票市場的經驗，也沒有科技方面的經驗。那是在1994年，恰恰是科技股有史以來最強勁走勢的起點。

魯：後來妳去了卡內基基金會？

盧：是的，在2007年。我當時負責私募股權投資，為另一位出色的女性——投資長艾倫‧舒曼（Ellen Shuman）——工作。她的投資理念與福特基金會截然不同。我在福特基金會工作時，他們持有一個傳統的投資組合，主要是上市公司股票和固定收益資產。卡內基基金會則是奉行俗稱「捐贈模式」或「耶魯模式」的投資方式，投資組合裡有很多另類資產。對我來說，這是一個學習機會。而且在那裡，他們鼓勵我們所有人進行跨資產類別的交流。我知道我可以在那裡學習如何成為一名投資長。

魯：妳最終成了投資長。妳是女性，也是有色人種，這是否妨礙妳成為哥倫比亞大學捐贈基金的負責人？還是完全不受影響？

盧：女性和有色人種在這個領域面臨很多挑戰，不容易得到機會，因為這個領域往往非常仰賴關係和人脈網絡。像我這樣的人，在成長過程中不認識任何在這個領域有關係的人，名字就不會有很多人知道，所以就不會那麼容易被發現，要做背景調查也沒那麼容易。

　　幸運的是，我之前所在的機構鼓勵我們走出去、培養自己的專業能力，成為業界的意見領袖。哥倫比亞大學的重要人物因此知道我這個人。但這是不尋常的，很多女性

和有色人種沒有得到這種機會，結果就很困難。

魯：很多人對加密貨幣感到興奮。妳對此有看法嗎？

盧：捐贈基金，尤其是像哥大這樣的捐贈基金，對加密貨幣有看法是很重要的。我們必須開始思考它是否會成為未來可行的貨幣或策略。我們做了適度投資，以便能夠密切關注。

我認為它將產生深遠的影響。有許多不同的途徑。有穩定幣（stablecoin），有NFT，有區塊鏈，有不同的層次。人們用它來做很多不同的事。它顯然將存在很久。它顯然將發揮一定的作用，但目前還不清楚那會是什麼作用。我們略有涉足是很重要的，因為這樣我們才能夠與未來的業界專家建立關係，我們才能夠利用相關專業知識，決定走哪一條路。

目前我們不會大量投資，它有很大的波動性，有很大的風險，而目前承擔這種風險未必可以獲得相應的報酬。但因為我們是長期投資人，我們有能力探索新的道路，而加密貨幣是其中之一。

魯：二十五年來，通貨膨脹率一直很低，每年接近2％或更低，因此沒什麼人擔心因為通貨膨脹，企業的產品或服務的生產成本將遠高於賣得出去的價格。現在因為COVID疫情和供應鏈方面的挑戰，通膨正回到類似1970年代的水準，也就是每年至少6％至7％。妳將如何應對？妳如何選出那些能夠藉由提高價格將成本轉嫁給顧客，因此安全地應對成本上漲的公司來投資？

盧：過去我們用來對抗通膨的許多工具不再像以前那樣發揮作用。以前人們通常認為零售和房地產可以對沖通膨，但這種可能性現在越來越小。同樣地，大宗商品也一直被視為可以對沖通膨，但現在也有困難。長期而言，股票一

直是可以對沖通膨的投資標的。我們將繼續做我們過去所做的事，也就是建立一個多元化的投資組合，其中有許多不同的機會可以對沖通膨。

　　不同類型的通膨，必須以不同的方式對沖。如果通膨率快速上升而不是緩慢上升，那它是暫時的還是長期或持續的通膨？我從來沒有把自己塑造成一個能預測通膨走向的經濟學家。我需要做的是建立一個多元化的投資組合，其中有不同的選項，可以對抗不同類型的通膨，並且密切關注。

魯：美國政府累積了大量債務，約有28兆美元。〔截至2022年6月1日，美國國債為30.4兆美元。〕政府負債在這個財政年度增加了約1.5兆美元。這是否令妳擔心？

盧：長期以來，我一直擔心國債問題，因為這可能影響通貨膨脹和美元的價值，但我並不是非常擔心。不過，眼下我們開始看到產能受限，而這對通膨的影響大得多。這問題越來越令人擔憂。但其他地方和市場信任美國，因為美元受美國政府的承諾支持。我認為我們在世界上仍有一席之地，因為人們對我們有信心。但每天都有其他強國崛起，我們必須意識到這一點。我們必須小心謹慎，國債水準是我們必須觀察和關注的。但如果你能印美元，你就能償還債務。

魯：假設美國總統打電話給妳說：「我可以做什麼來改善美國經濟？」妳是否有建議可以給他？

盧：貧富鴻溝是一大挑戰。如果窮人那麼多而有錢人那麼少，我不認為經濟可以永續發展。我們必須努力確保社會變得比較公平。像哥大這樣的機構致力以公平的方式提供教育，正為這個目標作出貢獻。但經濟需要有購買力的人，我們需要消費者。目前非常富有的人並沒有買下我們

需要賣出的所有商品。這是我們需要努力解決的問題，而這意味著我們需要解決與偏見有關的問題，以及誰得到機會、誰未能得到機會的問題。這是一個巨大的問題，我不認為它是可以輕鬆解決的。但我們現在面臨的問題全都不容易解決。

魯：正如我們之前提到，頗長一段時間以來，哥大之類的大學大量投資於另類資產，但另類投資的報酬率高到不可能持續下去。你們是否開始想：「也許，我們應該縮減另類投資，或對沖另類投資部位」？

盧：我認為，另類投資將繼續是一種可行的投資。另類投資和私募投資將繼續是我們投資組合的重要部分，也是重要的報酬來源。

不過，我確實認為必須慎選投資標的。有些人策略性地利用債務來創造價值。我不認為這有什麼不對。我希望與擅長此道的人一起投資。

魯：近年來，大學捐贈基金的投資表現相當好，部分原因在於另類投資表現出色。現在，如果你想買反映某個股價指數表現的金融商品，你可以輕鬆做到，而你也可以輕鬆購買反映某個債券指數表現的金融商品。但如果有人說：「我想複製哥大的投資組合」，他是沒辦法藉由購買某支指數基金做到這件事的，對吧？

盧：目前是這樣，但有人在嘗試創造這種金融商品。有人試圖將私募市場中創造價值的所有不同部分分開，然後創造某種籃子或結構，讓你可以利用所有這些不同的機會。這很不容易。有人正努力做這件事。我不確定目前是否已經有人確切知道該怎麼做了。

實際上，你不會想被動地投資於私募市場。被動投資通常只能產生平均水準的報酬，而私募股權投資的平均

報酬並不能充分補償你承受的低流動性風險。你只想投資於最優秀的經理人，也就是績效排名在前四分之一的經理人。這要求你積極挑選經理人。你必須確定每個資產類別中最優秀經理人的特徵，接觸這些經理人，然後說服他們接受你投資，因為他們的基金往往超額認購，也就是投資人想給他們的錢超過他們所需要的。

魯：妳把一部分捐贈基金交給妳選擇的外部經理人投資，他們就可以自行決定如何投資妳分配給他們的資金。〔投資決定是外部經理人做的──像金・盧這種主管會檢視經理人的整體表現，但不會事後批評經理人的日常決策。〕妳選擇他們，大概是考慮他們的重點領域和績效紀錄。假設妳決定請經理人A幫忙投資，他們向妳做了精彩的推銷，績效紀錄也非常好，在ESG方面表現出色。他們是哥大的畢業生，但一年後，他們的表現不理想，妳會馬上說再見，還是給他們兩年或三年的時間？

盧：對我來說，關鍵問題總是：績效不佳是可以解釋的嗎？每一種策略都有好時光和壞時光。光是績效不佳，並不代表他們就是不好的經理人。我們為特定策略選擇經理人，因此我們要看他們的表現是否與其策略相稱。他們表現不佳是否出於奇怪的原因？是否存在不可預料的特殊風險？又或者他們確實表現不佳，但隨後漂亮地收復失地。這樣的話，會給他們更多時間。

關鍵是了解績效不佳是什麼造成的，以及這是否會損害他們創造傑出績效的能力。如果不會，那就維持關係。這是我們有優勢的事情之一，因為我們有多元化的投資組合。

魯：今天妳審視投資環境時，什麼使妳最緊張？什麼使妳最樂觀？

盧：使我最樂觀的總是科技，是看到科技正如何解決世上

的許多問題。我真的相信我們將看到氣候問題的解決方案。我真的相信很多醫療問題會有解決方案。生物科技領域有大量的絕佳機會，也有許多傑出人才在解決問題。這使我非常樂觀。

使我最悲觀的是，世界上許多問題的結果不是我們投資人能夠預料的。因為我們無法預料這些全球地緣政治問題的結果，我們嘗試繞過它們投資，並盡力做好對沖。

但這很難預料。有關不同政府之間的關係，我思考了很多。有關債務不斷增加、這對經濟穩定性的影響，以及這種情況的長遠影響，我思考了很多。

投資意味著某程度的可預料性，意味著某程度的信任和分析能力。但很多這些問題是特殊和無法預料的。我們無法控制結果。這使我很擔心。

魯：雞尾酒會現在開始復辦了，妳去這種場合時，是否有人會問妳：「妳覺得我應該怎麼處理我的錢？」是否常有人請教妳的意見？

盧：我會說：「鞋匠的孩子沒有鞋子。」〔鞋匠太忙，沒有時間為自己的孩子做鞋子。〕我是機構投資人，不是散戶投資人。哥倫比亞大學這種機構的風險接受度和投資期限，與個人投資人非常不同，因此我不向人提供股票或市場方面的建議。

魯：妳收過的最好投資建議是什麼？

盧：我收過的最好投資建議是：我們從事的是承擔風險的事業。如果你想獲得報酬，你就必須願意承擔風險，必須願意盡你所能分析和降低風險，並確保投資的報酬潛力與風險相當。但你無法避開風險。

魯：投資人最常犯的錯誤是什麼？

盧：最常見的錯誤是跟著羊群走，做其他人都在做的事，

沒有確保所做的投資適合自己的機構。賺錢的方法非常多，可行的策略非常多，並不是每一項投資都符合你的策略。羊群心態很普遍，那是巨大的錯誤。

魯：假設妳最大的孩子跟妳說：「我因為做了一些有創意的事，賺了10萬美元。妳是投資專家。媽，我該怎麼處理這10萬美元？」

盧：我會建議她去找一個服務散戶投資人的專業人士，並且一定要投資。年輕人必須為自己的未來投資。不同的年輕人適合不同的投資。我女兒想成為一名律師，她應該拿那筆錢支付法學院的學費。這是極好的資本運用。有些人不確定自己想做什麼，他們思考這個問題時，應該把錢放在某個地方。他們應該去找非常擅長為散戶投資的專業人才，委託他們為自己投資，直到他們想清楚自己要用這筆錢做什麼。

魯：是否有某件事是妳認為絕對不應該做的，如果現在做了就是最差的理財方式？

盧：這個問題的答案，取決於當事人是否需要那10萬美元來生活。如果你需要那10萬美元來生活，就不應該投資於加密貨幣，太波動了。如果輸了也不打緊，那麼或許應該投資看看。這取決於風險接受度。

魯：妳是否認為，相對於妳的職業生涯早期，女性如今在投資界有比較重要的角色？妳是否認為情況將進一步改善？

盧：是的。我們越來越清楚地看到，許多不同類型的人對世界的看法與傳統投資人不同。無論是真是假，這很難說，人們認為女性想得比男性長遠，女性傾向視投資為開展長期的夥伴關係，而非只是短線的交易。這是可爭論的。我確實知道的是，你的投資方式取決於你的出身和經歷。女性真的了解一些市場，那可能是傳統投資人不得其

門而入的，而這些市場得到的資金投入很可能不足，因此有賺錢的機會。

　　隨著越來越多人認識到多樣性在各方面都很重要，女性和有色人種將獲得更多機會，而我們將看到更好的表現。我從根本上相信這一點。

魯：哥倫比亞大學最著名的畢業生，除了華倫・巴菲特，就是亞歷山大・漢彌爾頓（Alexander Hamilton）。如果漢彌爾頓打電話問妳哥大捐贈基金表現如何，妳會怎麼說？

盧：我想漢彌爾頓會為哥大取得的成就感到自豪，也會為哥大培養出那麼多優秀的領袖感到自豪。他非常重視為所有類型的人提供機會，他會為這間大學所做的一切和捐贈基金對此的支持興奮不已。

第二部

另類投資

　　第二次世界大戰之後，新型投資的面世和成長永遠改變了投資界。這些新型投資旨在獲得比傳統投資（債券、股票和房地產）高得多的報酬，通常被稱為「另類投資」，因為它們大大有別於傳統類型的投資。

　　此類投資背後的理論，是投資專業人士將積極介入，致力為投資增值。他們並非只是挑選股票或債券，而是還可能參與管理企業、出任董事、協助併購、聯繫業界人士，以及招募管理人才等等。

　　作為對這些「增值」服務的補償，另類投資專業人士將分享投資利潤，通常是20％（非凡的另類投資經理人有時甚至可以分到更高比例的利潤）。

　　最早出現的一種另類投資經理人是在創業投資領域。有人聲稱創業投資起初被稱為「冒險」（adventure）投資，這說法可能是杜撰的，但這種投資面世時，創立和壯大新公司無疑被視為一種真正的冒險。

　　第一個現代創投基金創立於1940年代末，隨後不久出現了另一種另類投資工具——對沖基金。對沖基金起初之所以被稱為「對沖」基金，是因為這種基金容許經理人利用各種手段，包括放空股票，「對沖」投資可能發生的損失。

　　1970年代出現了另一種另類投資基金——收購基金（buyout fund），這種基金利用相當大的槓桿來促進收購企

業的交易（並提高其報酬）。

　　這些類型的另類投資起初被視為風險很大，因此要到1979年，美國勞工部才認定私營退休基金的「審慎」投資標的可以包括這些投資。不久之後，公共退休基金也可以投資於另類投資了。

　　此一裁決加上另類投資工具取得相當誘人的報酬，促成了另類投資領域的迅猛發展。後來也出現了其他另類投資領域，包括成長資本（growth capital）、不良債權（distressed debt）、私募債權（private credit），以及私募股權次級市場（secondaries）等等。

　　如今距離美國勞工部實質上容許另類投資產業壯大已接近半個世紀，而另類投資幾乎已成為主流投資，因為多數投資人認為自己的投資組合必須有相當可觀的一部分是另類投資（5％至35％）。投資於或已決定投資於另類投資的資金，如今超過11兆美元。

對沖基金

賽斯‧卡拉曼 Seth Klarman

包普斯特集團創始人暨執行長

> 「價值投資位於經濟學與心理學的交匯點。我曾開玩笑說,這是計算機與反向思維的結合。」

如果針對世上的頂尖投資人做一次非正式調查,詢問他們最欽佩誰,很可能會有人提到賽斯‧卡拉曼(Seth Klarman)這個刻意低調,因此並非家喻戶曉的投資人。

近四十年來,賽斯一直在不受大眾矚目的情況下,領導總部設在波士頓的價值導向型對沖基金包普斯特(Baupost)。在此期間,該基金的年複合總報酬率超過15%,只有四年投資虧損——在如此漫長的時間裡,這是近乎無與倫比的績效紀錄。

該基金有何祕訣?首先,以任何人的標準衡量,賽斯都是傑出人才。他熱愛閱讀,吸收大量資訊,而這些資訊往往帶給他寶貴的、並非總是顯而易見的投資構想。他也很有耐心,願意等待合適的機會,即使等待期間必須持有

大量現金。而可能最重要的是，他建立了一支超過60人的強大投資團隊，並且委以重任。

雖然套用標準的投資類別並非總是完全合適，但稱賽斯為價值投資人應該是合理的——這種投資人希望以顯著低於基本價值的價格購入資產。賽斯不願意追逐最新的投資潮流或趨勢，願意持有一項投資頗長時間。史上最有名的價值投資人是華倫‧巴菲特，而人們正是經常拿賽斯‧卡拉曼與巴菲特比較。

賽斯1991年出版了闡述其投資方法的著作《安全邊際》（*Margin of Safety*）。這本書已成為投資方面的經典著作，可媲美班傑明‧葛拉漢（Benjamin Graham）的《證券分析》（*Security Analysis*）。賽斯至今尚未更新這本書，而因為它早已絕版，要買一本可不容易。該書在亞馬遜上的售價高達數千美元。

賽斯沒有更新這樣一本廣受歡迎的著作，很可能是因為他對宣傳他的投資方法並不是真的很有興趣。他比較願意公開談論他參與的慈善事業，包括維護民主和兒童健康。

我第一次與賽斯見面，就是因為後一種慈善活動。他為了波士頓兒童醫院的一項活動，要求我接受他訪問。我跟他說，他應該反過來接受我的訪問，因為他的受眾更想聽他受訪。最後，他訪問了我，我也訪問了他。

為訪問做準備時，我意識到我們都是成長於巴爾的摩，住家很可能僅相隔數哩。但我覺得非常可惜的是，我一直沒有遇到他。如果當年就認識他，我的投資知識無疑可以早很多年就大有長進。2021年7月1日，我以虛擬方式訪問了賽斯。

大衛・魯賓斯坦（魯）： 常有人拿你與巴菲特比較，而你和巴菲特很可能是最著名、最成功的兩位價值投資人。到底什麼是價值投資人？成為一名成功的價值投資人需要具備哪些技能？

賽斯・卡拉曼（卡）： 價值投資的基本做法，就是尋找機會以50美分，有時是60美分或70美分的價格，買進價值1美元的東西，也就是買進超值的資產。早在1920年代和1930年代，班傑明・葛拉漢就寫過關於價值投資的文章。基本概念是市場受人類的行為影響，受貪婪和恐懼影響。市場有時升過頭，有時跌過頭，而價值投資人藉由評估企業或其資產的價值，可以找到將能產生豐厚報酬的便宜貨。

關於成為價值投資人需要的條件和技能，我認為首先是必須有耐心和紀律。市場上並非總是有便宜貨。你必須等待機會。此外，智性上的誠實極其重要——你必須釐清自己的真實想法，不斷反思和調整，而如果錯了，就從錯誤中學習。

強烈的好奇心對所有投資人都有益。注意細節、識別形態、對任何特定情況都有很多想法，這些都是必要的技能。

魯： 價值投資作為一種投資方法面世以來，經歷了怎樣的演變？

卡： 過去80年裡，所有投資方式都有所演變。以前的投資界基本上是狂野的西部。一個世紀前真的還沒有專業投資人。

投資分析現在當然是比較精細了。我們都知道，過去五、六十年裡電腦普及應用，並且發揮了重要作用，此外還有人盡皆知的各種發展，包括試算表普及應用，近年的

大數據，人工智慧，以及麥可・波特（Michael Porter）提出的影響企業的「五種力量」。如今人們對企業和顛覆企業的技術力量之認識，遠比以前精細。〔哈佛商學院著名教授麥可・波特創造了一個模型分析總是影響企業表現的五種關鍵力量──產業內的競爭、顧客的議價能力、供應商的議價能力、新業者加入競爭的威脅，以及出現替代品的可能。〕

　　歸根結底，價值投資位於經濟學與心理學的交匯點。我曾開玩笑說，這是計算機與反向思維的結合。雖然一如其他投資方法，價值投資已經發展出較為精細的操作方式，但基本原則一直保持不變，不外乎以許多方法評估資產價值，力求做好下檔保護（downside protection）。

魯：在當前股市高漲、經濟高速成長的情況下，價值投資人是否有很多機會？價值投資人現在是不是像「美泰克師傅」（Maytag repairman），有點孤獨？〔美泰克師傅因為公司的產品非常可靠，沒有東西可以修理。〕

卡：有時我確實覺得自己像美泰克師傅，但現在不是這樣。我想說的第一件事，是價值投資人並不需要整個市場都便宜──明白這一點是很重要的。價值投資人只需要找到價格便宜、市場尚未有效定價的若干投資標的。你可以靠10項很好的投資建立一個投資組合。你不需要整個市場都便宜。

　　不過，以歷史標準衡量，目前市場顯然處於價格高昂的狀態。那些說市場已經不可能再漲的人錯了一次又一次。我不打算就市場應該處於什麼水準發表任何豪言壯語。但我們公司發現的一件事，是價值投資並非僅限於班傑明・葛拉漢集中關注的股票，甚至也並非僅限於股票和債券，而是不時還能在私募投資、房地產、結構型產品之

類的其他市場領域找到。〔結構型產品包括房貸證券化商品之類，有時涉及使用買權或賣權之類的衍生工具。〕眼下在我們關注的多數領域，我們都可以找到不少機會。所以回到你的問題，我的答案是我目前不像美泰克師傅。

魯：買進最新高科技股、加密貨幣、軟體股和電子商務股的誘惑，是否很難抗拒？目前你在哪些領域找到投資價值？

卡：我覺得抗拒這些誘惑並不難。價值投資人有一定的紀律。如果有些東西不合理，你想不通，你就不要碰。我不會被熱門領域或其他人在做的事吸引。我顯然想知道自己是否錯過了什麼，但我在加密貨幣等領域一直找不到機會，我也沒有興趣因為它們在上漲就去追逐。

在許多方面，這正是班傑明・葛拉漢教導的心理學──你不要試圖追逐市場，股票代表企業的部分權益，如果你能估算出一家公司的價值，並以顯著較低的價格買進，那就是價值投資。就機會領域而言，股市有某些部分被忽視了。某些類股受青睞，另一些類股不再受寵；因此，我們確實可以在股市找到一些機會。

你可以想像，過去一年半裡，我們不時找到機會。房地產市場的某些部分面臨挑戰或陷入困境。COVID疫情導致施工延誤，有一段時間沒有人簽新租約，因此對價值投資人來說，房地產現在有很多機會。

同樣地，在私募投資方面，需要資本的情況很多，雖然資本似乎到處都有。個別公司在募資方面遇到困難，無法在需要的時候獲得足夠的資本，這為投資人提供了注資的機會。

魯：你們是否持有大量現金，等待市場崩潰和不良資產投資機會出現？

卡：我們視現金為一種剩餘〔在完成自己能夠找到的所有好投資之後剩下的資金〕。發現好機會時，我們就買進；找不到好機會時，我們就持有現金。我們不會把現金丟去買價值沒有被低估的資產。因此，我們的現金是一種剩餘，而我們不時會持有規模可觀的現金。眼下我們的手頭現金以歷史標準衡量處於低位，而考慮到現在市場處於高位，這是反直覺的。但只要我們找到很好的機會，我們就會投資。我們是由下而上的投資人，不是由上而下的投資人，這意味著我們是逐支股票、逐檔證券、逐項投資去研究，而不是針對市場應該處於什麼水準形成一種總體觀點。

魯：你在1991年出版了《安全邊際》這本書。對你來說，「安全邊際」意味著什麼？

卡：這本書的書名，是我公然從班傑明‧葛拉漢的著作《智慧型股票投資人》（*The Intelligent Investor*）偷來的，它是該書其中一章的標題。用葛拉漢的話說，安全邊際是指你為自己留下犯錯或遇到壞運氣的餘地。它意味著你特別重視做好下檔保護，以低於資產價值的價格買進，而只要你買得夠便宜，即使出了一些差錯，你仍有機會取回本金，或甚至賺到錢。

隨著時間推移，隨著投資組合的規模擴大，安全邊際的概念變得至關重要。投資人必須面對的問題之一是：投資遇到困難時要怎麼做？如果他們在沒有安全邊際的情況下買入，然後遇到困難，此時就可能動彈不得。留有安全邊際，而且願意不時保留一些彈藥，對投資人在市場動盪時保持良好的心理狀態很有幫助。

魯：你有興趣為你那本書寫一個更新版嗎？自1991年以來，你學到了什麼？

卡：我有想過寫一個更新版，或一本配套著作。但我還沒辦法去做，因為我的日常工作和其他活動太忙了，但日後也許會有機會。

　　自1991年以來，我學到了很多東西。當時是我職業生涯的第十個年頭，現在我做這一行已經快四十年了，所以我應該是學了很多東西才對。如果要更新這本書，我會增加什麼內容？價值投資的最初構想是圍繞著公開交易的金融市場，圍繞著股票和某些債券，而我認為它著眼的範圍應該擴大，因為正如我稍早提到，我們在私募投資、私募股權、房地產、私募結構型債權等領域都找到機會。這些領域的投資如今已成為我們的投資基金的重要組成部分。這些都是我學會欣賞的東西，是我們可以找到機會和占得優勢的領域。我們可以在這些領域建立重要的人脈網絡，鍛鍊出真正的能力，積累真正的經驗，使我們能夠在這些領域明智和成功地投資。

　　我還想寫一下團隊的重要性。你的團隊裡有什麼人？你如何激勵他們？文化對每一個組織都至關重要。投資流程很重要，流程的一致性也很重要。丹尼爾‧康納曼（Daniel Kahneman）在他的新書〔《雜訊：人類判斷的缺陷》（*Noise: A Flaw in Human Judgment*），與奧利維‧席波尼（Olivier Sibony）和凱斯‧桑思坦（Cass R. Sunstein）合著〕中討論雜訊（noise），而在某些意義上，雜訊就是流程不一致。〔在這裡的分析中，雜訊是指由人類的偏見、團體動態或情緒性思考等因素造成的不一致（因此有缺陷）的決策方式。〕非常重要的是，作為投資人和公司的領導者，我們無論是在週二或週四、一月或七月，無論我們的基金是上漲還是下跌、無論市場是上漲還是下跌，都是以同樣的方式做決定。應用投資原則時，流程至關

重要。

魯：如果要你總結一下，你希望讀者從這次訪問中認識到的主要投資原則是什麼？

卡：有兩個真正重要的原則，一是採用長期的方法，二是爭取盡可能靈活的授權。靈活的投資授權基本上意味著你不會只關注一種標的。你不會被狹隘地限制在某個領域，而是可以跨市場、跨地域、跨資產類別去尋找機會，因為你永遠不知道會有什麼資產被錯誤定價，所以你看得越廣，越有可能發現真正的錯誤定價。

但你也必須保持深入挖掘的能力，確保你知道發生了什麼事，不要成為巴菲特所講的「桌上的凱子」。除此之外，避險意識、安全邊際概念，以及嚴謹的買賣方法也至關重要。很多人會忘記賣出，而當證券或資產的價格已充分反映其價值時，賣掉並尋找新機會是很重要的。此外，獨立思考也很重要，有時要懂得反向思考。

魯：你如何尋找符合你標準的投資標的？做研究、與朋友交談、由同事提出想法、看彭博終端機，抑或就只是思考？〔彭博終端機是一種桌上型電腦，是專業投資人——尤其是交易員——獲取最新金融資訊和市場資料最愛用的工具。〕

卡：我的同事和我四處尋找潛在的機會。我們做大量的盡職調查。我們討論和辯論投資構想的吸引力、缺點和優點。投資工作有一部分是儲備很多有趣的想法，它們可能付諸實行，成為投資組合裡的資產。這意味著你必須跨市場準備很多可能執行的投資計畫，而且除了考慮某些資產是否便宜，還要思考它們為什麼會便宜。

魯：作為價值投資人，你是一直希望資產價格上漲，還是也會做空你認為太昂貴的資產？

卡：我們其實不怎麼做空。人們很容易認為做空總是一種降低風險的操作，認為做空不過是做多的反向操作，其實不然。如果你做多，你可能承受的最大損失是你投入的資金。如果你做空，你可能承受的損失是無限的，而這也是我們真的不喜歡做空的原因。但即使我們不做空，我們也並非總是希望市場上漲。我們知道，如果你做了一項投資之後，它的價格下跌，那麼只要你有做好功課，這個資產就是變得更超值了。如果我們持有的資產價格下跌，我們會一再檢視我們所做的研究，而且如果有機會，我們會增持。這是把檸檬變成檸檬水的一種方法。

魯：你是如何應對COVID疫情的？它是否損害了你的投資組合，還是它給了你低價買進很多東西的機會？

卡：關於COVID，首先要說的是，這真是世界的一大悲劇。很多人失去了生命，失去了健康，失去了工作，現正還在受苦。

COVID是投資人必須做好應對準備的那種非常規潛在狀況。它是一個好例子，說明了投資人必須為各種潛在狀況做好準備的道理。你不可以輕率地利用槓桿投資，也不應該持有投機性極強的投資。

COVID就像按下了一個開關，一些歷來生意興旺的公司受到打擊。體育場館突然不能投入使用，因為運動比賽停止了。因此，一些本來很好的企業突然沒有了現金流，甚至出現了負現金流。另一方面，一些過去不被看好的企業，例如超市經營者，因為人們居家抗疫，避免去餐館和外出，突然間生意好得驚人。

COVID改變了投資心理。它考驗了過度投入或過度冒險的投資人的極限。2020年3月的COVID暴跌僅持續了幾個星期，但確實造成了巨大的混亂。我們公司一直關注各

資產類別的情況，很快就在不良債權、房貸證券和股票市場找到了一些值得把握的機會。但真正的買入機會非常有限。市場下挫，但基本面也變差了。經濟陷入了近一個世紀以來最嚴重的衰退，而價格下跌的資產並非全都堪稱便宜。但藉由篩選一系列的機會，我們發現了一些值得投資的好標的。

魯：我們提到了《安全邊際》，你也提到了班傑明·葛拉漢的名著。在此之外，你還推薦價值投資人看哪些書？

卡：我會推薦很多書，但它們並非都是擺明講投資的書。我很愛葛拉漢那本較為易讀的《智慧型股票投資人》。我鼓勵大家看丹尼爾·康納曼的書。《快思慢想》（*Thinking, Fast and Slow*）講我們大腦的兩個部分以及大腦如何運作，我覺得這是人人都應該有興趣的。我們如何做決定？我們有哪些行為偏誤？康納曼的新書《雜訊：人類判斷的缺陷》也是關於決策過程的。

　　我推薦麥可·路易士（Michael Lewis）的所有著作。《魔球》（*Moneyball*）實際上是一本講價值投資的書。它探討如何在運動員、棒球運動員身上找到價值，但那些原則也適用於許多其他領域。路易士經常寫那些能夠貢獻巨大價值的反向思考者或發散式（divergent）思考者。我也推薦羅傑·羅溫斯坦（Roger Lowenstein）的所有著作，他寫了一本非常好的巴菲特傳記。我一直很喜歡詹姆士·葛蘭特（James Grant）的反向思考，他寫了《金錢心理》（*Money of the Mind*）這本關於信貸的書。這本書非常重要，幾乎是對信貸心理面的揭露。所有投資人都應該了解這種思路。

魯：如果有人想成為價值投資人，但不能跟隨你或你的基金投資，你會建議他們怎麼做？去找從事價值投資的其他

機構，還是自己學習相關技能？

卡：小人物如果白天有工作，要成為全職的價值投資人會很困難。如果他們真的對此充滿熱情，確實有可能自己學會價值投資的原則。我有一個朋友，他做了一些研究，得出了一些非常有意思的想法。但總的來說，多數人會傾向找一支價值型共同基金，或找其他的專業投資人為他們投資。

魯：除了巴菲特，你有欽佩哪些投資人嗎？

卡：巴菲特和查理・蒙格〔（Charlie Munger），波克夏海瑟威公司副董事長〕教了整個投資界很多東西。我的前同事大衛・艾布拉姆斯（David Abrams）堪稱楷模。他是優秀的思考者，也是優秀的寫作者。他在波士頓經營一支對沖基金，已經做了幾十年，成就斐然，下檔保護做得非常好。

魯：你是否有在哪裡教授價值投資？

卡：有。我經常去哈佛商學院、哥倫比亞商學院、耶魯大學本科部，以及賓州大學等學校的課堂上當演講嘉賓。我喜歡跟孩子們講話，跟年輕人講話。這使我保持活力，而且我覺得這是我回饋這個領域的一個重要部分。

魯：你對政治的興趣從何而來？你希望藉由你的政治捐贈產生什麼影響？

卡：我檢視我們政府的狀況時，感到非常震驚。我們值得有好政府，而我們也需要證明民主政府是為人民服務的。但在我看來，近年我們無法指望這一點。

我一直渴望有一天，我們可以對誰在選舉中勝出很漠然，因為候選人都很優秀。但很多時候，我們看到的卻是相反的情況。我對善治（good governance）很有興趣。我對確保民主很有興趣，我支持那些支持民主原則、將國家

利益置於黨派和個人利益之上的人。但這種人比我們希望看到的少得多。

魯：在投資工作之外，你都做些什麼？

卡：我大量閱讀。我的閱讀興趣很多樣，傳記、歷史、政治、社會學都愛看。我對我周遭的世界很有興趣，非常好奇。我也看小說。相對於非虛構作品，小說有時可以使人學到更多東西。我熱愛戲劇。我熱愛觀看運動比賽，而且積極參與我的家族基金會。

魯：慈善事業對你有多重要？你參與哪些領域？

卡：我的慈善參與對我非常有意義。如果你問我最自豪什麼，我會說我對我參與建立的包普斯特公司，以及我們長期以來為客戶創造的投資績效很自豪。但我更自豪的是，我和我妻子藉由我們家族基金會的捐贈，積極回饋社會。我們幫助波士頓地區和麻省其他地方最需要幫助的人，也不時幫助世上其他地方的人。我們專注於醫學和科學研究，可能是美國飲食失調研究最大的資助者之一。

最重要的一個領域應該是支持和改善美國的民主，這是我們的家族基金會關注的一個主要領域。我們希望保護民主，確保我的子孫後代也能像你我一樣生活在民主的美國。

魯：你和我都來自巴爾的摩，但你人生的大部分時間住在波士頓。你現在還支持巴爾的摩金鶯隊，還是已經轉為支持波士頓紅襪隊？

卡：1980年代初，我決定留在波士頓時，意識到自己必須選擇支持哪一隊。他們每年要對賽18次。我被波士頓持續失敗的不幸吸引——自1918年起，波士頓有超過八十年沒有贏得世界大賽冠軍。我想這是促使我轉為支持紅襪隊

的原因。而且我意識到，未來我看波士頓比賽的次數，將會比看巴爾的摩比賽多得多。但我心裡還是很喜歡巴爾的摩，因此如果紅襪隊沒有比賽，我會支持金鶯隊。

對沖基金

瑞‧達利歐 Ray Dalio
橋水基金創始人、
共同投資長暨董事會成員

> 「你必須是個獨立思考者，因為你無法在市場裡藉由押注於市場共識賺錢，因為市場共識已經反映在價格上。」

第一支對沖基金（hedge fund）——當時實際上被稱為「hedged fund」——是艾弗烈‧瓊斯（Alfred W. Jones）1949年創立的。瓊斯利用一些投資技術（例如放空股票）來對沖他的投資，以便在股市下跌導致他一些做多的投資價值受損時，他的整體投資報酬可以得到保護。

從那時起，金融業者創立了無數基金來對沖市場跌勢。他們使用各種交易技術來控制下跌風險。

此類基金的吸引力在於較好的下檔保護。傳統的共同基金或做多的投資基金受限於法規，無法自由使用各種下檔保護技術，因此比較容易在市場修正或下跌時受挫。

對沖基金通常投資於高流動性或容易買賣的資產和證券，法規並不要求它們為投資做對沖，而事實上，許多對沖基金並不為它們的投資做傳統意義上的對沖。因此，在

許多情況下，「對沖基金」一詞很可能是一種誤稱。

瓊斯當年的對沖基金還有一個新奇之處。他收取投資利潤的20％作為他的服務費——收費遠高於傳統的共同基金或只做多的基金。

跟隨瓊斯投身對沖基金業的人繼續收取相若（或甚至更高）的費用，這種收費顯然吸引了許多非常聰明和積極的投資專業人士。整體而言，他們不時取得令人欽佩的投資報酬（市場困難時期會有明顯的例外情況）。不過，巴菲特曾與人打賭，在一段10年的時間裡，費用和波動性較低的股市指數基金將打敗對手挑選的一組對沖基金，而結果是巴菲特贏了。

那麼，投資人為什麼要投資對沖基金呢？

雖然有巴菲特的提醒，不少投資人認為他們可以選擇非常優秀的對沖基金來投入資金，而拜這種心態所賜，對沖基金業在過去數十年的大部分時間裡獲得充裕的資本支持。許多領先的對沖基金確實取得不錯的長期績效，它們的經理人也變得相當富有。如果一支對沖基金管理400億美元的資產，一年取得20％的報酬（80億美元的投資利潤），那麼管理該基金的專業人士這一年將可以分到16億美元（投資利潤的20％）。因此，對沖基金的高級專業人士（尤其是創始人）可能享有高得驚人的當期收入，即使以投資界的非凡標準衡量仍是這樣。

無可否認，任何時候都有成千上萬支對沖基金在主要市場運作，而當中許多基金不是很成功，往往僅存在一段時間。創立一支對沖基金並不難，但創始人通常在其他對沖基金或投資銀行累積了一定的交易經驗。當然，也有一些對沖基金曾經表現傑出好幾年（甚至是十年或更久），但一兩年的差勁表現通常就足以促使投資人大量撤資，實

際上扼殺了基金（雖然這可能需要一些時間——幾個月或甚至幾年）。除了一些明顯的例外，對沖基金的領導者普遍發現，要年復一年、無論市場漲跌都取得穩定的績效，是非常困難的。

正因如此，橋水基金（Bridgewater Associates）的成就顯得更不同凡響：它已經運作了逾47年（成立於1975年）；自成立以來創造的淨收益超過任何其他對沖基金；目前管理著逾1,500億美元的資產，是全球最大的對沖基金。

橋水屹立近半個世紀，規模擴展至全球最大，做到了其他對沖基金全都無法做到的事。它為何能有如此成就？

簡單的答案是它有瑞・達利歐（Ray Dalio）。他是橋水的創始人，而且是該公司創立以來大部分時間裡的執行長暨投資長。近年來，在多數其他創始人已不再專注於金融市場之際，瑞仍是橋水的共同投資長、董事會成員，以及公司背後的指導者。

在瑞的職業生涯早期，這種結果應該是沒有人預料得到的：當年他是大宗商品交易員；他曾因為一拳打在老闆臉上而被解雇；他曾因為做了一些不好的交易而損失（當時並不多的）個人所有財產（他因此被迫向他父親借錢，以維持他成立不久的家庭的生計）。

但瑞堅持奮鬥。他從錯誤中吸取教訓。他開始為自己的投資活動和生活制定一套原則。他將這些明確和嚴格的原則應用在橋水所做的一切上。雖然這可能意味著瑞和所有橋水員工必須積極地自我反省和分析，但這些原則顯然是有效的。結果在很多年的時間裡，橋水的投資報酬不但穩定，還顯著高於許多同業。

但瑞並不因此就滿足。他並非只想為他的基金取得領先業界的報酬。他還很想向人解釋使他成功的原則，因此

在2017年出版了《原則：生活和工作》（*Principles: Life and Work*），成為排名第一的《紐約時報》暢銷書。此外，近年來他還熱衷向大眾說明他關注的各種財政和經濟問題，例如政府過度負債和利率被人為地壓低，而他是藉由發表文章和公開露面做這些事。2021年，他出版了另一本暢銷書《變化中的世界秩序》（*Principles for Dealing with the Changing World Order*），闡述他對歷史社會週期的觀察，並針對未來如何駕馭這種週期提出建議。

　　作為一名投資人、作家和公眾教育者，瑞·達利歐顯然堪稱擁有「美好的頭腦」——善於分析、合乎邏輯、深思熟慮、有理有據。我因為參與「捐贈誓言」（Giving Pledge）*而第一次見到瑞時，就看到了他所有的這些特質。後來我在各種場合訪問瑞時，也一再看到了這些特質。

　　一如其他非常成功的投資人，瑞也非常熱衷於慈善事業，致力為與環境、健康和教育有關的專案貢獻他的資源和時間。在這種活動中，他總是發揮他可觀的才智和熱情。「文藝復興人」一詞用在現代社會某些人身上有濫用之虞，但用來形容瑞·達利歐就很合適。2021年7月7日，我以虛擬方式訪問了他。

大衛·魯賓斯坦（魯）： 你建立了世界上最大的對沖基金，現在仍深入參與其投資決策。你在長島長大，小時候是否渴望成為一名投資人？

瑞·達利歐（達）： 不算是吧，至少沒有比渴望打電玩的人更渴望。我小時候當桿弟，那些請我當桿弟的人熱衷投

------

*「捐贈誓言」由巴菲特、梅琳達·蓋茲（Melinda French Gates）和比爾·蓋茲（Bill Gates）於2010年發起，參與的富豪或富有家族承諾在有生之年或逝世後，將至少一半的淨資產捐給慈善事業。

資。我拿我當桿弟賺到的錢去投資股票，每次50美元。我買的第一支股票是我聽說過的唯一一家每股不到5美元的公司。當時我想，我可以買更多股，所以如果股價上漲，我將能賺更多錢。真是很蠢的想法。那家公司當時瀕臨破產。

但幸運的是，該公司被收購了，股價因此漲了兩倍──我迷上了這遊戲。我沒有把它當成職業。我只是把它當成一個有趣的賺錢遊戲，而只要我做得對，我會賺很多錢。當時我甚至沒想過可能會賠錢。我太天真了。這是我後來才知道的。

魯：你的投資觀點在世界各地廣受關注。你的著作《原則：生活和工作》是全球暢銷書。這樣一本嚴肅、反思性的書能夠賣出數百萬冊，在中國等國家也暢銷，是否使你感到驚訝？

達：我感到驚喜。

魯：你在財務上已經非常成功，大可輕鬆地把橋水的投資大權交給其他人。你沒有離開這個圈子，繼續經常為你的對沖基金做投資決策，是不是因為你無法捨棄投資的樂趣？

達：是的。我熱愛這個遊戲，它要求我釐清世界上正發生什麼事，將會發生什麼事，並且據此押注。我也很喜歡指導那些接過我的領導責任的人。

魯：你目前正藉由你的慈善工作積極捐出金錢，你如何比較投資的樂趣與捐贈的樂趣？

達：雖然兩者很不一樣，但我都喜歡。我的慈善工作表現比較難評斷，因為我不會得到明確的回饋。在投資方面，我可以客觀地測量我的表現，精確到小數點後三位數──我比較喜歡這樣，因為這可以幫助我學習和進步。不過，我發現慈善事業與幫助人類和保護環境的關聯直接得多。雖然我理性上知道，我做投資時，是在幫助許多人過上更

好的生活，包括那些沒有很多錢的人，例如那些受惠於公共退休基金的人，但投資活動與其社會效益的關聯相對模糊得多。慈善事業對人的幫助切身得多。但我喜歡兩者都做。我實際上是在經營兩家公司，它們截然不同，但都使我感到滿足。

魯：投資方法有很多種，包括總體（macro）、價值（value）、不良資產（distressed）、做多（long）、做空（short）等等。你認為你的主要投資方法是什麼？是什麼方法使你的基金成為世界上最大的對沖基金？

達：我是全球總體型（global macro）投資人。這意味著我著眼於整個世界及其相互關聯，致力釐清它如何運作，然後押注將會發生什麼，然後我會得到明確的回饋。我喜歡這樣。它使我對事物運作的看法和對世界的展望保持踏實。我們參與世界上流動性不錯的所有市場，包括股票、債券、貨幣和大宗商品市場，以及流動性不錯的所有國家。如果聯邦準備理事會或其他央行採取行動，我們會關注成長率和生產力。我們會關注政治或國際關係將如何影響市場。這些都是我思考和押注的問題。

魯：你在長島讀高中，而你自己也承認，你不是班上成績最好的學生，對嗎？

達：何止不是成績最好，當年我是那種C+學生。我不喜歡高中。我勉強進了大學。但我喜歡大學，因為我可以自己選課，學我有興趣的東西。

魯：你上大學時也一邊工作。後來你進了哈佛商學院〔念MBA〕。你對被錄取感到驚訝嗎？為什麼申請哈佛？

達：我讀大學時成績非常好。我並不認為自己進哈佛商學院是理所當然的事，但我也並不驚訝。我很興奮，因為那裡的人來自世界各地，有來自許多不同國家的學生，都是

最聰明的學生。能夠置身這種環境真是太好了，那是我以前不曾經歷過的。

我在哈佛的第一天就很興奮，然後一直興奮到畢業。我喜歡他們教授案例研究的方式。那種方法不是你坐在那裡，記住別人告訴你的東西，然後在考試時複述出來。它要求我們真正思考，把我們丟進真實的案例中，然後辯論「你會如何處理這個問題？」。那是一種很好的教育，使人眼界大開。

魯：你畢業後為什麼沒有加入一家大型投資公司？

達：我小時候曾在不同的市場做交易。進了大學之後，我決定做大宗商品交易，因為保證金要求很低〔這是指相對於購買的商品的價值，交易者只需要投入很少本金，差額由經紀商借給交易者〕。

你利用經紀商提供的大量槓桿，如果能以合適的價格買對商品，就有可能賺很多。於是我開始從事大宗商品交易。那是我的遊戲。在此之前，我做股票交易。

我1973年畢業。1972年夏天，我去找美林證券的大宗商品總監。我是哈佛商學院歷來第一個這麼做的人，因為大宗商品當年不是一個有趣的領域，但我有相關背景。他給了我一份工作，我覺得很棒。然後到我畢業時，大宗商品變成了熱門領域。當時發生了嚴重的石油危機，是第一次石油危機，大宗商品很熱門，股票則不是。

多明尼克公司（Dominick & Dominick）給了我大宗商品總監的職位，這家經紀商後來出現了一些財務問題。我可說是一頭栽進了當時世界上最熱門的市場，因為世界經歷了石油危機、大宗商品危機。股票都在下跌。我抓住了這個機會。我之後的工作，是在另一家經紀商擔任機構大宗商品總監。那份工作沒做很久，因為我和老闆發生了爭

223

對沖基金　瑞・達利歐

Ray Dalio

執，然後在 1975 年，我創立了橋水。

魯：當時你如何為橋水取得資本？

達：我沒有為它取得資本。我甚至沒有把它當成一家公司。我只是為付費的機構投資人提供建議，此外是自己做交易。當時我和商學院的一個同學合住一間兩房的公寓。他搬走之後，另一個房間就成了我的辦公室。我找了幾個人幫忙，有一個是和我一起打橄欖球的，還有一個助手。公司沒有資本投入。只有我在做這些事，然後向客戶收費。

魯：你何時創立橋水？原因何在？

達：1975 年。我不是典型的好員工。我有點叛逆。我是我行我素的人，和我老闆吵了一架；他是個好人，但我們還是吵了一架。1975 年除夕夜，我們都喝得有點醉了，我打了他一拳。不為別人工作，做自己的事，是比較適合我的。

魯：你寫了一本書闡述那些指導你的投資生涯和生活的原則。是什麼原則使你能夠把橋水發展成世界上最大的對沖基金？

達：幫助我壯大橋水的最重要原則，是「痛苦加反省等於進步」。我因為慘痛的教訓，認識到痛苦乃是良師。這個教訓發生在 1982 年，當時我犯了一個慘痛的大錯誤，使我付出巨大的代價，也因此學到了很多東西。我在 1975 年創立橋水。1979 年，保羅・沃爾克（Paul Volcker）成為聯準會主席。1980 年，我們面對嚴重的通貨膨脹。我們執行「立即打擊通膨」（Whip Inflation Now）的政策，貨幣政策變得非常緊縮。我估算過，美國和銀行業借給外國的錢，遠遠超出這些國家的償債能力，我因此認為我們將面臨巨大的債務危機。

這在當時是個有爭議的觀點。它引起廣泛關注，而事實證明它是正確的。墨西哥 1982 年 8 月違約，許多其他國

家也相繼違約,而我當時認為,因為這場債務危機,世界經濟將陷入像大蕭條那樣的困境。

結果我錯得離譜。1982年8月18日正是股市的谷底,因為聯準會大幅放寬政策,利率驟降,一切都上漲。

這個錯誤使我損失慘重。我被迫裁掉公司裡所有員工。我身無分文,不得不向我爸借了4,000美元來付家裡的帳單。我之所以說那是發生在我身上最好的事情之一,是因為它使我害怕犯錯,而我需要這種恐懼來平衡我的膽識。我想要賺大錢,但又無法承受嚴重的虧損,這促使我深入思考該怎麼做。

當時,我覺得自己身處危險叢林的安全地帶,而我可以做一個選擇。我可以留在安全地帶,過著一種安全但平庸的生活,也可以嘗試穿過危險的叢林,而如果能到達另一邊,就能過非常精彩的生活。我不想只過安全但平庸的生活,所以我必須想辦法安全地穿越叢林。

那個痛苦的錯誤改變了我的整個決策方式。我學到了最重要的兩件事:一是要找到和我意見相左但非常聰明的人,以便我為自己的想法做壓力測試;二是要學會好好分散投資,以便我可以維持高報酬,同時降低風險。

許多人沒有意識到的是,分散投資與降低報酬毫無關係。如果你有一些同樣好的標的,然後你分散投資,你那些投資的平均報酬是一樣的,但你的風險可以降低很多。這道理並非僅適用於投資,人生也是這樣。想想看。這對我經營橋水和對待生活的方式都有很大的影響。

我意識到,要達成我的目標,我需要一些和我目標相同的人作伴;他們可以看到我看不到的東西,我可以看到他們看不到的東西,我們因此可以互相幫忙。在穿越叢林的過程中,我們將互相照顧。這就是我的方法。這過程使

我非常滿足，而我因為樂在其中，到現在仍不想離開那個充滿風險的叢林，去成功的國度過舒服的日子。那個非常痛苦的錯誤使我明白，懂得好好處理未知，比我所知的一切更重要。它還使我能以理念擇優（idea-meritocratic）的方式從事有意義的工作和維持有意義的關係，並且體會到這是多麼美好。從那時起到現在，我們既可以賺很多，又能夠控制好虧損風險，還能做有意義的工作和維持有意義的關係。

這一切都有賴我積極反省自己的慘痛錯誤。最重要的是，它改變了我對慘痛錯誤的看法。我學會了將自己的慘痛錯誤當成一種謎題，如果我能設法解開，就會得到寶石。這些寶石就是我將來可以用來更好地處理類似情況的原則。每一次遇到這種情況，我都會把相關原則寫下來，這有助我更深入地思考它們，將它們傳達給其他人，並在將來參考它們。我還學會了將它們轉化為電腦化的決策規則，以便我對它們做回溯測試，並利用它們做投資決定。

魯：對沖基金經理人通常做個幾年，可能五年就會放棄。他們根本不可能長期保持穩定的績效。你已經創造穩定的績效超過40年，建立了對沖基金界有史以來最大的基金。你認為你能做到這一點的核心原因是什麼？是始終如一地遵循自己的原則？雇用傑出人才？到底是什麼使你能夠建立最大的對沖基金？

達：首先是學會如何賺大錢並且控制好虧損風險，這一點我剛才解釋過了。第二是將我寫下來的原則轉化為演算法決策規則，以便我對它們做回溯測試，看看它們應用在過去表現如何。這些決策規則產生我稱為「報酬流」（return streams）的績效紀錄。然後我將這些準則編入電腦程式，將它們的報酬流組合成一個精心設計的押注組合，使其相

互平衡。寫下我的原則並將它們轉化為演算法的過程，使我得以測試和調整我的準則，看看它們在不同國家的不同時段表現如何。以這種方式將它們組合起來，對我和橋水都非常有用。

第三，公司的文化至關緊要。組織文化鼓勵員工提出經認真思考的異見，而且採用擇優的決策方式，總是選擇最好的構想，對公司有重大意義。在這種文化中，我們會質疑彼此的想法，並以高標準彼此要求。

魯： 如果有人問：「你認為成為優秀的投資人需要什麼？」你會說是努力、遠見、才華、運氣，還是一個好團隊？

達： 我認為是高素質的獨立思考、謙遜、與他人合作的能力，以及韌性。你必須是個獨立思考者，因為你無法在市場裡藉由押注於市場共識賺錢，因為市場共識已經反映在價格上。你必須有謙遜的態度，這樣才可以對犯錯懷有一種健康的恐懼，而這種恐懼會促使你去做一些事提高你做對的可能。你必須能夠與其他人好好合作，因為他們會帶給你一些你欠缺的東西，並且對你做壓力測試。你也必須有韌性，因為你會遇到損失，有時會很痛，但如果你能把損失限制在可接受的程度內，那就沒問題。

魯： 作為投資人，最大的樂趣是什麼？

達： 世上有不同類型的投資人，他們從投資中得到不同的樂趣，所以我不能籠統地回答投資的最大樂趣是什麼。但我可以告訴你，作為一名全球總體型投資人，我最大的樂趣是什麼。那就是與同道夥伴一起探索世界的運作方式，並且根據我們的發現成功下注。

魯： 回顧你的投資生涯，有什麼遺憾嗎？你最自豪的是什麼？

達： 我所有的遺憾，我都沒有希望它們不曾發生。雖然我

犯過很多慘痛的錯誤，但我並不希望自己沒犯那些錯。1982年我實際上破產了，我覺得遺憾嗎？沒有，因為它給了我一份痛苦的禮物，改變了我的觀點。我喜歡學習的過程，那就是慘痛的錯誤促使我反省，結果使我進步。所以我實際上沒有任何遺憾。能有這樣的人生，我很感激，包括那些痛苦的錯誤。

魯：你最引以為豪的是什麼？是建立世界上最大的對沖基金嗎？

達：我一生中最想做的兩件事，也是最引以為豪的兩件事，就是擁有和給予他人有意義的工作和有意義的關係。我認為這很重要，而我認為我在我的公司、慈善事業和家庭都有做好這件事。

此外，我還希望我個人能有好的演化，並為演化作出貢獻。在我看來，一切都是為了演化和為演化作出貢獻。一個人生下來就帶著自己的DNA，身處某種環境，與現實互動，成長，獲得知識和物質財富，並在死前或去世時將自己的東西傳給他人。我覺得我在這方面做得相當好。

魯：在投資界之內或之外，是否有一些新世界是你此時此刻想要征服的？

達：我對太多領域很有興趣，所以面臨難以兼顧廣度和深度的問題。目前世界在許多方面正經歷革命性的變化，嘗試了解這一切本身就很令人興奮。無論是在我的投資還是慈善事業中，我都對此很有興趣。我特別想做的是在海洋探索方面作出重要貢獻，以及幫助處境最困難的人獲得更多平等機會。此外我對自己能與家人，尤其是我的孫子們共度美好時光特別興奮。

魯：你是超覺靜坐（Transcendental Meditation）的奉行者。它有什麼好處？是否有助你成為更好的投資人？

達：無論我有什麼成就，對我幫助最大的都是超覺靜坐，因為它使我能夠平靜地清晰思考，以及在思考時發揮想像力。它也使我比較健康，因為它減輕了我的壓力。我從1969年開始練習超覺靜坐，所以已經做了很長時間。我是受披頭四啟發，他們曾去印度體驗超覺靜坐。

我來解釋一下它的原理。超覺靜坐使用「特音」（mantra），它像一個詞語，但本身沒有任何意思。你在你的腦裡重複默念特音，你就不會有其他念頭，你的雜念就消失了。然後特音也消失，你就進入了潛意識狀態。這就是平靜和豐富創造力的來源。超覺靜坐帶你進入這種狀態。這是一種使人放鬆而不是緊張的生理鍛鍊。它與宗教無關。你不靜坐的時候，它也對你有作用。因為練習超覺靜坐，我面臨各種挑戰時可以平靜得多，也可以發揮更多創造力去處理問題。

魯：你比一些頂尖投資人更願意談論和撰文闡述你的觀點和原則。你是否認為你在投資界的地位也肩負一定的教育或指導責任？

達：沒錯。我認為，你、我以及處於我們這個人生階段的另一些人，都應該將我們學到的寶貴的東西傳授出去。在我看來，只做事，然後不將自己學到的可能對他人有價值的東西傳授出去就退休，是不對的。我們應該將我們學到的東西公開，以便人們隨意取用。

魯：近年來，你一直堅信中國極有投資價值。是什麼引起你的這個興趣？你是否擔心中國經濟過熱或政府施加太多限制？中國經濟還有什麼使你擔心的嗎？

達：我從1984年開始去中國。1978年鄧小平上臺，他們制定了改革開放的政策。我是被中信（CITIC）邀請去的，當時它是中國唯一的窗口公司，也就是唯一獲准與外面世

界往來的公司。他們邀請我去教他們認識世界金融市場。我對牆後的世界非常好奇，去了之後發現我很喜歡那裡的人。我去那裡很多次，完全不是為了賺錢，因為那時候中國沒有錢。

從那時起，我一直與中國有奇妙、密切的接觸。三十七年來，我得以近距離觀察有史以來最偉大的經濟奇蹟，並為此貢獻我的微薄力量。在這段時間裡，逾十億人的人均所得增加了26倍，貧困率（以饑餓人口衡量）從88％降至不到1％，預期壽命延長了10年。我與中國的密切接觸使我得以了解該國取得的成就，並且對此深感欽佩。

我在自己的人生中也實現了美國夢。我因此感激美國，也熱愛美國。令我沮喪和難過的是，美中兩國之間沒有相互理解，不但沒有建立雙贏的關係，還越來越傾向確立一種雙輸的關係，而那可能是災難性的。我盡自己的能力幫忙促進相互理解，但這並不容易。

魯：你審視美國經濟時，是否擔心人為的低利率以及過去十年、二十年、三十年間聯邦債務的增長？

達：是的。我就像一個技工，所以我想解釋一下我的擔憂背後的技術原理。一項商品的價格等於人們花在它上面的總金額除以總銷售量。我關注債務和貨幣如何產生，以及相對於商品和服務的銷售量，它們如何流過整個系統。我知道一個人的債務是另一個人的資產，而系統裡有大量債務和金融資產未結清時，要平衡通貨膨脹與經濟成長會更加困難。我也關注債務和貨幣的規模和成長速度。美國經濟和聯準會的運作方式，是一旦經濟過於疲軟，聯準會就會想要刺激經濟，而它的手段是創造大量貨幣和信貸來刺激支出，從而為經濟打一劑強心針。打了這一針之後，人們花在商品、服務和金融資產上的錢會增加，然後大家

都很高興。藉由觀察貨幣和信貸的數量，我可以估計通貨膨脹。現在聯準會面臨高通膨，這是因為它之前創造了巨量的債務和貨幣，所以聯準會試著在赤字仍巨大、債務創造仍強勁之際踩煞車，但這是滯脹的公式。聯準會平衡通膨與成長的任務將會非常困難，因為債務人可接受的償債利率對債權人來說很可能太低了，無法彌補通膨造成的損失。我認為這就是我們現在面對的問題。美國可以印世上唯一的儲備貨幣，因此享有巨大的優勢和強勁的經濟實力，但目前一系列的狀況導致它難以維持這種過分的特權。

魯：你怎麼看加密貨幣？

達：加密貨幣在結構和接受度方面取得了非凡的成就。比特幣這種有助儲存財富、獲全球接受、供應有限的加密貨幣，就像是數位黃金。它們本身很有意思，但我認為它們難以取代黃金，因為我不預期它們成為中央銀行的儲備資產。它們的所有權和流動是可追蹤的，而如果它們真的非常成功並與法定貨幣形成競爭，我估計政府會取締。另一方面，它們正迅速發展，以不同的形式出現，可能會創造出運作得更好的另類數位資產。有一件事我相當確定，那就是相對於未來將競逐首選貨幣地位的另類貨幣，我們熟悉的貨幣將變得比較不值錢，而且使用量將會減少。這是因為貨幣是一種債務資產（debt asset），必須既是良好的財富儲存工具，又是良好的交易媒介，而我們熟悉的法定貨幣也是債務資產，要成為良好的財富儲存工具，就會對債務人造成無法接受的沉重負擔。未來，如果我們的政府容許，你和我很可能將持有若干不同類型的貨幣，因為我們不清楚哪一種最好。

對沖基金

史丹・朱肯米勒
Stan Druckenmiller

投資人暨慈善家；

杜肯資本管理前董事長暨總裁；

索羅斯量子基金前首席投資組合經理人

> 「賺錢不是我重要的動力，但我確實喜歡贏。」

過去三十年間，全球最受關注的其中一個投資決定，無疑是史丹・朱肯米勒（Stan Druckenmiller）因為認為英鎊匯價明顯過高而決定放空英鎊，他當時的主要工作是管理喬治・索羅斯的量子基金（Quantum Fund）。結果英國央行真的將英鎊貶值，索羅斯的基金因此獲利超過10億美元——這在當時是前所未聞的單項交易獲利金額。

在此之前，史丹一直是投資界行家才知道的投資人，而他在業界的名氣是因為他領導杜肯資本管理公司（Duquesne Capital Management）表現傑出，以及索羅斯選擇他來領導備受矚目的量子基金。放空英鎊一役之後，整個世界似乎人人都認識他，而且希望聽他講述對市場的看法。

史丹的投資風格有點難以說明。整體而言，他專注於高流動性的投資。在高流動性投資方面，他既是總體型投

資人（投資方式旨在捕捉他預見的總體經濟或地緣政治趨勢），也是上市股票投資人（投資於他認為很可能將顯著增值或貶值的股票），此外也根據他的觀點和研究（或他敬重的人的觀點）建立投資部位，但願意不斷重新審視這些觀點。

史丹並非從小就亟待成為投資人或賺大錢。他本來希望從密西根大學取得經濟學博士學位，但後來放棄了這條職業道路，開始在匹茲堡國民銀行工作。他在該行工作期間開始涉足投資領域，並於1981年創立了自己的對沖基金，以實踐他不拘一格的投資方法──也就是結合總體趨勢投資、價值型股票投資，以及不良證券投資。該基金的傑出表現吸引了喬治‧索羅斯聘請史丹，而史丹堅持同時繼續管理他自己的基金。2000年，史丹離開量子基金，恢復全職管理杜肯資本管理，其投資人因此欣喜不已。

但在2010年，他決定把資金還給投資人，從此之後只管理自己的投資。他的投資績效因此不再公開，但投資界確信他繼續找到富創意的方法，利用他對總體經濟的獨到見解和對公開交易證券的精心挑選，大幅跑贏大盤。

證券經紀公司EF赫頓（EF Hutton）曾使用這個宣傳口號許多年：「EF赫頓開口講話，人們洗耳恭聽。」史丹‧朱肯米勒正是這樣，因為他在金融市場廣受敬重。

這可以歸因於那場歷史性的放空英鎊交易，但那已經是數十年前的事了。史丹現在得到敬重，主要是因為他管理杜肯基金數十年，為其投資人創造了令人羨慕的績效紀錄，此外也無疑是因為史丹低調謙遜的作風，以及願意承認錯誤，並在適當的時候與人分享功勞。

史丹沉默寡言，並不尋求公開發表自己的觀點或討論自己的成就。他滿足於作出投資決定、執行交易、獲利了

結，然後對自己所做的事保持沉默。

　　到了他職業生涯的這個階段，他仍享受戰勝市場的投資遊戲，但他現在的大部分活動是為了增加資本，以支持他在教育、醫學研究、社區扶貧等方面的廣泛慈善工作。

　　我認識史丹，是因為與他在斯隆凱特琳癌症中心的投資委員會共事。他是該委員會的主席，他的領導造就了非凡的投資報酬。觀察他領導該委員會有如上了一個投資技藝高階課程，可以學到如何提出正確的問題、聚焦於相關資訊，以及指導投資人員。他以他標誌性的簡潔、低調和謙遜的方式做這些事。2021 年 6 月 30 日，我以虛擬方式訪問了史丹。

大衛・魯賓斯坦（魯）： 當年你放棄攻讀密西根大學的經濟學博士，到匹茲堡國民銀行當分析師，結果成就了過去四十多年間最成功的投資生涯之一。你是否想過，如果你取得博士學位，你的人生會有什麼不同？你對結果有感到遺憾嗎？不曾為沒有獲得諾貝爾經濟學獎而悲傷嗎？

史丹・朱肯米勒（朱）： 我沒有遺憾。我在鮑登學院主修英文。大三那年，我修了一門經濟學課程，以便我可以看報紙了解世界動態。經濟學本科課程仿佛使我懂了很多東西。我喜歡「無形之手」、比較優勢、邊際成本，諸如此類的概念。

　　我喜歡教書。我去了密西根，以為我將會成為一名經濟學教授，但研究所的經濟學基本上是想把世界塞進一些數學公式裡，認為經濟學是一門硬科學。我覺得這是行不通的，而我也不是很擅長那種研究。事實上，離開密西根之後，我在佛蒙特州做了一段短時間的營建業工作，後來我就接受匹茲堡國民銀行的聘用，加入其投資部門擔任研

究分析師。

魯：這麼說，你本來可能成為營建業巨子？

朱：我留在營建業的話，應該會失敗吧。事實上，我去做任何其他事情，很可能都會失敗。我岳母說我是只會一樣東西的白痴特才，我同意她的看法。我只有一項天賦，可以從事相關工作真的很幸運。

魯：你怎麼會去鮑登讀書？那間學校非常好，但離你長大的地方很遠。

朱：我在維吉尼亞州里奇蒙讀高中。我在不是很好的公立學校讀到八年級。我考SAT的結果是閱讀部分成績極差，但數學分數還不錯。在不是很重視SAT分數的學校中，鮑登是最好的一間。他們在這方面完全沒有要求。這對當年18歲、什麼都不懂的我來說似乎很不錯。我很高興我去了鮑登，因為那是一段非常好的經歷。

魯：這對你和鮑登都是好事。

　　無論你餘生多有成就，許多人會記得你，是因為你為索羅斯工作時放空英鎊的那項著名交易。當時你是否曾擔心，如果交易失敗，你的職業生涯會就此結束？如果有人談論那個交易，說得彷彿那是你一生中做過的唯一一件事，你是否會不高興？

朱：我完全沒有擔心過失敗。我們那場交易做得那麼大，正是因為我們不擔心會失敗。

　　我的解釋很簡單。當年德國馬克與英鎊掛鉤，按商定的固定匯率買賣。因為東西德統一，德國經濟十分興旺。我知道德國央行極其關注通貨膨脹。因為威瑪共和時期的經驗，所有德國人都是這樣。當年高利率正拖累英國經濟，英鎊匯價過高使英國經濟深受打擊。

　　坦白講，我開始做這個交易時，並不認為他們會讓英

鎊貶值。我只是認為我最多只會損失半個百分點。我不可能損失超過半個百分點，但我有可能賺20％，所以這主要是基於風險／報酬的押注。

我在1992年8月開始放空英鎊，只是投入了10億美元。我想量子基金當時有70億美元。就在英鎊被迫貶值的前一天，德國央行總裁在《金融時報》發表了一篇文章，基本上是說他們不想再與英鎊掛鉤了。那篇文章的措辭比較含蓄，但也不是非常含蓄。在那一刻，我意識到放空英鎊真的可能賺大錢。

我們試圖押注150億美元賭英鎊貶值。那是我們的目標。這主要是受喬治〔索羅斯〕影響。我進去告訴他，我要動用量子基金100％的資金（即70億美元），他臉上露出一種不解、高傲的表情。我以為他不同意我的觀點，但原來他不同意的是100％。他希望投入200％，因為他說這是一代人只會遇到一次的交易，是不可能賠錢的，而且可能賺很大。

我不介意人們談論。我知道我在哪裡賺了錢。諷刺的是，我從英鎊貶值的後續效應賺到的錢，比放空英鎊本身多很多。買入英國股票，買入英國公債，買入歐洲債券，都賺很多錢。因為政治的同心圓，那項交易大大嘉惠量子基金將近兩年。

魯：雖然喬治‧索羅斯主張投入更多，但交易構想是你原創的。這麼說公平嗎？

朱：沒錯，那完全是我想出來的。這並不是貶低喬治。他當時在做慈善事業，而他無疑影響了我們想做的規模。諷刺的是，我們也只是投入了70億美元，因為當天晚上就傳出了英鎊貶值的消息。事實上，市場一夜之間就失靈了。

魯：似乎人人都關注你有關投資的建議或想法。你是否覺

得自己在公開評論方面有慎言的特殊責任？你有具體的投資構想時，是否會努力避免洩露你正在做的事？

朱：我確實覺得自己有責任。我不像巴菲特，他可以維持投資部位十年或二十年之久；我則是可能對某個想法充滿信心，但如果情況有變，我或許在兩個星期內就變成對相反的想法充滿信心。我的投資績效主要是靠我保持開放的心態，做錯了就認輸止損，而不是多數時候做對交易。因此，如果我公開評論一個投資部位，我總是說：「我可能在兩三個星期內改變想法，這是我的操作方式。我有關短線操作的所有評論，你們真的不應該太重視，因為我的觀點可能很快就改變。」

魯：如果你針對某個標的建立部位，是否會極力保密一段時間？

朱：是的，我必須格外謹慎。

魯：對你來說，投資的真正樂趣是什麼？是利用你的大腦分析機會、智取市場、賺錢，還是有更多錢可以捐出去？

朱：首先是智性上的刺激。世界上的每一個事件都會影響某個地方的某些證券，投資因此使我保持敏銳。很多人退休後以投資為樂，或以投資為生，我不認為這是巧合。我喜歡設想18個月後的世界，以及證券價格的可能水準。賺錢不是我重要的動力，但我確實喜歡贏。這有點病態，但事實就是這樣，我必須面對。所以，是的，我喜歡贏。你每天都會從報紙上看到你的成績。如果投資表現不佳，你是無法迴避的，因為結果就在報紙上。

魯：多年前，你不再為其他人管理投資，現在基本上只用自己的錢投資。你承受的壓力是變小了還是變大了？你為什麼會決定不再為其他人管理資產？

朱：我從不覺得我管理超過100億美元的資金特別能幹。

我的風格要求我可以不時改變主意和採取行動。我通常維持投資部位一年至18個月，有時甚至更短。如果管理超過100億美元，我會有綁手綁腳的感覺，不會像管理20億或30億美元時那樣利用槓桿。我覺得我會變得比較笨拙。因此，杜肯資本管理在1993年開始將有所增值的資本退還給投資人，以免基金擴大至我難以有效操作的規模。

這也是我七年後離開索羅斯的主要原因之一。儘管我把所有利潤都配發給投資人，但由於我自己的資金不斷複合成長，我的操作規模已經變得太大，而我意識到，如果我繼續取得好績效，規模太大將成為越來越大的問題。

你問我不再為別人管理投資之後壓力是減少了還是增加了，這個問題的答案正是我最失望的一點。我的客戶總是非常好，從不抱怨，但我還是認為沒有客戶是好事。就我承受的壓力而言，這對我完全沒有好處。無論出於什麼原因，我渴望勝利，我現在感受到的壓力可說是一如既往。

魯：你被視為總體型投資的泰斗或巨人之一。總體型投資到底是什麼？這種投資難在哪裡？

朱：我最初是在匹茲堡國民銀行當銀行股和化學股的分析師。作為銀行分析師，我掌握了流動性、聯準會和相關方面的知識。我曾利用利率預測和匯率預測來尋找股市的投資標的，後來忽然想到：「為什麼我不同時買賣債券期貨本身或貨幣呢？」它們比股票容易預料。它們對真實的經濟力量作出反應，而不是一種時裝秀。

我的投資理念變成了伺機押注多種資產，包括股票、債券、貨幣、大宗商品。你不會總是覺得必須在某個領域操作，必須遵循這種紀律。如果你搞不清楚股票該怎麼操作，還有其他標的可以買賣。

一般而言，「總體型投資」一詞，是用在那些只以由

上而下的方式下注的基金上，它們主要是靠債券和貨幣賺錢，也會使用股票期貨。受我開始投資時的操作方式影響，我一直採用由下而上的投資方式。事實上，我的經濟預測並不是來自失業率之類的東西，而是來自我分析企業基本面得到的資訊。我算是一種混合型投資人。我想適當的名稱應該是「多元資產經理人」（multi-asset manager）。

魯：你確實會集中押注於某些公司或某些產業。你想說的是不是這些操作往往導致你作出總體型押注？

朱：沒錯。

魯：你在兒童時期或讀大學時有做投資嗎？你的興趣是什麼？

朱：沒有，我在那些時期從不曾投資。我曾以為我會成為一名英文教授。當年我常打撲克，也常玩我喜歡的其他遊戲。

魯：巴菲特大概是小學四年級就開始投資了，但你不是這樣？

朱：我在去匹茲堡國民銀行之前，應該都沒有做過投資。

魯：你是什麼時候去匹茲堡國民銀行的？你是在那家銀行工作時開始做投資的嗎？

朱：嚴格來說不是，但我自己認為是。我在那裡遇到了一位了不起的導師，他讓我當研究總監。當時我25歲，帶領一群35歲或40歲的部屬。我是研究總監，這在那家銀行意味著我提供一份清單，而投資組合經理人只能買進清單上有報價的東西。在某種程度上，我做這種事也算是在投資，但我要到離開銀行、創辦了杜肯資本管理之後，才開始利用真正的活錢投資。

魯：你創辦杜肯時，最初的投資人是誰？投資績效如何？我對杜肯（Duquesne）這個名字當時還沒被人拿去用感到

驚訝。

朱：我覺得這個名字很酷、很性感。我也不知道我為什麼會這麼想，但我就是有這種感覺，而且它無疑有濃郁的匹茲堡風味。當年我去紐約，在某個場合談到黃金，遇到喬・奧索里奧（Joe Ossorio）這個人，他經營德萊斯戴爾證券（Drysdale Securities）這家公司。他對我在銀行工作表示驚訝，我說：「如果不待在銀行，我要做什麼？」當時我年薪四萬三千美元，是整個投資部門的主管。他說：「我可以每個月付你一萬美元，就為了和你談話。你可以開一家投資公司。」杜肯最初的資金就是這麼來的。

魯：你當時住在紐約還是匹茲堡？

朱：每週在紐約住兩天，在匹茲堡住五天，包括週末，兩地來回跑。

魯：你最初是如何聯繫上索羅斯的？你為他工作期間，還繼續管理杜肯的投資嗎？

朱：我為他工作期間繼續管理杜肯。我起初估計他會在一年內解雇我，因為我是他三或四年內的第九個繼任者。

魯：你最初是怎麼認識他的？

朱：我看了他那本《索羅斯金融煉金術》（*The Alchemy of Finance*），裡面講「大循環」（The Imperial Circle）的一章非常吸引我，他在當中闡述他對貨幣的看法。我曾與美林證券一個做賣方業務的人談起這本書，他說：「你想見他嗎？我妻子在那裡工作。」於是我打了電話給索羅斯，因為我想談談貨幣的事，我們就是這樣聯繫上的。

魯：如果你看了那本書而且看得懂，你是少數人之一。我是看不懂。

朱：我只看懂了第四章。其餘部分有點難，但你看到他講實驗的那部分，你就會意識到，他並沒有採用他聲稱相信

的任何理論。

魯：你認為優秀投資人的特質是什麼？他們是否具有某些共同的特質？

朱：我最初的導師是匹茲堡一個叫斯佩羅斯‧德雷利斯（Speros Drelles）的人，我會說我是從他那裡學到這一行的大部分知識。我從喬治那裡學到的東西很簡單，就是如何控制部位的規模。關鍵不在於你做對了還是做錯了，而是在於你做對時賺多少，做錯時損失多少，而如果你對某項操作很有信心，你就必須放手去做，建立很大的部位。

　　你想想，無論是巴菲特、卡爾‧伊坎（Carl Icahn）還是喬治‧索羅斯，幾乎所有偉大的投資人都會大舉集中押注，集中的程度是商學院絕不會教你的。我從喬治那裡學到的，就是控制部位的規模。

魯：眼下通膨在美國開始抬頭。你是否認為這個問題將持續一段時間？考慮到我們大規模的刺激措施和眼下的舉債操作，你是否擔心美元的價值？

朱：通膨的問題，我必須說我不知道。我認為值得注意的是，聯準會至少表現了他們的信心。正如我之前提到，我可能很快改變我的看法，包括對這類問題的看法。但是，我們的貨幣和財政刺激措施的規模是「槍枝和奶油時期」*的五到十倍，而且聯準會在談許多人已經聲稱只是短暫問題的通貨膨脹，而根據我的經驗，參考拉丁美洲和其他經濟體的經驗，一旦人們開始談論通貨膨脹，那就太晚了。我非常擔心通膨，但我不介意自己看錯了。未來情況如何，我們拭目以待。

---

* 1960 年代末和 1970 年代初，美國聯邦政府同時慷慨花錢在軍事和社會福利上的一段時間。

赤字使我害怕。十年前，我在全美各地針對法定福利支出發表演講。我談到的每一個指標都比我預測的更糟，唯一的例外是利率。當年我使用的利率是4％，當時我認為這是相當合理的水準。但多年來利率一直處於歷史低位。事實上，如果利率回到正常水準，我們將會無力償債。我完全不明白聯準會為什麼要助長通貨膨脹。

魯：氣候變遷及其對人類和經濟的影響是個重要問題，但你是否認為就你的日常投資決策而言，這個問題太遙遠了？換句話說，你在做投資決定時，是否擔心氣候變遷影響你的部位，抑或它與你擔心的事相隔太遠了？

朱：如我稍早所言，世界上的每一個事件都會影響某些東西的價格。氣候變遷對金屬價格有重大影響。沒有銀，你不可能做出太陽能電板。因應氣候變遷重建整個電網，則是對銅價非常有利。

諷刺的是，短期而言，這對能源價格也非常有利，因為重新建設世界的基礎設施需要能源。氣候變遷也會影響財政狀況。它影響一切。這顯然對世界非常重要，但也影響我的中期和長期投資策略。

魯：你尋找潛在投資標的時，是仰賴你的閱讀、與投資界人士的討論、公司員工的研究，還是偶然碰到的朋友對你的啟發？你做一個可能基於直覺的決定時，詳細的研究對你有多重要？

朱：以上皆是。閱讀很重要。我也大量使用圖表，因為有關市場趨勢的圖表有時似乎會展示一些我不知道的東西，而如果我看好某項投資，但市場的表現卻對我的投資沒有幫助，這會使我更加努力地檢視我的論點。又或者某項資產表現很好，但消息卻很糟糕，這也會引起我的注意。公司內部的研究極為重要。特別是在現在這個步調很快的世

界，如果我有一個構想，並且認為應該建立部位，我就會先做交易，然後再研究，而如果研究結果並不支持我原先的想法，我非常願意結清部位。我會在詳細研究之前採取行動，但如果研究結果並不支持我的想法，我絕不會保留投資部位。

魯：如果你做了一個決定，但情況看來不大好，你會等多久才認錯並結清部位？是一個星期還是一個月？你是否會堅持持有部位一年或更久？你們會有人這麼做嗎？

朱：我曾堅持持有部位多年，也曾試過以為自己會持有部位多年，結果十天就結清了。如果世界發生了變化，我建立部位的理由不再成立，我就會結清部位。四十年來，我不曾用過停損單。*我認為那是最蠢的概念，因為價格下跌就賣出是最蠢的，但如果我持有部位的理由不再成立，我會立即認賠賣出。

魯：你對加密貨幣是否為可取的投資標的有什麼看法？

朱：你要討論加密貨幣，真不應該找我。有一些人遠比我了解情況。我的猜測是區塊鏈技術對某些支付系統很重要，而這些系統很可能還沒有發明出來。這大概主要是私募股權投資的領域，可能是找一些離開史丹佛或麻省理工學院的25歲年輕人，投資在他們身上。

魯：你對SPAC（特殊目的收購公司）有什麼看法？

朱：我認為SPAC只是推高所有資產價格的這場金錢狂歡的一部分。我對SPAC本身沒有意見，但在聯準會主席鮑爾（Jerome Powell）的免費資金政策（free-money regime）下，它們已經變調，並不是很好的投資標的。

---

* 停損單／停止單要求經紀人在證券的價格去到某個價位時（無論原因為何），替客戶買進及賣出該證券。這種交易指令通常是用來避免因為證券價格持續下跌而進一步虧損，也可以在證券價格上漲時用來鎖定獲利。

魯：你是否認為高智商或很好的工作態度，是優秀投資人較常見的特徵？

朱：我認為智商大概要有120，超過這個水準是不大需要。工作態度非常重要，熱情很重要，會影響你的工作態度。因為這一行的人往往熱愛這一行，而如果有人熱愛他的工作而你不愛，他們就會比你更努力。

魯：願意堅持抗拒傳統觀念是否重要？

朱：這很重要。願意堅持對抗自己的情緒也很重要。在我這一行，價格越高你越想買進，價格越低你越想賣出。因此，你要不斷對抗自己的情緒和傳統觀念。

魯：在慈善事業方面，你主要關注什麼？你需要投入多少時間？

朱：我愛美國，我愛它是因為美國夢，但美國夢現在有所蒙汙或破損。全美各地都有一些社區，那裡的孩子沒有機會實現美國夢。這是傑夫・卡納達（Geoff Canada）當初矢志建立非營利組織哈林兒童區（Harlem Children's Zone）時我支持他的原因。藍色子午線（Blue Meridian）有點像哈林兒童區的10.0版本，所以那是很大的領域。我和我妻子菲奧娜（Fiona）也很關注醫療，主要是支持紐約大學和斯隆凱特琳癌症中心的相關工作，然後還有環境。我一直是環境保衛基金（EDF）的董事會成員。我想說的是，我對這些事業的想法與我的「押重注」（bet big）投資理念並無二致。你必須在你關心的領域找到優秀的管理層、優秀的領導者，然後全力支持他們。

魯：你還有其他興趣、嗜好或運動嗎？你打高爾夫球還是網球？

朱：我非常喜歡高爾夫球，但不是打得很好。我每週運動六到七天。我喜歡看匹茲堡鋼人隊的比賽。我的主要公餘

活動是和家人在一起，我不是很愛交際。

魯：你喜歡主持非營利組織的投資委員會嗎，例如你母校鮑登學院或斯隆凱特琳癌症中心的投資委員會？你是享受這種工作，還是覺得壓力很大？

朱：會有一些壓力。這種機構不能像我那樣投資。我經常出錯，錯了就結清部位。如果我作出投資推薦，然後委員會將有一季時間不開會，我會覺得很危險。最重要的是找到一個優秀的投資長，由投資長挑選資產管理者，而不是我，但我還是會有壓力。這種工作主要是盡義務。我不確定自己是否喜歡，但我覺得那是我該做的事，所以我就做了。

對沖基金

吉姆・西蒙斯 Jim Simons
文藝復興科技創始人；數學家暨慈善家

> 「我真正成功，是靠與優秀的人為伍。」

傳統上，優秀的投資人仰賴自己的直覺做重大投資決定，雖然他們往往是在檢視了某種類型的資訊或數據之後才應用直覺。一直以來，許多人認為機器所做的任何決策都不可能好過人類的決策。

在多數投資領域，這很可能仍是正確的。但在某些領域，包括公開交易的證券、大宗商品和貨幣，先進的電腦利用可以找到的最佳數據，已經創造出被稱為量化投資（quantitative investing）的操作方式。這種投資方式利用電腦生成的複雜演算法，把握市場欠缺效率造就的機會，即使這種機會稍縱即逝。結果可能是電腦驅動的快速交易，可能獲得非常高的報酬。

過去三十多年間，這種投資方式無可爭議的大師是吉姆・西蒙斯（Jim Simons），他的對沖基金公司文藝復興

科技（Renaissance Technologies）創造了人們認為幾乎不可能取得的投資報酬。他的旗艦基金大獎章基金（Medallion Fund）三十多年來年均淨報酬率顯然超過40%（該基金現在僅對員工開放）。

正如投資界經常發生的情況，吉姆的驚人績效吸引了許多人利用他們的數學和量化專長建立類似的投資公司。雖然包括吉姆公司在內的所有這些公司，都使用人類開發出來的複雜演算法，但人們普遍接受了這樣的觀點：電腦經由人類適當編程之後，可以比人類更好、更快地作出投資決定並付諸行動。這在投資界具有革命性意義，雖然機器在某些投資領域可以超越人類現在基本上已經是主流觀念。

吉姆較晚進入投資界，他在職業生涯的早期專注於他真正熱愛的數學。在這個領域，他是世界級的數學家，在紐約州立大學石溪分校領導數學系（從30歲開始），研究出獲獎的數學定理。但他拋開了自己的數學生涯（這在數學界實屬罕見），開發出一種將他的數學專長應用於金融交易的方法，結果永遠改變了投資界。

吉姆的公司幫助開創了一個行業；在這一行，數學和科學技能是開發交易程式的關鍵。許多人追隨他進入豐富多彩的量化投資世界，但至今沒有人超越他多年的績效紀錄，而且短期內似乎也不會有人做得到。

吉姆的投資成就促進了他的慈善事業，而他在這方面致力推動數學和科學研究並不令人意外。

我認識吉姆很多年了，最初是由追隨他投資的朋友介紹的。我愚蠢地沒有和朋友一樣投資在他的基金上。近年來，我和他在普林斯頓高等研究院（IAS）的董事會共事，他並不令人意外地利用自己的投資天才，為IAS的捐贈基金創造了傑出的投資績效。我們也都是「捐贈誓言」

的最初簽署者，曾一起參與早期的會議。

　　數學天才無疑是吉姆成功的關鍵。但我想，這也可能是因為他不穿襪子──即使出席必須穿禮服的晚宴也不例外。（我在吉姆的這個穿著習慣顯露人前時訪問了他──那是在他領取愛因斯坦獎的 IAS 晚宴上。一個人獲得以天才象徵、IAS 最著名的教授命名的獎項，你就知道他非常優秀。）

　　我的這次訪問是在吉姆位於紐約市的基金會辦公室做的，他當然沒穿襪子。我很想仿效，但不確定我的投資觸覺是否真的會因此增強，因此我還是按慣例穿了襪子。但誰知道呢？也許不穿襪子是天才模式的一部分。愛因斯坦也不穿襪子，顯然認為襪子是多餘的裝飾品。他也許是對的。

　　2021 年 6 月 18 日，我面對面訪問了吉姆。

━━━━━

大衛・魯賓斯坦（魯）： 許多優秀投資人年輕時對投資或商業的某些方面有興趣。你年輕時的主要興趣是數學，但與投資無關，對吧？

吉姆・西蒙斯（西）： 完全正確。

魯： 有數學天賦的人，有時是在父母的大力推動或指導下往這個方向發展的。你的情況並非如此。但你很早就意識到自己擅長數學，對嗎？

西： 我從小就一直喜歡數學。

魯： 你在麻省理工學院取得大學學位，又在柏克萊獲得博士學位，你是否覺得這兩個時期的數學非常困難？你獲得這兩個學位各花了多少時間？

西： 我在麻省理工學得很快，三年就畢業，當了一年研究生，然後他們送我去柏克萊，和一個叫陳省身的人一起研究。他那一年休假，於是我和另一個人一起研究。我在那

裡的第二年，陳省身出現了。他是當時頂尖的幾何學家，研究微分幾何。我們在第二年成了朋友。高中畢業六年後，我拿到了博士學位。

魯：你在數學方面的專長領域很可能不是我能真正理解的，但你可以稍微說明一下嗎？

西：我所屬的領域叫微分幾何，我研究的範疇叫做高維流形的極小曲面。

我研究這個範疇，五年後發表了一篇論文，解決了該範疇的許多問題。那篇論文在近六十年後還有人引用。它累積了 1,750 次學術引用，這是非常大量的引用。那是一篇了不起的論文，我因此在幾年後獲得維布倫幾何學獎（Oswald Veblen Prize in Geometry）。但在此之外，我還和陳省身做了一些研究，其成果現在極其有名。

魯：當年你從事數學研究和數學教學工作，同時還幫助美國政府破解密碼。這些工作是否令人興奮和滿足，尤其是你在紐約州立大學石溪分校建立一個優秀的數學系時？是什麼促使你轉行進入投資界？

西：我的第一筆投資是我非常年輕時做的，最終結果很好。我在麻省理工讀書時，有兩個非常要好的朋友來自哥倫比亞，他們都很聰明。他們兩人是好朋友，我一直覺得他們應該合開一家公司。我從麻省理工畢業後，和其中一人騎機車去旅行。我們打算從波士頓騎到布宜諾斯艾利斯，但最後只去到波哥大。那真是一次難忘的旅行。

在柏克萊拿到博士學位後，我回到麻省理工教書。那年冬天，我南下去了哥倫比亞，告訴我那兩個朋友：「你們一起創立一家公司吧，在此之前我不會離開這裡。」我知道他們非常聰明，可以成為優秀的商人，可以創立一家好公司。就這樣，我還在那裡時，我們成立了一家公司，

我投入了一些資金，設法投資了10％。他們的一位岳父出資50％。當時他們比我有錢，承擔了餘下的資本需求，但我有10％。為了這筆投資，我向親戚借了錢，我希望把錢還給他們。

我先後在麻省理工和哈佛工作了三年，一邊教書，一邊從事我在哥倫比亞發起的事業。我注意到普林斯頓那裡有一份工作，是在國防分析研究所（Institute for Defense Analyses）做密碼破解。我起初不知道他們做些什麼，但他們聘請數學家，而且薪水很高。我申請了那份工作，並且接受了，主要是因為薪水很高，這樣我就可以開始償還我因為參與哥倫比亞創業而欠下的債務——那家公司起初的發展沒有我期望的那麼快。

我在國防分析研究所的工作是破解密碼，現在大家都知道那是什麼，但當年我甚至無法告訴妻子我做些什麼。「今天過得怎麼樣？」「不錯。」我只能說這麼多。但你最多可以用一半的時間做自己的事，就我而言是研究幾何問題。另一半時間必須做他們的工作，也就是破解密碼，而我做得很好。

我在那裡工作時，完成了我之前提到的那篇論文，而且解決了密碼破解方面一個長期未解的難題。國家安全局，也就是國防分析研究所的上級單位，製造了一台專用電腦來執行我想出來的這個演算法。據我所知，大約十年前，那台設備還在運作。也就是說，還沒有人創造出更好的演算法。你還記得麥斯威爾・泰勒（Maxwell Taylor）這個名字嗎？

魯：那個著名的將軍。

西：麥斯威爾・泰勒將軍是我那個組織的負責人，他在《紐約時報雜誌》上寫了一個封面故事，說我們在越南幹

得有多好，我們必須堅持到底，諸如此類。我有不同意見。我認為整件事蠢透了。我寫了一封信給編輯，而因為我所處的組織，這封信立刻登了出來。我在信中說：「與泰勒將軍共事的人，並非全都同意他的觀點」，然後我提出了我的看法：我們在越南所做的，是我們所能做的最蠢的事，我們應該盡快離開那裡。

然後完全沒有人回應我，但幾個月後，有個人來找我，他說：「我是《新聞週刊》（ *Newsweek* ）的特約記者，我想訪問為國防部工作但反對這場戰爭的人，但我真的很難找到人受訪。我可以訪問你嗎？」當時我29歲，在此之前不曾受訪。於是我說：「當然可以。」

他問：「你是做什麼的？」我說：「我們被要求至少花一半的時間做他們交待的工作，最多花一半的時間做我們自己的事。目前我把所有時間花在自己的事情上，等到戰爭結束後，我會把所有時間用來做他們的事，作為彌補。」

然後我做了當天唯一一件明智的事，我把我受訪的事告訴我的在地上司。他說：「我得打電話給泰勒。」他走進他的辦公室，打電話給泰勒。五分鐘後，他出來說：「你被開除了。」我說：「你不能開除我，因為我的頭銜是『永久成員』。」他說：「你知道永久成員與臨時成員的差別嗎？臨時成員有契約，永久成員沒有。」

就這樣，我被解雇了，但我一點也不擔心。我有一個家庭，三個孩子和一個妻子，但我知道，因為我之前提過的那篇論文，我可以輕鬆找到學術工作，而我也真的找到好幾份。石溪大學請我去當數學系主任。他們當時很難為這個職位找到人，因為數學系很弱。當時該校的物理系很強，我覺得數學系主任的工作會很有趣，所以我就答應了。面試我的教務長說：「你是我面試過的第一個真正想

要這份工作的人。」我說：「我真的想做，是因為多數數學家不想當系主任。雖然很麻煩，但我覺得會很有趣。」

那年我30歲。我來到石溪大學。他們很有錢，因為納爾遜・洛克菲勒（Nelson D. Rockefeller）當時是州長，而他很喜歡州立大學。我們為他們建立了一個非常好的數學系。我招募了很多優秀人才，我意識到我很喜歡做招募工作。

我在那裡工作的最初幾年，研究的是現在被稱為「陳－西蒙斯理論」（Chern-Simons theory）的東西。我想出了一個我認為非常漂亮的三維結果，把它拿給陳省身看。他說：「我們可以把它擴展至所有維度。」我說：「我們一起研究，完成這件事吧。」於是我們合作，真的完成了研究，寫了一篇論文。

那是一篇非常好的數學論文，但五、六年後，物理學家出於各種原因開始研究。現在它應用在物理學的幾乎所有分支，使我覺得非常不可思議，因為我完全不懂物理學。它被用在弦論、凝聚態物理上。它被用在量子電腦的製造上。現在有「陳－西蒙斯重力」（Chern-Simons gravity）這種東西，是天體物理學的概念。這是我遇到的最神奇的事。

魯：你是這個專業的頂尖人物。你有一篇著名的論文。你為什麼不留在這個領域呢？

西：哥倫比亞的生意終於成功了，我因此有了一些錢。其中一個創始人的岳父對整個結果非常滿意，因此設立了一個百慕達信託，*受益人是我一家人，因為當年是我提出要成立那家公司的。他設立了這個信託，裡面有10萬美

---

* 百慕達信託是一種將資產的法定所有權與信託受益人分開的法律安排；設立這種信託通常是為了確保信託受益人獲得預期的利益，無論信託法定所有人的法律狀態如何（例如死亡或離婚）。

元。真是太好了。

之後不久，我的哥倫比亞朋友來找我，跟我說：「我們有這些錢，希望你幫忙投資。」「我懂什麼投資？」「嗯，你想想辦法吧。」

我認識一個從事大宗商品交易的數學家。他當時做得相當好，我去拜訪他，跟他說：「我們有一些錢，想和你一起投資。」百慕達信託投入了10萬美元，其他人也投入了很多錢。

這個數學家不收固定費用，大概是拿投資利潤的10％之類。我說：「但如果我們虧損太多，你必須停止。」他說：「什麼是太多？」我說：「如果虧損30％，你就得停止。」就在我要離開時，我又說：「對了，如果我們賺了太多，你也必須停止。」「什麼意思？」「嗯，如果在扣除費用之後，我們的錢已經是投入金額的10倍，你就得停止。」這是為了讓我們可以稍微考慮一下。他無法反對這一點。結果九個月內，他把我們的資本變成了投入金額的10倍。

他繼續經營，賺了一些錢，賠了一些錢，但再也無法創造出之前那種績效。因此，百慕達信託裡面不再是10萬美元，而是100萬美元，而這使我對交易產生了興趣。

魯：你當時還在石溪大學教書？

西：我還在石溪大學，但開始涉足貨幣交易。我放慢了數學研究工作的步伐，投入了交易事業。那完全不是基於數學，只是靠努力思考，但效果還不錯。

魯：你當時是否有全職從事投資的打算？

西：我去了日內瓦大學一年，但當時我已經在少量買賣貨幣了。回來之後，我離開了石溪數學系。我兼職工作了一年，然後就投入投資事業。

魯：你後來決定成立一家名為「文藝復興」的投資公司？

西：最初叫Limroy。它是一家百慕達公司，但美國人或任何人都可以投資。我經營這家公司，我有個小團隊。我們做交易，也做一些創業投資。我們的交易業務做得非常好。創業投資則是有時順利，有時不大順利，但到了某個時候，董事會決定，「那個創投業務，我們不想要了，我們只想要交易業務。」我結束了Limroy，成立了大獎章基金。在之前幾年裡，我們一直在做統計研究之類的工作。我們鑽研數學，成立了我們稱為「大獎章」的一支基金。

魯：成立大獎章基金時，你是否已經離開了石溪大學？

西：我已經離開了。幾年前我就離開了學校，但當時還住在石溪。我們根據之前幾年掌握的一些東西，成立了大獎章基金，由吉姆・艾克斯（Jim Ax）負責管理。他想把基金辦公室搬到加州，我說「好吧」，因為那時我還有另一些事情要處理。

　　艾克斯管理那個基金，有大約六個月的時間還算順利，然後就開始不斷虧損。我說：「我必須了解你使用的系統。」他說：「它很複雜。」「那就簡化一下，比如簡化為三個方面吧。」

　　結果我發現，撤除種種花俏的東西，他真正在做的就是趨勢跟隨（trend-following）。幾年前，趨勢跟隨這種操作在大宗商品市場可以有很好的表現，但人們已經認識到大宗商品和貨幣市場都有趨勢可以跟隨。因此人人都踴躍嘗試，結果就是不可能做得好。我堅持要他停止這種操作。他不願意，但我是老闆。有個叫亨利・勞弗（Henry Laufer）的人回來為我工作，他很優秀，發現了艾克斯沒有使用的一個短線系統。我們一起研究，想出了一個很好的系統，一個快速交易系統。

魯：還是做大宗商品嗎？

西：所有大宗商品和貨幣，完全沒有股票。我對大獎章基金的所有投資人說：「我們將暫停操作。我們將研究一段時間。你可以拿回你的錢，如果你想這麼做的話。」幾乎所有人都留了下來。我們花了六個月，開發出亨利・勞弗系統——我稱它為亨利・勞弗的系統，但我也參與了開發工作。我們開始使用該系統，結果可說是無往不利。

魯：我不是很懂數學，但我明白你們的做法。你們基本上就是觀察股票或其他資產的走勢，尋找市場裡的異常情況。如果發現異常情況，你們可以在這種情況不再異常之前進場買賣，把握機會獲利。換句話說，你們尋找市場欠缺效率的情況，針對這種情況做交易，然後在市場變得有效率時退場。是這樣嗎？

西：沒錯。有時那些異常情況會持續很長時間。有時它們永遠不會消失。它們都很小，但如果你能把握大量的異常情況，累積下來就會有很好的績效。

魯：你的數學天才幫助你想出這種操作方式？

西：完全是。

魯：不懂數學的人是否不可能做到這種事？

西：我想是的。

魯：你們開始這麼做時，你是否每天深入參與尋找異常情況？抑或數學模型為你們找出異常情況，而你不需要酌情處理？檢視電腦模型可以清楚看到異常情況嗎？還是你可能對模型呈現的結果有懷疑？

西：我們掌握大量資料。我們終於有了交易價格資料，我們可以直接搜索，也可能有人想出某個主意：「如果發生這種情況，又發生那種情況，我建議你測試一下這種操作，看是否可行。」我們聘請了一些非常優秀的科學家，他們一直努力尋找異常情況。在他們幫助下，這條鏈條不

斷壯大。

魯：你們聘用了數學家和科學工作者？

西：我們聘用的科學工作者未必是數學家，可能是物理學家。我們還曾雇用幾個天文學家。但在最初階段，我們的重心仍是期貨。我們還沒涉足股票，股票顯然是個更大的市場，但我們不知道怎麼操作。我們有了一個想法，而在我們研究期間，有兩個人來為我工作，他們是鮑勃・默瑟（Bob Mercer）和彼得・布朗（Peter Brown）。

他們的名字是我幾年前聘用的尼克・派特森（Nick Patterson）告訴我的。派特森曾在國防分析研究所工作，表現非常出色，幫了我們很多忙。他說：「這個叫鮑勃・默瑟的傢伙，你應該和他一起工作，他非常優秀。」我面試了鮑勃，給了他一份工作。他說：「我總是和彼得・布朗一起工作，他比我年輕。你也得請他。」我說：「好吧，沒問題。」

我安排其中一人去期貨部門，另一個則去新成立的公開交易股票部門。幾個月後，他們說：「我們真的很想一起工作。我們想做這個或那個。」我說：「好吧，你們去把股票系統建立起來。」我們當時做非常低量的股票交易，但成績不是很好。他們為此努力了大約兩年。最後我說：「聽著，我再給你們六個月時間，屆時如果還搞不定，你們就必須放手。」大約兩三個月後，股票系統開始有效運作了。他們發現各種有效的交易訣竅。股票現在是大獎章基金的一個主要部分。

魯：他們也是數學家嗎？

西：是電腦科學家。

魯：你們開始成為股票市場的大投資人。那時候你們是退出了貨幣市場，還是兩者都做？

西：兩者都做。

魯：當你們的年化報酬率顯然超過所有其他業者時，你是否意識到自己正成為世上偉大的投資人之一，還是你並不這麼想？

西：當時我沒有想「我是不是偉大的投資人」這種問題，我在想的是：「我正在賺很多錢。」當然，大獎章基金有外部投資人，但規模不斷擴大，因為人人都把錢留在基金裡。它的複合成長率非常高，但這個基金的規模是有上限的，因為它是做現金交易。如果你的基金規模非常大，而你又想快速交易，你就會對市場造成太大的影響，因此大獎章基金不能太大。

　　我們認識到這一點，但員工都投資在這個基金裡。我們想不出其他辦法，決定把外部投資人都趕走。這花了兩三年時間，但到了2005年，大獎章基金已經是由員工百分百擁有。

魯：後來，你們開始接受外部投資人投資其他基金？

西：是的。但大獎章基金還是只有員工可以投資。

魯：許多年來，大獎章基金據說一直保持驚人的報酬率，達到40％或更高。

西：比那還要高。高於40％。

魯：報酬率非常高，你變得非常富有。現在你投入大量精力在慈善事業上。你是「捐贈誓言」的最初簽署者，對嗎？

西：是的，雖然我很早就做了這件事。當時我想，我就做這件事來展現意志吧。我從沒想過我是在加入什麼團體。我們開始舉行「捐贈誓言」會議時，我並不想加入一個俱樂部。我兒子和我女兒都簽了。我妻子瑪麗蓮（Marilyn）喜歡參加這些會議，因為那是社交活動。我不喜歡交際。我從慈善事業中得到樂趣。

魯：你在慈善方面專注於數學和科學等領域？

西：我的基金會成立於1994年。當時我們已經在捐出不少錢，而瑪麗蓮認為我們或許應該成立一個基金會。我喜歡這個想法，因為我可以投入資金並獲得減稅，但減稅也不是一定要靠基金會。她在她的更衣室裡為基金會工作了一年，寫寫支票之類的。然後她有了一間小辦公室，請了兩個人，而我則是不斷投入資金到基金會裡，因為我賺很多錢。我的事業成功了。

　　2010年，我決定停止在文藝復興公司的工作，全心投入基金會。那時候，我們基本上已經是100％專注於支持數學和科學事業。後來我出任文藝復興的董事會主席，但我完全沒有參與他們的工作。公司運作順利，我投入所有時間在基金會的工作上。

魯：如果要你告訴大家如何成為優秀的投資人，你會怎麼說？是專精於某些事，知道自己在做什麼，還是祈求好運？你認為，成為優秀的投資人需要什麼條件？

西：你確實需要一點運氣。我經常演講，有時會用這個題目：「數學、常識，以及好運氣。」

魯：這些是關鍵因素嗎？

西：我真正成功，是靠與優秀的人為伍。我喜歡做招募工作，我至今仍喜歡做招募工作。在大獎章基金，我找來我能找到的最聰明的人一起工作。

魯：你不怕請到那種自認比你聰明的人嗎？

西：如果有人比我聰明，那就更好了。我確信我們有一些員工至少認為他們比我聰明，而他們很可能確實比我聰明。我的成功祕訣就是找到好人才。

魯：這真是個了不起的故事。你的父母親有沒有看到你的巨大成就？

西：有。我父親死於阿茲海默症，但他知道我事業很成功。我一直支持他們。我母親比較長壽，但父母親都有活到看見自己的兒子事業成功。

對沖基金

約翰・鮑爾森 John Paulson

鮑爾森公司創始人

> 「最重要的是專注於你比別人更懂的某個領域。你可以因此占得優勢。」

2007-2009年的經濟大衰退是若干因素造成的，其中最重要的莫過於美國房屋市場崩盤，而該市場當年相當仰賴次級房貸提供資金。這種房屋抵押貸款的借款人不必達到正常的房貸信用標準，而且通常不必拿出任何頭期款。但在次貸危機爆發前，投資界非常喜歡購買這種房貸（通常是打包成證券化資產），因為它們的利率高於一般房貸。

房價大跌之際，許多次貸借款人無法承受較高的利息費用，結果導致次貸崩盤。在此之前，許多專注於高收益資產的投資人大量買進次貸資產。隨著經濟放緩，投資界無疑有人曾警告次貸市場可能崩盤。也許還有一些人因為預期次貸市場將下挫或甚至崩盤而做空了次貸資產。

這當中最突出的是紐約對沖基金經理人約翰・鮑爾森（John Paulson）。在次貸崩盤之前，他向來不是很受人注

意，職業生涯一直專注於風險套利操作（押注上市公司宣布的併購交易將順利完成）。鮑爾森不但預料到次貸市場將下挫或甚至崩盤，還根據他的直覺押下他職業生涯中最大的一筆賭注。他押對了，因此顯然大賺200億美元——毫無疑問，這是華爾街歷史上任何一名投資人最成功、最賺錢的一次押注。

　　約翰不受人注意的狀態因此結束。他立即成為世界上最著名的對沖基金投資人之一，世人熱切希望得知他對投資的看法——他對許多慈善工作的支持也很受關注。

　　雖然名聲在外、財富增加（以及因為大量捐款給中央公園保護協會和哈佛大學而受矚目），約翰個人仍保持低調。他的行事作風源自在紐約市接受公立學校教育，在紐約大學商學院成為畢業典禮上致告別辭的大學生代表，以及在哈佛商學院成為貝克學者（Baker Scholar）。

　　我因為在紐約的各種商業和社交關係而認識和敬重約翰，但與他相處最長時間是因為他加入了外交關係協會的董事會——在那裡，他對投資環境和經濟的看法特別受重視。也許人人都在等待得知下一個類似次貸崩盤的機會——我知道我就是。但在這種問題上，約翰明智地保持慎言，將此類資訊保留給他的正職工作。2021年8月12日，我面對面訪問了他。

————

大衛・魯賓斯坦（魯）：你做了華爾街歷史上最著名的其中一項投資。2006年左右，你在一段時間裡做空房貸市場。據報導，這項交易為你和你的投資人賺了約200億美元。過去幾十年裡，不曾聽過任何人靠一項交易賺了這麼多錢。你是否曾懷疑這項交易不會成功？

約翰・鮑爾森（鮑）：當時我們確信房貸市場的某些部分

價格過高，很可能會崩盤。我們集中押注相關證券的價格將下跌，結果我們預期的事發生了。

魯：我猜你們會想要保密，不希望人人都知道你們在做什麼。你們是如何保密的？你們從哪裡找到工具建立那種空頭部位？

鮑：當時我們是一家從事併購套利（merger arbitrage）的公司，規模達到約60億美元，算是相當大。但在1986–1987年，我們在對沖基金中的排名在第50–75位，我們一直在尋找躍居業界前列的方法，只是這一行競爭非常激烈。

我們一直在尋找某種不對稱投資（asymmetrical investment）來幫助我們達成目標。在1980年代末，大約是德崇證券（Drexel Burnham Lambert）崩潰的時候，我發展出做空投資級公司債，也就是押注其價值下跌的專長。這種操作被設計成潛在損失有限但潛在獲利非常可觀。不過，投資級債券違約的可能性非常低。

但我們發現有個領域確實會發生這種情況，主要是金融公司，因為這些公司的槓桿非常高，資產價值小幅下跌就可能使股本化為烏有。而如果這些公司真的倒閉，它們發行的無擔保債券往往變得一文不值。在德崇證券破產時，我們做空了一些金融公司的債券，取得不錯的績效。後來我們曾做空一些最終破產的保險公司的債券，例如康塞科（Conseco）。我總是在尋找價格不合理的信用證券。

我們最終在次級房貸擔保證券市場找到了。這種證券採用一種獨特的結構，將房貸打包成證券，證券被分割為從B級到AAA級的約18個級別（tranche）。我們聚焦於BBB這個級別：如果作為擔保品的房貸組合損失7％，這個級別就會變得一文不值。

我們認為房市處於價格過高的狀態，房貸證券已出

現泡沫，而房貸組合的損失很可能將超過7％，甚至高達20％。我們在這方面做了大量研究。我們密切追蹤房貸市場，追蹤相關證券的表現，發現情況不斷惡化。

於是我們開始大舉做空。但我們無法為我們的交易保密，因為我們總共做空了超過250億美元的此類證券。我們和華爾街每一家大銀行都有往來。它們可以承做的金額是有上限的。沒有一家銀行的曝險超過50億美元。我們與所有銀行的交易檯都有互動，我們所做的事因此很難保密，甚至是不可能保密。

魯：當時有報導說高盛是你們的顧問。是真的嗎？

鮑：他們不是顧問，是交易對手。他們交易活躍，而為了賣出證券，他們必須從別人那裡買入。我們放空次級房貸證券給高盛，他們再轉手賣給別人，就像所有其他金融機構的交易檯那樣。

魯：如果你們賺了200億美元，你們面臨多大的風險？你們投入的一切是否有可能化為烏有？

鮑：是的。我們當時管理著約60億美元。我們告訴投資人：「我們想做一項對沖，我們想支付2％的費用來為這些房貸擔保證券買保險。」每年支付2％的費用，我們就可以做空名義值為我們所管理資產200％的債券。然後我們說：「如果這些證券違約，如果債券跌至50，我們將會賺100％；如果債券跌至0，我們將會賺200％。」當時我們的基金每年賺10-12％。我說：「在不利的情況下，如果那些證券不違約，我們損失2％，我們的主要基金仍可以賺8-10％。」*

所有投資人都說：「如果你相信是這樣，那就去做吧。我們的資本看來是安全的。這似乎是很好的風險與報酬取捨。」

　　這些證券的運作方式是不對稱的。你基本上是冒1％的風險去賺100％。

魯：不可能那麼容易，因為沒有人做了像你那樣的事。你是否曾經擔心到晚上睡不著，心想「我可能犯錯，或許將因此損失很多錢」，抑或你一直沒有很擔心？

鮑：還是那句話：潛在損失非常有限。我認為其他人沒有那麼做，是因為以前從不曾有投資級房貸擔保證券違約。它們被視為僅次於公債的最安全證券。在次貸危機形成之前，這基本上是正確的。其他人忽略的關鍵點，是那些證券背後的房貸授信品質，在那段時期是前所未有的惡劣。它們過去不曾違約是事實，但這與後來發行的證券未來是否會違約毫無關係。

魯：你是某天看報紙或看彭博電視時萌生做這項交易的念頭嗎？這個想法從何而來？

鮑：我們發展出做空信用（或債務）證券的專長，這是極少人掌握的技能。做空信用證券的困難，在於你必須真的借到證券，而且還要承受負利差。信用證券通常是長期持有的，交易不頻繁，很難借到。此外，如果這些證券沒有違約，負利差的成本可能相當高昂。因此，藉由做空信用證券獲利頗有挑戰性，並非易事。因為這些原因，很少人做空信用證券。

　　但是，因為這種操作的不對稱性質，我從未放棄尋找可以借入、可以做空，以及可能違約的大量信用證券。終

＊換句話說，如果債券面值為1,000美元，支付1％的費用（或10美元）作為對沖，以確保將來該債券能有1,000美元的價值，則如果該債券的價值不下跌，對沖的成本就是10美元。如果對沖基金年報酬率為10％，則1％的對沖成本將導致基金的報酬率降至9％，而這仍是可以接受的報酬率。如果債券違約，變得一文不值，收取1％費用的一方將必須向對沖基金支付債券獲保證的價值1,000美元。相對於為這項對沖付出的成本，這可以產生驚人的利潤。

於，在2006年，我們在房貸擔保證券市場找到了「信用空頭之母」（the mother of all credit shorts），該市場當時的規模甚至大於美國公債市場。而因為有信用違約交換〔一種針對證券違約的保險〕，你不必借入那些證券就可以實質上做空它們。你只需買入那些證券的信用違約交換合約，就可以在那些證券下挫時，像做空它們那樣得益。

當時我們一次做空1億美元的房貸擔保證券，一天做空5億美元，有時甚至一天做空10億美元。當時有大量的流動性支持我們建立這些空頭部位。

魯：據媒體報導，那項投資成功之後，你曾經必須開一張金額超過10億美元的支票給國稅局。你做這件事是覺得愉快，還是會有點心痛？

鮑：我們除了是美國財政部的大力支持者，也是紐約州和紐約市的大力支持者。我們繳相當多稅。

魯：你的辦公室裡是否有一張開給美國政府的超過10億美元的支票？你沒有保留那張支票嗎？

鮑：我沒有保留那張支票，但我保留了向州政府和聯邦政府報稅的資料。

魯：一定經常有人來找你，跟你說：「我有個好主意。」有人曾提出像你那項交易那麼好的主意嗎？那已經是超過十年前的事了。

鮑：很難。我一直沒有找到像當年那項交易那麼不對稱的機會——不對稱是指情況不利時你可能略有損失，但情況有利時你可能賺100倍，也就是你不必冒損失很多金錢的風險，就有可能賺很多錢。多數交易是對稱的，也就是你可能賺很多，但也冒很大的風險，而如果你錯了，你會損失慘重。

魯：你總是說，如果你有好機會，你會告訴我。你至今都

沒找到像當年那麼好的機會嗎？

鮑：我認為沒有當年那麼好。現在價格最不合理的領域是債券。10年期美國公債殖利率目前約為1.3％，30年期公債殖利率約為2％。我們正進入通膨高漲的一段時期。目前的通膨率遠高於長債殖利率。市場裡很多人認為眼下的通膨是暫時的。我認為市場相信了聯準會的說法，認為通膨高漲只是經濟重啟下的暫時現象，通膨終將消退。但是，如果通膨沒有消退，又或者回落後留在高於聯準會2％目標的水準，或是維持在3–5％的區間內，那麼我認為利率終將跟上來，債券價格將下跌。在這種情況下，如果利率真的升至那種較高的水準，投資人可以利用各種與債券和利率有關的選擇權策略，獲得非常高的報酬。

魯：你經歷了改變人生的事件或取得驚人的成就之後，例如你做了當年那項交易之後，是否會想說：「我不想再冒巨大風險再來一次」，抑或你會想證明你可以再做一次，因此致力尋找像當年那麼好的交易機會？

鮑：我們確實在找，但必須實事求是。我們已經做了一些規模較小的交易，可能賺25倍，與利率和金價有關。我們的看法是目前市場低估了通膨，而如果通膨接下來真的高於市場目前預期的水準，這將導致金價和利率雙雙走高。這兩種情況同樣發生無疑並不容易，但如果真的發生，我們已經建立的部位可能使我們賺25倍。

魯：在你那項著名的交易之後，你做了另一項交易，買進大量黃金或黃金期貨。你是所謂的「金蟲」（gold bug），非常看好黃金。現在黃金的價格大約是每盎司1,700美元。你是否認為現在黃金在這個價位是不錯的投資標的？

鮑：是的。我們認為在通膨高漲的時期，黃金會有非常好的表現。上一次黃金出現拋物線走勢〔即價格急漲〕，我

們看到了當時的情況。那是在1970年代，我們有兩年時間通膨率達到雙位數。黃金出現拋物線走勢，基本原因是可投資的黃金數量有限——我估計大約有數兆美元的價值，而金融資產的總量則是接近200兆美元。

如果你持有殖利率為2%的長期公債而利率升至5%，那些債券的價值將大幅萎縮。同樣地，如果你有現金放在銀行，利息是0%而通膨率為4%，你的錢也將逐漸貶值。隨著通膨率上升，許多人會設法因應，包括減少持有固定收益資產和現金。合理的做法是買進黃金，尤其是如果金價在通膨高漲時期開始上漲的話。而相對於可投資的黃金數量，因為減持現金和固定收益資產而釋出的資金非常多，供需失衡將導致黃金升值，而這種上漲會自我推動。

魯：那項著名的交易使你成為舉世聞名的人物。這如何改變了你的生活？是否突然之間一直有人找你？是否有高中同學說他們早就知道你會成功，而且還打電話給你，希望你能捐款？你的生活發生了什麼變化？

鮑：我記得我們有個投資人在2007年2月打電話給我。他說：「約翰，我剛拿到月度績效報告。我想上面寫錯了一個數字，寫著基金賺了66%。你們應該是想寫6.6%。」我說：「不，是66%。」他說：「這不可能。我曾跟隨索羅斯、保羅・都鐸・瓊斯（Paul Tudor Jones）以及許多其他人投資。從來沒有人能夠一年賺66%。你們怎麼可能一個月賺66%？」

之後不久，我們所有的投資人都收到了月度績效報告，消息傳到媒體那裡，成為《華爾街日報》的頭版報導，全球都有轉報。這種績效持續了一整年。信貸基金全年淨賺近800%。這種績效成為全球矚目的一個現象。我們變得非常有名，而這確實改變了我的生活，是好的那種

改變。我們成為當時資產規模排名前五的對沖基金之一。這為我打開了很多扇門。

魯：你本來經營一支很大的對沖基金，然後你像許多華爾街成功人士那樣，決定把自己錢投入家族帳房（family office）。你為什麼這麼做？

鮑：基本上有兩種選擇。有些人喜歡這門生意，於是建立基礎設施以募集更多資金，擴大合作關係，創造出自己去世之後可以繼續運作下去的事業。這就創造出另外的價值。

我自己則是從來都不喜歡這一行的生意面向。我從不喜歡募集資金或去見投資人。我覺得那些工作壓力很大。我真的喜歡投資那一面，那是我覺得有趣之處，是我感到興奮的事。我們取得一定的成績之後，開始不再重視募資工作。投資人自然流失，我們不會找人代替他們，也不會尋求募集更多資金。隨著時間推移，我在基金中的資本占基金所管理資產的比例越來越大。我們最後發展到從事業務面工作的人占公司總人數75-80％，實際參與投資的人則占20-25％。

我之前負責法規遵循、募集資金、向投資人報告、法律和人力資源等事務。最後我認為我已經花太多時間——超過我一半的時間——在業務管理上，而這實際上已經不符合成本效益，所以我決定僅專注於投資。於是在2020年6月，我們將外部資本退還給投資人，轉型為一個家族帳房。

魯：我們來談談你對經濟走向的看法。你提到了通貨膨脹。我在卡特總統時期的白宮工作時，我喜歡說，我對雙位數的通膨率負有責任。顯然也有其他人涉入其中。你是否擔心通貨膨脹？這是你現在對經濟的主要擔憂嗎？

鮑：我不會說我擔心，因為我們完全沒有持有固定收益資產。我們確實認為通膨將會比市場目前所預期的來得嚴

重，我們因此調整了投資組合，以便在通膨證實較預期嚴重時得益。如果通膨率真的保持在高於預期的水準一段時間，我們的投資組合將會有很大一部分因此得益。

魯：你是否認為聯準會人為壓低利率太長時間？

鮑：他們是否人為地壓低了利率？是的。他們是否人為壓低利率太長時間？我認為不是。COVID大疫癱瘓了整個經濟，我們經歷了很可能是想像得到的最嚴重金融危機。如果不是聯準會和財政部採取那麼積極的政策，我們大有可能墜入嚴重的經濟衰退。聯準會和財政部的那些貨幣和財政刺激措施最大限度地緩和了經濟衰退，並且使經濟迅速復甦。他們盡可能縮小了GDP的萎縮幅度，並且使GDP急劇向上修正。

魯：美國的債務和赤字規模是否使你擔憂？

鮑：絕對是。為了穩住經濟，我們確實借了很多錢。但我們終將必須償還債務，或是利用較高的通膨率將這些債務貨幣化。還債的代價是很高的，很可能導致長期的緩慢成長。

比較輕鬆的辦法是利用通貨膨脹將債務貨幣化。通膨較高時，名義GDP成長得比較快。由於債務是以名義值記錄，債務對GDP的比率將在通膨較高的情況下降低。我認為我們將可以作出選擇，而通膨將是比較可取的結果。

魯：人們總是在尋找泡沫破滅的機會。你就真的把握了房貸擔保證券泡沫破滅的機會，它可說是歷來破滅的最重要泡沫之一。你覺得SPAC（特殊目的收購公司）市場如何？它是個將會破滅的泡沫嗎？

鮑：我不認為它是個大泡沫，但這個市場出現了一些小泡沫的跡象。流動資金真的太多了。我認為SPAC市場處於價值被高估的狀態——對投資於SPAC的人來說，這種投

資通常會失利。

魯： 你是否認為加密貨幣很有價值？

鮑： 我不認為加密貨幣很有價值，我認為加密貨幣是個泡沫。我會說加密貨幣是有限供應的無物（nothing）。除了數量有限，所有加密貨幣都沒有內在價值。

魯： 既然如此，為什麼你沒有大舉做空某種加密貨幣？還是你已經這麼做了，但你認為這是一種好空頭嗎？

鮑： 我們之前大舉做空次級房貸資產，是因為這種交易是不對稱的。按面值做空期限有限、與公債的利差為1個百分點的債券，你的損失最多是利差乘以期限，但如果債券違約，你將能賺到面值。做空加密貨幣的潛在損失則是無限的。即使長期而言我可能是對的，但短期內，如果像比特幣那樣從5,000美元漲到45,000美元，我做空就會全軍覆沒。它太波動了，不適合做空。

魯： 我們來談一下你如何進入這一行。你出生於紐約，父母來自兩個不同的國家。

鮑： 我父親來自厄瓜多。我母親來自紐約市，但她的祖父母來自東歐，來自俄羅斯和烏克蘭。我父母相識於加州大學洛杉磯分校，父親當年讀商科，母親是心理學家。後來他們回紐約。我出生於紐約。

魯： 你是在紐約讀高中的？

鮑： 是的。我們算是家境良好的中上層家庭，但負擔不起私立學校的費用，因此我從幼稚園到高中都是讀紐約市的公立學校。當年那些學校的素質相當好，我在公立學校接受了很好的教育。高中畢業後，我上了紐約大學，畢業後去了哈佛商學院。

魯： 在紐約大學，你是讀商學院。當年你是致告別辭的學生代表？

鮑：是的。

魯：你父母親一定對你成為致告別辭的學生代表印象深刻。大學畢業後你去了哪裡？做什麼工作？

鮑：我很愛上學。我很興奮。大學期間我開始創業，因此對學習商業很有熱情。長期擔任高盛董事長的古斯塔夫‧利維（Gustave Levy）畢業自紐約大學。他教一堂名為「投資銀行傑出兼任教授研討會」的課程，我被邀請修這門課，只有12個學生選修。利維請來高盛四個主要部門的負責人來講課，其中風險套利部門的負責人是鮑勃‧魯賓（Bob Rubin）。長期以來，風險套利是高盛最賺錢的業務。我決定要進入風險套利這一行。他們說：「如果你想做這個，你必須先去念哈佛商學院。然後你要去併購部門工作。然後，如果你真的很優秀，你就可以從事風險套利。」

　　我走上了這條路。我去了哈佛，然後在貝爾斯登的併購部門工作。成為貝爾斯登併購部門的合夥人之後，我去了當時最大精品銀行之一的葛拉斯夥伴（Gruss Partners）的風險套利部工作。在那裡工作四年後，也就是從商學院畢業12年後，我在1994年創辦了鮑爾森公司（Paulson & Co.）。

魯：你以貝克學者的身分從哈佛商學院畢業，這意味著你是成績前5％的學生。你是否想過去高盛為鮑勃‧魯賓工作？

鮑：我確實考慮過，但我稍微偏離了軌道。我是1980年畢業的，當時基本放款利率達到了20％，沃爾克〔當時的聯準會主席保羅‧沃爾克〕正致力馴服通貨膨脹，所以股市很低迷。我們當時處於小幅衰退期，投資銀行業沒有大量招兵買馬。與此同時，顧問公司如雨後春筍般湧現，它們是最吸引人的工作地點，支付的起薪是當時投資銀行起薪的兩倍。我受誘惑，進了顧問公司。我從哈佛畢業後的第

一份工作是在波士頓諮詢公司（BCG）。兩年後，我意識到那不是我真正想做的。我真的想在華爾街工作。但我審視華爾街時，發現它總是有兩面。一面是當代理，在投資銀行工作，代表客戶，賺取費用。另一面是當主人，拿自己的資本投資賺錢。真正有錢的人都在後一個陣營。我的夢想就是在那裡工作。

魯：可以為外行人解釋一下什麼是風險套利嗎？

鮑：就是一種針對併購的投資操作。例如有一家上市公司股價在30元時，有人出價50元收購該公司，而併購宣布之後，那家公司的股價升至48元。現在有2元的價差，雖然好像不是很多錢，但2元是50元的4％。如果交易在四個月內完成，如果你一年做三次交易，三乘以四就是12％的報酬率。如果你可以建立這種交易的投資組合，而且它們的獲利都差不多，你就能獲得穩定的報酬。

魯：但你們通常專注於已公布的併購交易。

鮑：是的。風險套利是圍繞著已公布的交易。你可以嘗試預測併購交易。例如你關注某個正在整合的行業。你看到哪些公司被收購。你可能強烈感覺到，某家公司被收購的時機已經成熟。你可以在它被收購前買進它的股票，而你可能猜對了。但如此一來，這會變得比較像是一種事件套利操作，而不是風險套利。

魯：你在1994年創辦了自己的公司。當時是否有人急著要給你錢？你一開始有多少錢？

鮑：沒有，那是一段非常艱難的時期。募資是一項挑戰。我以有限的積蓄創辦了公司，然後刻苦地逐漸募集資金。隨著我累積較長時間的績效紀錄，而且展現了盡可能降低潛在損失和提高潛在獲利的能力，我們募集到越來越多資金。

魯：成為優秀的投資人需要具備哪些素質？是勤奮？運

氣？還是人脈？

鮑：開始投資之前，你需要大量的經驗。經驗的類型取決於投資的類型。如果是從事風險套利或私募股權投資，最好的起點很可能是併購部門，因為在那裡你可以熟習估值、併購協議和併購法規。之後如果你自己收購企業，或買賣經歷併購的公司的股票，你就可以利用你之前累積的經驗。

魯：你招聘時看重什麼？高智商？勤奮？良好的學校教育？

鮑：以上皆是。學校是挑選優秀人才的一種漏斗，所以我們去最好的學校，尋找最聰明的人。此外，你也需要那種能夠與人合作、不會對組織造成破壞的人。

魯：你認識世界上最優秀的一些投資人。他們是否有使你仰慕的某些特質？例如勤奮？研究能力？高智商？

鮑：以上皆是。組織、道德行為、紀律和專注都很重要。

魯：你想繼續投資嗎？我想你對進入政府部門沒有興趣吧。

鮑：我打算繼續投資，我對政府的工作不感興趣。我努力簡化自己的生活，以便減少工作，享受生活的其他方面。把外部資本還給投資人，是我往這個方向邁出的一大步。現在我不必寫報告給投資人看，不必出差去見投資人，也不必擔心資金平衡或其他人的稅務問題。我仍專注於投資，這是我喜歡做的事，但我不必像以前那樣投入那麼多時間。

魯：經常有人來問你：「你有什麼好主意嗎？」

鮑：有時候有。最壞的情況就是你隨便告訴別人一些想法，結果事與願違。你會覺得很糟糕。我寧願不提供投資建議。

魯：你收過的最好投資建議是什麼？

鮑：最好的做法是投資自己熟悉的領域。任何人都可能在

某項投資中幸運獲利，但沒有人可以長期仰賴好運氣。如果你投資於你不懂的領域，最終是不會有好成績的。最重要的是專注於你比別人更懂的某個領域，你可以因此在投資上占得優勢。

魯：投資人最常犯的錯誤是什麼？

鮑：他們尋找快速致富的方案，基於故事買入資產。他們追逐正在上漲的標的，但那些資產最終大跌，導致他們虧損。

魯：如果有人來找你，跟你說：「我爸爸剛給了我10萬美元。這是我的成人禮或結婚禮物。我該怎麼處理這10萬美元？」你會怎麼說？

鮑：我常說，一般人的最好投資就是為自己買房子。如果你拿出那10萬美元作為一成的頭期款，借90萬美元的房貸，你就可以買一間價值100萬美元的房子。據報導，上個月的房價較去年同期漲了20％。如果你去年以10萬美元的頭期款買了100萬美元的房子，然後房價漲20％，那就是投資10萬美元賺了20萬美元，報酬率高達200％。基本上，隨著時間推移，這就是買房子會出現的情況。你等越久，房子升值越多，你投入的本金獲得的報酬率也就越高。對擁有這種資金的人來說，最好的投資就是買下自己的房子。

魯：你會建議人們不要投資什麼？

鮑：很多人會不同意我的看法，但我認為不應該投資加密貨幣。我認為，無論加密貨幣目前在什麼價位，無論它們之後是漲是跌，最終都將證明是沒有價值的。它們完全沒有價值。這只是一個供需問題，一旦熱情消退，或者流動性枯竭，它們就會跌至零。我不建議任何人投資加密貨幣。

魯：你的職業生涯中有什麼遺憾嗎？

鮑：沒有。

John Paulson

魯：你希望你的孩子未來也進入投資界嗎？

鮑：我總是說，你應該做你熱愛的事。我從小就覺得投資很有趣。我喜歡買東西、賣東西。我喜歡賺錢，而賺錢使我得以獨立自主，使我能夠選擇自己的生活方式。這就是我喜歡的。但你不能強迫別人接受這一套。最重要的是跟隨自己的熱情，做自己喜歡的事。你可以在任何領域成功。你可以在音樂、舞蹈、醫學、物理、數學方面取得成就。最重要的是積極投入自己天生熱愛的事業，這將提高你的成功機率。

私募股權與收購

桑德拉・霍巴赫
Sandra Horbach
凱雷集團董事總經理、
美國收購與成長部門共同主管

> 「自滿會毀掉一個組織。……你必須不斷創新，提高團隊自我要求的標準，提升你所建立的支持投資的能力。」

凱雷過去35年的成功有賴一些才華橫溢的投資專家，當中不少人值得寫進像本書這樣的著作裡。不過，為了盡可能客觀地做這些訪問，我決定排除我事業上的所有夥伴——除了真正獨一無二的桑德拉・霍巴赫（Sandra Horbach）。

桑德拉來自華盛頓州貝爾維尤市（Bellevue），很早就對國際外交產生興趣，大學時期學了中文，希望有助自己投身外交這一行。但在1980年代，美國對中文人才的需求不多，桑德拉因此認為從事金融業可能更有前途。

因此，桑德拉以斐陶斐榮譽學會（Phi Beta Kappa）成員的身分從衛斯理學院（Wellesley College）畢業後，進入紐約摩根士丹利公司（Morgan Stanley）從事金融工作。幾年後，她到史丹佛商學院讀MBA，並於1987年加入當時

美國領先的收購業者佛斯特曼利得（Forstmann Little）。當時收購界所有級別都幾乎沒有女性人員。

1993年，桑德拉晉升為合夥人，成為備受敬重的收購專家，領導團隊完成了公司最成功的一些投資案。收購案遇到問題時，她往往被委以解決問題的重任，灣流公司（Gulfstream）就是一個例子。灣流收購案原本看似將淪為失利的投資，但在她的努力下，變成了佛斯特曼利得歷來最成功的其中一項投資。

收購先驅泰德・佛斯特曼（Ted Forstmann）決定收縮佛斯特曼利得的業務之後，所有大型收購業者都積極招攬桑德拉，而凱雷幸運地贏得這場競爭。她成功地領導凱雷進入消費和零售投資領域，晉升為公司最大業務美國收購和成長部門的共同主管。

在她現在的職位上，桑德拉是整個收購界最高階、經驗最豐富的女性之一。她也是金融服務界的傑出女性之一，除了鼓勵年輕女性加入這一行，還指導真的投身金融業的女性。

我認為訪問她可以帶給讀者一些獨到的見解，既有助了解收購界的早期情況（巨額槓桿當年很常見），也有助洞察該領域現在的運作方式。桑德拉直接參與收購交易許多年，現在監督一個由直接參與投資的專業人員組成的龐大團隊，這兩方面的經驗都很有參考價值。此外我也認為，與桑德拉談她在男性主導的行業裡的投資生涯，可以揭示她曾面對的一些挑戰，或許也可以鼓勵其他女性加入這一行（她經常這麼做），體驗當中的樂趣和機會。2021年6月14日，我以虛擬方式訪問了桑德拉。

大衛・魯賓斯坦（魯）：妳無疑是收購界最有經驗、最成

功的女性之一。幾十年前，妳剛進入這一行時，有許多其他女性在做收購嗎？當年這一行有妳的模範嗎？

桑德拉・霍巴赫（霍）：我剛入行時，沒有其他女性從事收購業務，所以也沒有女性模範。我很幸運能與一些優秀的投資人共事，他們都是男性，是我的榜樣。

魯：妳是擁有史丹佛MBA學位的投資專業人士，當年那些男性是否予妳應有的尊重？還是許多年前沒有這種事？

霍：有些人有尊重我，但有些人顯然很懷疑我的能力。我努力證明自己的能力，最終通常可以建立非常好的工作關係。

魯：大型私募股權公司現在是在頂尖商學院辦招聘面試的主要雇主。妳畢業時也是這樣嗎？妳是如何進入收購這一行的？

霍：我還在學校時，沒有私募股權公司在商學院做招聘面試。這些私募股權公司當時都很小。它們不在任何地方招聘，更不會到商學院招人。你通常必須認識某些人才可以入行。我在私募股權界不認識任何人，所以我獨立求職，與史丹佛校友和摩根士丹利之友聯繫，終於找到辦法進入私募股權界。我敲了很多門，見了很多人，幸運地說服了佛斯特曼利得公司開一個原本沒有的職位給我。

魯：妳加入佛斯特曼利得時，公司有多大？有多少人？管理多少資本？

霍：當時有五位合夥人，我是第六個投資專業人員，也是唯一的女性。我1987年加入佛斯特曼利得時，公司資本超過10億美元。它是當時達到這種規模的兩家公司之一。

魯：在佛斯特曼利得工作的早期，誰教妳做收購？是某個人教妳，還是妳自學？

霍：這一行採用學徒制，所以我當然是跟著一些優秀的投

資人學習。在佛斯特曼利得,我起初主要跟隨創始人之一的布萊恩‧利得(Brian Little)和另一位合夥人約翰‧史博瑞格(John Sprague)。幾年後,我轉為直接與泰德‧佛斯特曼共事。我認為和他一起工作使我學到最多東西。他是業界的先驅,也是優秀的投資人。

魯:當年收購交易使用的槓桿比現在高得多。當年業者通常使用多高的槓桿?我知道佛斯特曼利得的情況與多數同業不同,但當年收購交易的槓桿通常高達90%或類似水準,對嗎?

霍:沒錯。多數業者使用90%的債務和10%的股本。如你提到,當年佛斯特曼利得有自己的次順位債基金,因此可以設計比較安全和有創意的資本結構。這在當時是個實在的競爭優勢。因此,相對於多數槓桿收購業者,我們使用的銀行債務融資比較少。*

魯:妳最初的工作是分析投資機會和安排融資嗎?作為年輕的專業人員,妳做些什麼工作?

霍:我負責尋找可能誘人的投資機會,做盡職調查,安排融資,然後幫忙監督我們投資的公司,直到它被賣掉或股票上市(通常是在作出投資後四到七年)。

魯:當年贏得交易的競爭激烈嗎?還是業界只有極少數真正的競爭對手?

霍:當年感覺上總是面對激烈競爭,但現在回想起來,競

---

* 在1980年代佛斯特曼利得的鼎盛時期,該公司與眾不同地擁有一支次順位債基金,可以用來為公司的收購交易提供資金。其他收購業者通常必須進入融資市場,利用次順位債募資,為收購交易提供資金。一如所有其他收購業者,佛斯特曼利得也必須進入融資市場,為收購交易發行必要的優先債。但是,佛斯特曼利得因為有自己的基金可以提供次順位債資金,相對於同業占有一些優勢。其他收購業者通常是在高收益債市場取得次順位債資金,成本通常高於佛斯特曼利得利用其次順位債基金,而且必須遵守的條件也比較多。

爭比現在少得多。

魯：價格是贏得交易的主要決定因素嗎？抑或成交的確定性也是關鍵因素？

霍：兩者都很重要。價格必須達到一定的門檻，但確定性也非常重要，因為當年無法為整項交易輕易安排好融資包銷，這就是為什麼我們的次順位債基金可以帶給我們重要的競爭優勢。

魯：當年你們公司或其他業者會做些什麼來為所投資的公司增值？是否有很多營運合夥人、前執行長幫忙為投資標的增值，抑或收購業者當年不做這種事？

霍：我們當年沒有現在這些促進價值創造的工具，但我們會組織強大的董事會，利用董事的產業或營運專長為管理團隊提供意見。例如，我們為灣流公司找來的董事包括喬治・舒茲（George Shultz）、鮑勃・史特勞斯（Bob Strauss）、鮑勃・杜爾（Bob Dole）、亨利・季辛吉（Henry Kissinger）、唐・倫斯斐（Don Rumsfeld），以及柯林・鮑威爾（Colin Powell）。

魯：真了不起。當年募資是公司業務的重要部分嗎？抑或當年沒有那麼常募資，而且募資規模比現在小得多？

霍：向我們的有限責任合夥人募資一直都很重要，而我們大約每四到五年募集一個新基金。我們很幸運，因為我們與有限責任合夥人的關係非常好，他們是非常忠誠的投資人；因此我們有很多熟悉的投資人，他們一次又一次地參與我們的募資。但那些基金無疑是規模較小的基金。[**]

魯：妳參與過哪些重要交易？

霍：我提過的灣流航太（Gulfstream Aerospace），就是我花了大量時間，為它努力了八年左右的一家公司。當年我們是一家小公司，專業投資人員只有不到10人，因此我參與了公司所做的大部分交易，包括社區醫療

集團（Community Health Systems）、通用儀器（General Instruments）、揚基蠟燭（Yankee Candle）、Topps（業務包括棒球卡和Bazooka口香糖）、Stanadyne（一家綜合企業集團，其明星業務是Moen水龍頭，後來我們把它賣給了American Brands）、城堡廣播（Citadel Communications）、XO通訊（XO Communications）、艾德拉（Aldila），以及Department 56。它們並非全都是擁著著名品牌的公司。

魯：你們從克萊斯勒（Chrysler）手上收購了灣流公司。收購之後，該公司出現了一些問題。妳和同事如何處理這些問題並扭轉公司局面，最終成功地將它賣給了通用動力公司（General Dynamics）？

霍：在收購之後，我沒有參與監督灣流的運作。我們開始發現灣流的問題時，泰德‧佛斯特曼要我去喬治亞州薩凡納〔灣流公司總部所在地〕，去了解那些問題是否可以解決。他指示我把它當作一項新投資看待，研究後回來向合夥人提出接下來怎麼做的建議。

在灣流待了幾個月後，我相信問題是可以解決的，於是擬出了扭轉公司困境的建議方案。幸運的是，我們的

** 收購界一如創投界，用於投資的股權資本通常來自收購業者或創投業者從機構或個人投資人那裡募集的基金。募集這種基金可能耗費大量時間，因為投資人往往會做大量的盡職調查，以了解基金背後的收購或創投業者的能力和績效紀錄。因為投資人現在遍布世界各地，募集100億至200億美元的大型收購基金可能需要一年或甚至兩年的時間。COVID病毒流行期間，募資變得容易一點，因為業者可以藉由虛擬方式向投資人介紹情況，無須出差。一如創投基金，收購基金的資本由投資人承諾提供，等到真的有交易要做時，投資人才真的按投資比例出資。基金管理費通常由投資人每年支付，按投資人承諾的總投資金額計算。因此，一個10億美元的基金如果投資1億美元，投資人必須拿出來的錢就是承諾投資額的10％。因此，如果投資人承諾向基金投資5,000萬美元，他就必須為基金的1億美元投資提供500萬美元，也就是其承諾投資額的10％。投資人每年支付的管理費通常為承諾投資額的1％至2％，在這個例子中就是每年50萬至100萬美元。

Sandra Horbach

合夥人很支持我的想法。於是我們一起制定了一個方案，提交給我們的有限責任合夥人，結果他們同意支持這項計畫。如我之前提到，當年我們有自己的次順位債基金，因此我們說服了有限責任合夥人將他們所有的次順位債轉換為股權。

我們實際上是藉由強化資本結構，為自己贏得時間來解決公司的問題。首先，我們更換了整個管理團隊，然後著手削減成本，重新設計有缺陷的灣流 500 客機開發計畫。我們與勞斯萊斯和沃特（Vought）公司達成收入分享協議，使它們成為灣流的合作夥伴，以助應對灣流 500 新開發計畫增加的成本——諷刺的是，沃特當時是凱雷集團投資的一家公司。此外，如我稍早提到，我們也請到重量級人物組成世界級的董事會，他們是你能想到的最好的飛機推銷員。

魯：妳為什麼喜歡做收購？我想妳是喜歡的。

霍：我當然喜歡，我做這一行很多年了。我很喜歡認識新業務，了解企業成功的驅動力。我也非常喜歡與管理團隊合作，支持他們，實現公司的潛力。

魯：妳學到的最重要教訓是什麼？

霍：這些年來，我學到了很多經驗教訓。謙遜至為重要。多元的意見可以成就更好的投資決策。我認識到合適的領導者可以如何徹底改變公司的方向，而且花大錢收購優秀的公司，好過以低倍數的價格收購平庸的公司。*

最後，我認識到自滿會毀掉一個組織。你不能仰賴你

---

* 收購業者的投資通常是以標的公司 EBITDA（未扣利息、稅金、折舊與攤銷的利潤）的某個倍數收購公司。EBITDA 被視為公司的實際盈利，因此被視為公司營利能力的最佳指標。低成長工業製造公司的收購價可能是 EBITDA 的 6-8 倍。盈利成長潛力較大的高科技公司，收購價則可能是 EBITDA 的 15-20 倍。

過去的成就。你必須不斷創新，提高團隊自我要求的標準，提升你所建立的支持投資的能力。

魯：在妳看來，優秀的收購專家應具備哪些關鍵特質？

霍：智性上的誠實。你不想只看到好的方面就說服自己達成協議。好奇心也非常重要。你必須謙遜但果斷，而且有出色的人際技巧。你必須懂得察言觀色，能夠與所有類型的人打交道。你必須願意努力工作。這是個競爭激烈的領域，想要勝出，就必須有動力。你還要懂得展望未來，認識到模式辨識很重要，但也要明白過去如何不代表未來就會如何。

最後，你必須能夠接受失敗並且超越。如果你從事私募股權投資夠久，你會遇到交易不順利、投資人損失金錢的情況，那是一種可怕的經歷。但我們就是從事承擔風險的事業，你必須有能力承擔這種責任。

魯：在泰德‧佛斯特曼決定收掉公司之後，妳離職加入了凱雷，成為消費和零售收購業務的負責人。當時有很多其他收購業者招攬妳，是什麼吸引妳繼續做收購？為什麼不去當執行長、財務長，或從事金融業的其他工作？收購這一行有什麼使妳那麼享受和滿足？

霍：我很喜歡與不同類型的公司和管理團隊合作，因為可以不斷學習和接觸新事物。因此，雖然我有一些其他的機會，但我從未認真考慮過做私募股權投資以外的工作。對我來說，問題只是去哪一家公司，而直到我離職並開始與那些公司面談，我才意識到佛斯特曼利得是多麼與眾不同。幸運的是，凱雷證實是我的好歸宿，所以要謝謝你們聘用我。

魯：妳現在是凱雷的美國收購與成長部門的共同主管。相對於妳剛投身這個領域時，收購這一行發生了什麼變化？

霍：我認為真正該問的是：「這一行有什麼是沒有改變的？」1987年我開始從事這個行業時，它甚至還沒被視為一個行業。當時只有少數幾家小公司在做這種被稱為「槓桿收購」的新型投資。現在，私募股權已成為一個成熟的全球型資產類別，管理著數兆美元，有數千家公司在世界各地投資。隨著行業的成長和演變，凱雷之類的業者增加了大量的資源和能力，以驅動價值創造。激烈的競爭、高昂的估值和越來越大的基金規模，意味著私募股權業者必須不斷提高標準，努力發掘投資良機和為投資標的增值，以爭取傑出績效。

魯：現在的交易是否因為槓桿降低而變得比較安全？收購業者是否為投資標的增值更多？價格是否因為競爭增加而比以前高得多？

霍：價格無疑是上升了，但與此同時，相對於早年90％債務和10％股本的情況，我們大幅提高了資本結構中股權資本的比例。競爭繼續日趨激烈，這就是為什麼我們必須保持警惕，致力為團隊增加創造價值的能力，同時對收購的公司類型精挑細選。

魯：可以為我們介紹一下典型的收購流程嗎？從公司發現交易機會、決定嘗試收購，一直說到如果收購成功，之後會發生什麼事。

霍：我們的流程始於每年六個產業部門的負責人審視產業環境，選出他們認為投資機會比較好的子產業。凱雷是產業傾向很強的公司。我們達成共識之後，產業團隊就會去尋找可操作和誘人的投資機會。如果他們找到他們認為符合我們的投資標準的機會，就會提交給基金負責人審視，我們稱之為「當心」（heads-up）會議。它是一次高層次的審視，我們在會議上討論投資的價值。

如果我們在當心會議上同意繼續研究，團隊就會做嚴格的盡職調查，針對業務連續做一系列的深入調查。如果盡職調查的結果令人失望，我們就會放棄交易，而我們在這個階段會放棄很多交易。最後，如果交易團隊建議進行收購，而且盡職調查已經完成，我們（基金負責人）也批准了交易，我們就會向投資委員會推薦該交易，由它最終批准（或否決）交易。

魯：你們一年通常會考慮多少宗交易？通常會做多少宗交易？

霍：我們審視很多交易。我們有個巨大的漏斗，每年考慮數百宗交易，但大部分會放棄，因為它們不符合我們的投資標準。如我稍早提到，我們有六個產業部門，每個部門每年積極審視10到20宗交易。也就是說，我們每年會非常徹底地審視大約一百家公司。在此基礎上，我們每年可能會對6到12家公司採取進一步的行動。

魯：你們收購一家公司之後，如何努力為它增值？收購公司之後，凱雷的投資專業人員會在多大程度上參與監督公司的運作？

霍：凱雷的投資專業人員積極參與所投資公司的事務，包括擔任公司董事，幫忙監督價值創造計畫的執行和最終的退出。此外，我們的全球投資資源團隊有一支由30多名職能專家組成的團隊，他們監督人才和組織績效、數位轉型、技術和網路安全、採購、營收成長機會，以及ESG（環境、社會、治理）和政府事務。我們有一支龐大的團隊，他們專注於促進所投資公司的績效。

魯：現在你們審視投資機會時，ESG有多重要？投資之後又如何？在妳剛進入收購這一行時，ESG是必須考慮的因素嗎？

霍：早年ESG不是一項考慮因素，現在它在市場上比以前重要得多。我們的有限責任合夥人非常關注我們投資的公司類型，以及我們如何在整個投資組合中推動ESG計畫。因此，我們將ESG分析納入每一筆交易和我們所做的盡職調查中，並向我們的有限責任合夥人提供業界領先的ESG報告。我們藉由各種永續發展行動創造巨大的價值，包括提升營運效率的措施、與ESG掛鉤的融資安排、永續發展導向的品牌、員工參與（workforce engagement），以及生產力和多樣性方面的行動。

魯：自從妳加入收購界以來，性別多元化倡議如何改變了這一行？現在收購業者有許多女性員工嗎？

霍：自從我加入收購界以來，這一行在多樣性方面已經有進步，但主要是發生在過去10年裡。這是我們的有限責任合夥人非常關注的另一個問題，但我們還有很長的路要走。令人遺憾的是，目前在業內擔任領導職務的女性還是非常少。我自己就常被稱為「獨角獸」，而這可不是什麼好事。我們這一行需要進一步促進多樣性。我可以自豪地說，凱雷在這方面處於領先地位。現在我的投資團隊有50％是多元化的，而我們管理的資產有一半以上是由女性負責管理。

魯：妳和團隊考慮進行收購時，影響投資可取性的最重要因素是什麼？是價格、管理、競爭，還是增值能力？到底什麼最重要？還是沒有最重要的單一因素？

霍：你說的都很重要。首先要了解業務概況，包括歷史績效和前景展望、市場地位、可持續的競爭優勢，以及市場進入障礙之類。管理團隊至關重要。決定投資之前，我們會以一種有系統的方法評估管理團隊，因此我們是真的將科學和數據引入執行長和最高管理層的評估技術中。價格

很重要，但更重要的是價值創造計畫。

魯：根據妳的經驗，收購投資成功的關鍵是什麼？一般來說，妳在收購了公司多久之後，就能知道這項投資是否會成功？

霍：首先要選擇合適的公司和合適的管理團隊，從第一天起就與董事會和管理層就價值創造計畫達成共識。顯然可能出現一些我們無法控制的因素，例如大流行病，而這可能導致交易失控。但如果你做了正確的投資決定，安排了合適的團隊管理公司，並且建立了可靠的資本結構，你應該能夠駕馭多數情況。

魯：你們多常需要更換執行長？

霍：有40％至50％的時候需要更換執行長。引進新的執行長和團隊，通常是我們的團隊確定的價值創造計畫的一部分。有合適的團隊，並且確保他們支持價值創造計畫，可說是最最重要的事。

魯：在這個過程中，妳是否可以相對快速地發現有些事情不如預期，還是這遠非第一年就能做到？

霍：這取決於個案的情況。例如，如果公司的營運或商業模式有根本問題，通常在頭一兩年就能看出來。在另一些情況下，如果市場發生了變化，業務受到干擾，公司可能在我們投資數年後才受到影響。

魯：公司顯然出現重大問題時，要扭轉局面有多難？

霍：這從來都不容易，但我可以告訴你成功扭轉困境的許多例子。在多數情況下，這是因為我們能夠引入新的管理團隊來執行扭轉局面的計畫。

魯：像凱雷這樣的業者通常持有收購的公司多久？

霍：在現在的市場，我們通常持有我們投資的公司四到七年，因為執行價值創造計畫確實需要時間。

魯：你們準備出售所投資的公司時，是否會同時考慮賣給「策略型買家」（已在相關領域營運的公司）、私募股權業者，或是安排IPO？選擇哪一種做法的決定性因素是什麼？

霍：我們甚至在還沒買下一家公司，就會考慮將來適當的退出方式——IPO、賣給策略型買家，或賣給私募股權業者。多數情況下，我們會優先考慮前兩個選項。如果有策略型買家，賣給對方通常是我們顯而易見的首選退出方式，因為我們可以一次將所有投資套現。有些公司不會有策略型買家，又或者規模太大，IPO因此是唯一可行的退出方式。在這種情況下，我們會在幾年間出售所持股份。多年來，凱雷已經安排了很多公司上市。在COVID病毒大流行期間，我們就為四家公司完成了IPO，這是我們所有人在疫情爆發時都沒有預料到的。

魯：對那些想投資於收購基金的投資人，妳有什麼建議？評估特定收購基金的吸引力，應該考慮的關鍵因素是什麼？

霍：我認為關鍵在於團隊和產業專長，他們的績效紀錄，以及創造價值的能力。在我看來，在現在這種競爭激烈的環境下，規模和資源足以驅動長期價值創造的私募股權業者將是長遠的贏家。

魯：妳認為，自妳進入這一行以來，收購界的主要變化是什麼？

霍：主要變化包括這個行業的規模和全球性質、私募股權業者變得更能幹和老練，以及他們用來為所投資公司創造價值的資源遠比以前深厚。重要的是，這一行最成功的業者有許多已經運作了數十年，擁有像你和其他創始人這樣的資深領導者；他們是這一行的奠基人，具有卓越的洞察力和投資判斷力。這個行業將繼續演變和發展，但可以受惠於數十年的經驗和識見。

魯：這些年來，投資人基礎是否發生了很大變化？主權財富基金*和個人投資人是否比妳剛入行時增加了？

霍：情況可說是成長大於變化。現在的投資人基礎是真的混合了退休基金、主權財富基金、企業退休基金、高淨值個人，以及家族帳房。過去是退休基金和主權財富基金所占比重大得多。

魯：回顧妳的職業生涯和收購經歷，妳覺得最有滿足感的是什麼？

霍：和我的團隊一起工作，以及幫助領導年輕的投資人。如我稍早提到，這一行採用學徒制，所以看到新人學習和成長是很有滿足感的。此外，能夠贊助和指導業界的許多女性，幫助她們成為未來的領袖，也使我心滿意足。

魯：要在收購界成功，妳認為哪些特質最有幫助？智力、勤奮、人脈、個性？哪些技能或性格特徵可能不大有用？

霍：謙遜、智性上的誠實、智力、好奇心、果斷，以及強大的人際技巧都很重要。你必須努力工作，有上進心，而且懂得展望企業的未來發展。你不能指望過去的成就幫助你繼續成功。在我看來，無益的特質包括傲慢、缺乏誠信、懶惰、評估公司時不夠嚴謹，以及人際技巧薄弱或EQ低。

魯：妳預計收購界未來幾年將如何演變？是否會有更多競爭、更多女性和少數族裔、更多專門基金？妳怎麼看收購

---

*主權財富基金是代表一個國家及其公民進行投資的巨大資本池。一般認為世界上第一個主權財富基金是科威特投資局（Kuwait Investment Authority），成立於1950年代初，目的是方便科威特將其石油收入投資於股票和債券，使該國的資產多元化。一般認為現在最大的主權財富基金是挪威政府全球退休基金，掌管約1.3兆美元的資產。其他大型主權財富基金包括中國投資有限責任公司（CIC）、阿布達比投資局（ADIA）、沙烏地阿拉伯公共投資基金（PIF），以及新加坡政府投資公司（GIC）。

界正在發生的變化？

霍：我認為較大型的私募股權業者將繼續提高市占率，因為他們驅動價值創造的能力和資源比較強。我希望我們能在所有的私募股權公司看到更大的多樣性，尤其是在高層。

魯：妳會向年輕的男性和女性推薦這個職業嗎？

霍：當然。我對自己無意中進入這一行感到非常幸運。你永遠不會覺得無聊；你總是能學到新東西，而且你有幸能與真正有才華的人一起工作。這真的是令人興奮的經歷。

魯：妳是否曾希望自己從事其他職業？

霍：絕對沒有。

魯：妳不曾想過當醫生？不曾想過當律師？

霍：我很年輕時，以為自己會成為一名律師。後來我在投資銀行工作時，看到律師實際做些什麼，因此改變了想法，轉為投身商界。

魯：我也是這樣，但我現在也是一名律師。

霍：我知道。我也為你的選擇感到高興。

魯：過去一年半做收購有多難？一如許多專業人士，妳的團隊基本上是在家工作。你們如何以遠距方式做收購？

霍：在整個大流行病期間，我們的團隊工作效率之高令我驚訝。我們對產業的關注，我們的產業團隊在相關產業的強大人脈，使我們能夠繼續做收購交易，因為我們的團隊本來就認識許多標的公司的執行長。我們能夠透過Zoom做大量的盡職調查，而如果我們已經見過管理團隊，我們會以遠距方式做所有工作。

　　如果我們還不認識管理團隊，我們會安排大家以安全、合適的方式會面，因為我們確信必須與管理層面對面交流，以確定大家對公司接下來的運作和我們的合作關係

能夠達成共識。因此，我們會堅持面對面會談，而我們能
夠在保持適當社交距離的情況下，安全地完成任務。

　　在大流行病期間，我們還成功地第一次完全以虛擬
方式安排一家科技公司上市。ZoomInfo（一家與Zoom無
關的軟體公司）的上市工作，是以100％的虛擬方式完成
的。這場流行病真的改變人們對管理企業和出差旅行的想
法。過去我們為了募資、尋找交易機會、做IPO和套現離
場，經常出差旅行。COVID帶給我們許多經驗教訓。

私募股權與收購

奧蘭多・布拉沃
Orlando Bravo
托馬布拉沃公司創始人暨執行合夥人

> 「歸根結底，對業務問題的深入分析，結合對人的深刻理解和有效激勵人的方法，就是我們的祕訣。」

1980年代的槓桿收購熱潮顛覆了企業收購方式——其象徵性事件是1988年圍繞著雷諾納貝斯克公司（RJR Nabisco）的收購大戰，過程記載於《門口的野蠻人》（*Barbarians at the Gate*）這本書中。

那個時代的收購，通常是由規模較小但能夠取得大量資本的投資公司主導；收購案的資本結構可能是90–95％的資本靠舉債取得，因此它們顯然是槓桿收購；相當多交易是「不友善的」（也就是標的公司其實不想被收購，或至少不希望被槓桿收購業者收購）；收購完成後，標的公司的許多資產可能很快就被賣掉，除了導致公司雇用人數減少，也可能造成其他問題；ESG（環境、社會和治理）因素並非收購業者的關注重點。

在那個年代，收購業者的關注重點是盡可能利用槓

桿，盡可能減少投入股權資本，以便在轉售公司或其資產之後，股權資本的最終投資報酬得以提高。

除了少數例外，早年這些收購交易往往由前投資銀行家主導；他們通常沒有什麼產業方面的專長或專業知識，主要關注如何出售資產或削減成本，而不是利用專業技能為公司增加收入和盈利，或藉由額外的協同型收購為公司增值。他們通常也不會花時間關注ESG問題。

近年來，收購界新一代的領導者嶄露頭角。雖然他們借鑒了業界先驅的許多方法和技術，但也發展出自己的做法，包括降低槓桿、加強關注ESG問題，以及比較重視促進標的公司的收入成長。但也許最重要的是，新世代收購業者往往高度專注於某個行業，因此能夠立即帶給被收購的公司大量的業界經驗。

在這個新世代中，最成功的其中一位投資人是奧蘭多・布拉沃（Orlando Bravo），他的姓氏無疑反映了非常滿意他的投資人的心聲。*奧蘭多年輕時，可能沒有人能預料到他在現代收購界的巨大成就。他是波多黎各人，是個網球神童〔在著名的尼克波利泰里網球學院（Nick Bollettieri Tennis Academy），他是吉姆・庫瑞爾（Jim Courier）的室友和安德烈・阿格西（Andre Agassi）的球友〕，年輕時的抱負是成為職業網球員。

但奧蘭多最終決定放棄職業網球，轉為求學於布朗大學（在學時有打網球），然後是史丹佛大學的法學院和商學院。在此期間，他迷上了收購這門技藝和日益重要的企業軟體（旨在使企業能夠更有效和更高效運作的電腦軟體），並在托馬布拉沃（Thoma Bravo）這家公司建立了企

---

* Bravo作為感嘆詞，意思是「好極了」。

業軟體領域首屈一指的收購業務。

奧蘭多事業成功有賴許多因素，包括一心專注於企業軟體業的收購交易，而這是許多收購業者一直不是很了解的一個領域；利用一套結合原則、指標和流程的「祕訣」提高所收購公司的價值（收購價起初看似高昂，但經過他公司的努力之後，顯得相當便宜）；以及一種連頂尖職業網球員都會欽佩的競爭精神。

在2020-2021年COVID病毒大流行期間，奧蘭多無須親自與投資人會面，就募集了總金額超過220億美元的三支新基金，許多同業因此清楚看到了奧蘭多的方法是多麼成功。奧蘭多以虛擬方式完成募資，而且即使募資規模如此巨大，那三支新基金仍獲得大量超額認購。投資人投資他的基金經常賺到數倍於投入資本的報酬，對此幫助很大。

奧蘭多沒有忘本。他已經開始致力於慈善事業，尤其是幫助波多黎各人民，先是在2017年波多黎各受颱風蹂躪後大舉賑災，現在則是經常支持當地的教育、創業和其他社會需求。

幾年前，一名共同朋友介紹我認識他（我們不曾在私募股權會議上相遇），而我發現他是個特別有魅力、謙虛、專注的人，很容易使人立即喜歡他。我很容易明白他為什麼年紀輕輕就如此成功，而且未來頗長一段時間很可能將是收購界的超級明星之一。2021年6月25日，我以虛擬方式訪問了奧蘭多。

大衛・魯賓斯坦（魯）： 你和你的公司已經成為企業軟體領域收購交易的全球領導者，過去二十年的績效紀錄是幾乎任何一個產業的任何收購業者都比不上的。企業軟體到底是什麼？為什麼會成為如此令人驚嘆和有吸引力的投資

領域？

奧蘭多・布拉沃（布）：企業軟體基本上是寫成程式碼的智慧財產權，由持有智慧財產權的公司（可能是小企業，也可能是名列全球兩千大企業的公司）賣給另一家公司。這種軟體可以為企業做三方面的事。其一是幫助企業執行業務流程，例如開發票、會計記帳，以及線上行銷，也就是幫助用戶正確地維持業務運作。第二類企業軟體是維持資訊技術（IT）部門正常運作的各種程式，它們確保數據正常輸入和輸出，確保所有機器能互通訊息，以及在現在的雲端環境下，公司能與外部世界通訊，以及使用和分析資料。第三類是現在超級流行的網路安全軟體，它們保護公司的整個IT環境，確保公司的資料和流程是安全的。

在我們看來，除了資產管理，企業軟體已經成為世界上最好的生意，因為產品只需要生產一次，就可以一次又一次地不斷銷售。這種產品通常能產生90％的毛利率，而且業者在提供服務之前就能得到報酬，幾乎就像私募股權公司那樣。我們還沒拿資金去投資，就可以收取管理費。

這些軟體公司把軟體賣給你，他們在你安裝軟體或向你提供服務之前就能拿到錢，真是令人驚嘆。對收購業者來說，收購這種公司的好處是可以大大改善它們。從盈利的角度來看，這些公司通常有管理不足（undermanaged）的問題，而我們這一行有些業者藉由對它們做一些基本投資，將這類公司帶進了機構投資人的世界。

魯：過去二十年間，在該產業的固有吸引力之外，你們公司做了些什麼來為你們的投資增值？你和你的同事是否使用了所謂的祕方？

布：我們認為我們的祕訣是期望在我們收購的公司實現重大的積極變革，而且會尋求與既有管理團隊合作達成目

標。這種做法使我們得以投資於最創新的軟體領域，因為你不希望因為換掉公司需要的人而中斷了創新曲線。然後我們就能夠以重視分析的決策方式激勵他們，改變他們的經營方式。這就是我們的祕訣。

其他業者可以從這些交易中複製我們的指標和流程，其中有些東西是眾所周知的。但他們無法複製我們引入的風格和文化。歸根結底，對業務問題的深入分析，結合對人的深刻理解和有效激勵人的方法，就是我們的祕訣。

魯：你是否擔心科技方面將出現某些新東西，假以時日將取代企業軟體，成為科技界和經濟的巨大成長引擎？

布：區塊鏈。如果你認為區塊鏈與企業軟體是不同的東西，那我是真的擔心。如果你視區塊鏈為軟體產業的一部分，那我是真的看不到有什麼可以取代企業軟體。

魯：你是否投資於區塊鏈？

布：我個人有投資。我深信它大有前途。

魯：但你的公司還沒有投資？

布：我們正在考慮做這件事。我們還沒想好怎麼做。

魯：收購界早年，尤其是在1970年代和1980年代，因為種種原因而聲名狼藉，包括過度使用槓桿，前投資銀行家玩弄財技，導致企業陷入經濟困難和大量破產，裁員和不關心ESG問題就更不用說了。現在還是這樣嗎？為什麼大眾應該相信收購交易在某些產業對社會是有益的？

布：現在肯定不是這樣了，這也是我感到沮喪的地方。我是私募股權投資的學徒，我向這一行的先驅們學習。他們在1980年代和1990年代的一些作為事後看來很糟糕，但實際上是好的，因為他們當年是在打破企業管理層一些不好的做法和低效的經營方式。如今收購界已經改變了，因為在現在這樣的高價下，採用那種策略根本賺不到錢。

　　至於收購交易為什麼對社會有益，我認為資產移轉到能產生最大價值的人手上總是好事。如果公司因為經歷了收購而員工人數減少，那是沒問題的，因為留下來的員工能夠發揮的力量將大大增強，而在這種經濟環境下，那些離開的員工可以找到其他好工作。對那些和我們共事的年輕人，我們也會教他們一種做生意的方式，使他們成為未來更好的領導人。

魯：你在收購界建立自己的績效紀錄並努力累積信譽和經驗時，對你造成較大困難的是身為波多黎各人、拉美裔，還是前網球明星？還是從來沒有人對你有偏見？

布：我喜歡這個問題。那些因素相互抵消。波多黎各人的身分會造成困難，但現在情況正在改善。當年我有幸得到工作機會時，無論是投資銀行還是1990年代相當難得的私募股權工作，我都會被編入拉丁美洲小組，當時很多公司都會設立拉美小組。雖然這種身分給了我某種有利條件，但那是我不想要的。我想去錢多的地方，那是北方，而不是南方。所以波多黎各人身分會造成一些困難，但我利用網球來抵消這個不利因素。我找工作，包括商學院或其他地方的暑期工作，會想辦法去找相關人士或公司高層打網球，這很有用。

魯：因為你網球打得非常好，我想你一定必須故意輸給他們，對嗎？

布：不，我不會那麼做，因為那樣的話，他們會認為我不夠好。

魯：但誰會有足夠的實力和你打網球呢？

布：我打球時很投入。熱情投入很重要，你知道嗎？當時有些人打得很不錯，但我表現還可以。

魯：你在哪裡長大？你是如何成為網球童星的？當年你為

什麼去布朗大學打全美大學網球比賽,而不是成為職業網球員?

布:我在波多黎各的馬亞圭斯(Mayagüez)長大。那是個偏僻的小鎮。那裡的希爾頓飯店有兩個網球場,那裡的大學也有兩個網球場。我媽家是個來自古巴的移民家庭,總是四處遷徙,追求更大更好的東西。我九歲那年,我媽帶我去首府聖胡安看網球比賽,那是維塔斯‧格魯萊蒂斯(Vitas Gerulaitis)的一場表演賽。我就是這樣與網球結緣。我媽安排我跟家鄉某個人學網球,每天都打,漸漸地我開始去聖胡安。我喜歡去這個大城市。後來那裡有人收留了我。

我第一次去美國,是去邁阿密參加網球比賽。我打進了決賽,輸給了吉姆‧庫瑞爾。那是12歲以下兒童的比賽。然後我與吉姆成了朋友,這開啟了我後來的發展。不過,網球可說是我離開家鄉,前往更廣闊天地發展的途徑,或者說是我媽為我擬定的計畫。

高中時期,我到尼克波利泰里網球學院學了兩年左右。我在那裡的室友是吉姆‧庫瑞爾。我和阿格西同齡,和皮特‧山普拉斯(Pete Sampras)同齡,和張德培同齡。當年我們一起參加那些比賽,但他們總是排在全美前十名的位置,我則是大約第40名。等到大家17歲時,我們彼此間的運動能力差距變得很明顯。對我來說,成為職業網球員是不切實際的事。網球運動殘酷之處,在於很多像我這種水準的人成為職業選手,然後一路掙扎,那是很殘忍的。我選擇利用網球,幫助我進入常春藤聯盟的學校。

魯:我想你是布朗大學網球隊的明星球員吧?

布:當年我們有一支非常出色的球隊,排在全國前15名之內。我雙打非常出色,是頂尖選手,單打則是第三或第四

名。後來我的天地變大了，我因此希望減少打球，多讀書和工作。

魯：是什麼促使你去念史丹佛法學院和史丹佛商學院？

布：我本來打算去哈佛法學院的。那像是美夢成真，對吧？哈佛耶。那年哈佛收了我，然後有一個很懂人情世故的朋友（去那些名校的好處之一，就是認識這種朋友），他跟我說：「你一定要去面試這些投資銀行，他們來這裡了。」

我不知道投資銀行是什麼。我說：「等等，我可以去華爾街工作，他們每年付我3萬5千美元，然後我會像電影裡的人那樣？」我朋友說：「是的，有點像那樣。你唯一要做的就是打領帶，此外還得去買一雙翼尖鞋。他們會穿那樣。」我們去了一家二手店，我買了一雙翼尖鞋，然後去面試。他們給了我一份工作，我心想：「我想做這個。」

因為史丹佛法學院也收了我，我打電話給哈佛和史丹佛，問他們：「我想先去工作，可以延後一兩年再入學嗎？」哈佛說：「不行，你必須重新申請。」史丹佛說：「你想延後多久都可以，歡迎你隨時回來。」

我進入摩根士丹利工作後，要參加所謂的小組會議。我是拉丁美洲小組的成員，有些同事是科技小組的成員，他們想的是去矽谷開辦事處之類的事。我一直對那個小組很有興趣，心想：「那是我想去的地方。」

魯：你是如何進入收購界的？

布：我畢業時因為不知道自己要做什麼，打算去上法學院。我在摩根士丹利工作的第一年，遇到了對我和收購界意義重大的一件事。我參與了一宗規模達十億美元的收購交易，我們代表的公司是波多黎各最大的超市業者。因為我是波多黎各人，他們安排我參與該筆交易，而且讓我參加與買方的大部分會議。有兩個買家是私募股權公司，但

我不知道那是什麼。我問參與該交易的同事：「這些人是誰？他們沒有一家公司。他們就是兩個人，有一間辦公室和一個電話，然後他們加起來就是一家可以做十億美元交易的跨國公司？」他說：「是的，就是這樣。」

　　他們看來更聰明，更有企業家精神。他們似乎更善於談判。他們行動更快。我心想：「那似乎很酷。我也想做這一行。」然後我逐漸產生更大的興趣。

魯：是什麼促使你專攻企業軟體？早年是否很難使你公司的投資人相信這是個可行的收購類別？說服軟體業企業家相信收購業者可以幫助他們提高公司的價值是否很困難？

布：起初要說服我公司前身托馬克雷西（Thoma Cressey）的一些合夥人是有困難的，因為我在公司的舊金山辦事處工作時，在創投交易中犯過一些錯誤。卡爾・托馬（Carl Thoma）很早就給了我很多責任和權力。我差點因此被炒魷魚，因為那時遇到了2000年網路股泡沫破滅，而且我對一些事情一無所知。他給了我第二次機會，使我得以堅持下去，繼續從事科技業的交易。

　　當時我們公司喜歡收購有經常性收入的公司，例如從事約定處理（contractual processing）、戶外廣告和媒體業務的公司。我們提出有經常性收入的軟體非常好這個想法，這種資產當時比其他有經常性收入的資產便宜。至於那些軟體公司當時還沒賺錢的問題，我們想出的準解決方案是：「你看它們的毛利率，也許我們可以找一個能使它們很賺錢的營運商。」當時我們公司的規模很小，也就是一個4.5億美元的基金，卡爾・托馬因此容許我放手去做。他給了我第二次機會，而且他真的認同我的想法。

魯：他的公司總部設在芝加哥，是嗎？

布：他在芝加哥設了公司的主要辦事處，在舊金山和丹佛

都設了一個小辦事處,而我當年是在舊金山。那時候我們經營兩支基金,很快就成為一家主要從事軟體業收購的公司,因為第一支基金約50％的交易與軟體有關,第二支基金更是高達約60％。我們於是決定以後只做軟體交易。

但是,要說服投資人這麼做幾乎是不可能的。我們本來想募集12億美元,最後只能募到8.225億,但我知道,如果不是有兩個帳戶加入,我們的夢想就會破滅。那是截至當時我們最好的募資成績,但得來不易。

魯: 你做過哪些類型的交易,使你清楚知道你可以做得很好?早年是否有一些你難忘的交易?

布: 全部的交易都難忘。第一宗交易是將一家軟體公司私有化,其業務正是我之前所講的。他們執行一家分銷商的全部業務流程,涉及很多產品,包括暖通空調(HVAC)、瓷磚、設備,以及各種緊固件。我記得當時我對卡爾·托馬說:「你看看這個。如果可以收購負責執行分銷商所有業務流程的軟體公司,怎麼會有人想收購分銷商呢?」在這宗交易中,我們與後來成為我們的營運委員會主席的馬塞爾·伯納德(Marcel Bernard)合作,他是我的導師,現在已經八十幾歲了。在不撤換管理層的情況下,他幫助他們轉虧為盈,做了一些收購和他們以前從未做過的事。這宗交易使我們三年內賺了大約五倍的錢。

這宗交易對我個人有重要意義。到了我們要賣出那家公司時,執行長打電話給我說:「你還記得那次我們共進晚餐,你說了如果事情順利,管理層和投資人大概能得到多少好處嗎?」我說:「依稀記得。」他說:「那天晚上,我對我妻子說,私募股權投資公司的人都愛吹牛。」但後來他認識到,我們真的可以幫到忙,公司的情況可以因此改善,進而惠及顧客和員工。後來,他因為非常欣賞

我們的能力和貢獻，成了我們的投資人。

我們做了另一宗交易，也是與既有管理層合作，最後以收購價的3倍賣出公司。然後我們又做了一宗交易，以17倍的價格賣出。接著我們做了一宗2.5億美元的交易，在當時是我們的一筆巨額交易；我們收購了Datatel，與既有管理層合作，最後以約4倍的價格賣出。我們真的創造出這種獲利，但對當時的投資人來說，這種軟體業交易規模很小，而且是新事物，他們有更好的選擇。

我理解他們的想法。他們可以跟隨凱雷和百仕通這種有長期績效紀錄的公司投資。為什麼要冒那種風險呢？

魯：你從事這一行以來，為收購交易評估和增加價值的方法是否有改變？你的做法與多年前有什麼不同？

布：理念是一樣的，但手法完全改變了。這個產業已經改變了。例如，回到二十年前，你收購軟體公司，可以藉由削減成本賺錢，因為當年軟體公司夠便宜。這種做法現在行不通了。

但我們的理念還是一樣的，就是把一個複雜的問題分割成不同的部分，要求管理人員承擔損益責任，並賦予他們決策權，要求他們每個月報告情況，而作為投資人，我們會堅持我們在營運和策略上的使命。

魯：你們是否通常會出任所投資公司的董事？

布：是的，我們會這麼做。

魯：你們多常更換所投資公司的執行長？

布：我們進入公司後，會試著與既有管理層合作。當然，有時這是不可能的，因為他們可能不想配合，又或者我們遲遲看不到進展，最好還是換人，但換人是例外，而不是常規。

魯：你們通常持有所投資的公司多久？

布：一般是3.3年左右。

魯：投資機會通常來自哪裡？投資銀行家？還是你們自己的人脈？

布：來自一些關係，我們自己的人脈，但全都與銀行有關。歸根結底，他們是投資銀行家，但在這個產業累積了很多經驗。

魯：你們的盡職調查通常會做多久，然後決定「好，我要做」或「不，我不做」？

布：以前通常是三個月，現在是三個星期。但通常我們認識標的公司已有一段時間，最好是已經認識了好幾年，甚至是十年或更久。

魯：你們審視的交易，真的去做的比例有多少？

布：我們有做盡職調查的大概是75％。我們審視的則是25％。

魯：你們的投資委員會是否必須一致同意，你們才會去做？

布：實際上是這樣。我們尋求一致的決定。如果有人強烈反對，我們就盡量不做交易。

魯：你是否曾後悔放棄某些交易？

布：我最大的遺憾是，我們沒有足夠的資金去完成我們認真審視過的幾乎每一宗交易。我們曾考慮收購的公司幾乎都升值了。企業軟體近年蓬勃發展，所以我真希望我們可以做更多交易。

魯：收購了公司之後，如果事情不順利，你們會等多久才採取斷然行動？你們是否會等一年才更換執行長或採取其他措施？

布：我們通常會等太久。某種程度上這是因為我們的企業文化是盡量與既有管理層合作。隨著時間推移，我們在這個方面進步了。有時我們要花兩年時間，那實在是太久

了。現在呢？可能是九個月吧。

魯：你們考慮潛在收購目標時，ESG因素有多重要？你們有能力為標的公司增加ESG資源和提供協助嗎？

布：有的，有的。有時我們可能喜歡一家公司的基本產品，但該公司沒有很強的創新能力，又或者不能吸引有創造力的年輕人——這是公司強大的關鍵因素。我們可以幫助這種公司，也確實有這麼做。我們可以增強標的公司的ESG能力。

魯：在COVID期間，你們藉由三支基金募集了近230億美元的新資本。在COVID期間募集這麼多資本有多難？你們是否需要與任何人面對面會談？

布：我們沒有與任何人面對面會談，而且整個過程出乎意料地容易。我們的數據很好，既有關係也很好，這是募資成功的關鍵。但最令我驚訝的是，在COVID疫情初期，我們的有限責任合夥人在最危險時刻的表現令人難以置信。他們當中的很多人從金融危機中吸取了教訓。他們交出了歷來最好的工作表現，因為他們比較精確。他們真的是卯足了勁，完成了任務。他們沒有驚慌失措，他們能夠度過難關。

魯：在COVID期間，公司的營運困難嗎？

布：一點也不困難，這是我最自豪的部分。想想我們現在如何回去工作，在我看來，情況並不是非黑即白。現在只是比較好。

　　有幾項因素對我們有利。其一是我們的投資團隊規模相對較小，只有40人左右，而出於多種原因，我們刻意保持這個規模。領導層可以在同一個時區、同一個城市辦公。那時候我們還沒有邁阿密辦事處。我們會在下午六點出去散步，而在一個小時的散步時間裡，我可以和每一名

同事交談，了解他們的工作情況，所以這一點很好。

其二是我們的企業文化很好，員工也很優秀。大家在工作上沒有個人目的，都知道自己需要做什麼。

其三是我們的組織方式。即使在旗艦基金中，我們也是在每個軟體類別設有獨立的交易團隊。我們在房地產軟體、汽車軟體、網路安全軟體和基礎設施軟體都有專責團隊。這意味著每一個人都清楚自己需要做什麼。我們不需要指揮交通。員工可以立即發揮巨大的生產力。

這是我們回收資本最多的一年，是創紀錄的一年，也是新投資創紀錄的一年。過去12個月裡，我們投資了80億美元，做了大量新交易。為什麼呢？因為人們不再搭飛機到處跑，不再參加許多無用的會議，所以我們能夠完成更多工作。

魯：自從你投身這一行以來，收購界發生了怎樣的變化？

布：這一行現在好多了，規模變大了，競爭力也增強了。相對於其他類型的投資，它交出非常好的績效。它不斷創新，藉由長期基金、核心基金、SPV（特殊目的機構）持有公司更長時間。這反映了為應對科技創新和新的交易方式而進行的創新。如果你不碰交易業務六個月，你就真的落後了，因為你錯過了交易參與者在交易行為方面的創新。

魯：未來我們可能會看到哪些變化？

布：我想你會看到人們創造或接近我所說的「空白地帶」（whitespace），也就是收購界還沒有觸及、我們目前還沒有投資的領域，並將它消滅。我們正在努力開發一個空白地帶，那就是真正的大型軟體業收購，而我們就快成功了。過去九個月裡，我們一直在做這件事，例如我們以120億美元收購了資安公司Proofpoint，以100億美元收購了物業管理軟體公司RealPage。這些交易可說是一種協商

交易。如果從現在起推算四年，如果這些軟體公司每年成長20％，而且收購價倍數不下降，屆時這些公司的規模和價值將是現在的兩倍。世界上哪裡能找到資本來做這種交易呢？有心人想推動這種發展。我們這個很有企業家精神的社群如何抓住這些空白地帶，將是非常吸引人的一件事。

魯：如果有人想成為收購投資專家，你認為最好的教育和訓練背景是什麼？

布：我非常喜歡博雅教育背景。我認為這種教育通常可以使人變得更開闊、更有思想、更世故。

魯：你當年主修什麼？

布：我學政治學，後來又學了經濟學。我一開始學的是歷史。它會使你成為一個更有趣、更有思想的人。它會使你思考更深入一些。因為它，我很享受我的法學院教育。我至今仍會閱讀最高法院的判決書，它們對我很有吸引力。

　　與此同時，你必須學會閱讀財務報表。你需要接受一定的會計訓練，以便能夠追蹤公司的資金流和交易，並作出判斷。

魯：頂尖的收購專業人士具備哪些技能？

布：推銷技能和說服力。我認為這正是為什麼我們這一行有不少法學院背景的人。其他東西並不是很難。

魯：在收購界，哪些素質是無益的？

布：雖然收購是一種控制業務，但在我們生活的這個世界裡，想控制很多東西是不可行的。你會非常挫折。你無法控制人。你可以擁有公司很多股份，但事情已經不再像以前那樣運作了，尤其是現在。那些希望一切井井有條、非常重視流程的人，會很辛苦，因為這是一個非結構化的行業，交易是個混亂、非結構化的世界。

魯：如果有人想投資於收購交易，你會建議他們如何選擇

一家或多家公司？他們應該小心避開什麼？

布：這個已經說過太多了，你必須選擇最適合你的企業文化。與優秀的人共事，感覺舒服自在，對我來說是最重要的。我會避開那些績效不佳的公司。在這一行，勢頭至關重要。一家公司開始表現不佳，它就不再對任何人有用。我會重視績效和文化。

魯：你在事業成功之後，開始積極參與慈善事業，並且成立自己的基金會。你最熱衷於慈善事業的哪些領域？

布：我以前曾基於個人原因參與慈善事業，但颶風瑪莉亞發生後，我們第二天就展開一項救援行動，支援我故鄉馬亞圭斯附近的小鎮。促使我們參與行動的是一個叫拉哈斯（Lajas）的小鎮。鎮長告訴一名記者，然後記者又告訴我，那裡有個避難所，裡面有35人，食物和水只夠用一天半。我知道波多黎各政府不會去那裡。美國聯邦緊急事務管理署（FEMA）最終會到那裡，但不是在一天之內。我跟記者說：「請跟鎮長說，我們一天半後會到達那個機場。」我們找來一架飛機，裝滿了食物、水、靜脈輸液器、配方奶粉之類的東西，希望能幫助災民度過難關。我們降落在那個地方時，我心想：「我從不曾做過這種事，不知道會看到什麼。不知道已經有多少其他團體前來救災。一定有的。」結果除了我們，完全沒有人到那裡救災，我心裡「哇」一聲。

我從中學到的是，不要假設有人會介入。如果你關心某項事業或某個問題，你必須為它做點什麼，因為沒有人會為它做任何事。

當時還有一些當地的英雄在努力幫助災民，然後我們開始從佛羅里達的羅德岱堡向波多黎各提供救援，直到有更多機構介入。我在當地遇到一群年輕人，尤其是做銷售

的，他們對我說：「我剛生了個孩子。我是銷售人員，是在這裡受教育的。因為通訊中斷，我沒法做生意，完全賺不到錢。」那裡有很多勤勞、誠實的人，我記住了他們。我聯繫了我的高中同學。我說：「我會繼續在這裡做慈善。」我們成立了布拉沃家族基金會，主要關注波多黎各。

　　波多黎各是世界上財富最不平等的地方之一，這是當地很多事情窒礙難行的部分原因。我們為當地年輕人提供有意義的個人和職業發展機會。

魯：你從加州搬到佛羅里達，是為了比較接近波多黎各嗎？

布：我骨子裡是個東岸人。我在這裡覺得自在得多，而且它離波多黎各很近。這是一件新鮮事。在托馬布拉沃，我們也在嘗試以不同的方式做事。

魯：回顧職業生涯，你有什麼遺憾嗎？有沒有後悔沒有成為職業網球選手？

布：老兄，我怎麼可能會有遺憾？你看我運氣多好。過去25年裡，在軟體和私募股權界發展是再好不過了。我遇到了很多好人、環遊了世界，我還想再做下去。

　　至於職業網球生涯，我現在年紀大了，回想起來，我覺得如果能進入資格賽就好了。我是不可能進入正賽的，但如果能進入溫布頓或美國網球公開賽的資格賽，我一定會很開心。

　　三年前我去了溫布頓，當時我在球員區，我有個朋友是一名球員的教練。他問我：「你有帶球拍來嗎？」我說沒有。他有一支球拍。他說：「我為你準備了這雙草地鞋。賽事期間，我們將會上球場打球。」然後，我就踏上了其中一座草地球場，那是我第一次在溫布頓打球。我記得我傳了簡訊給我媽，內容大概是：「我成功了。但我是以另一種方式做到的，不過我就在這裡。我正在觸摸聖

私募股權與收購　奧蘭多・布拉沃

Orlando Bravo

草。我做到了。」

魯：那些比你強的球員，現在是否都來找你求職？

布：那些真正優秀的球員都很有錢的。不過，是的，如果他們想要工作，我們可以幫忙。

不良債權

布魯斯・卡什 Bruce Karsh

橡樹資本管理共同創始人暨共同董事長

> 「要成為成功的不良債權投資人，你必須能夠冷靜客觀和反向而行，因為你的工作就是在恐懼和恐慌的高峰買入。」

970年代末，少數投資人開始大量利用債務融資收購企業。這種投資被稱為槓桿收購，而在早期的收購案中，「曝險」（at-risk）資本——即股本——通常僅為收購價的1％至5％。高達95％至99％的收購代價仰賴債務融資，通常以標的公司的資產作為擔保（這是合法的）。

　　槓桿收購的新穎之處，在於提供債務融資的放款人——通常是銀行或保險公司——知道標的公司資產的內在價值可能不足以償還貸款，但假設標的公司不破產，它產生的現金流或盈利終將足以償還貸款。

　　這些早期的收購案多數順利，股本報酬率非常高，因為投入的股本很少，槓桿則很高。但是，也有一些早期的收購不成功——可能是因為經濟下滑或業務停止成長，導致現金流不足以支持償債。

Bruce Karsh

　　為了避免遇到這種問題，在1980年代末和1990年代初許多高槓桿收購失敗之後，為收購投資提供資金的放款人要求大幅提高股本投入。現在的收購案可能有30％至60％的收購價是由某種股本（或真正的「曝險」資本）提供資金。

　　失敗的收購案產生的經驗教訓之一是，一旦「失敗的」收購扭轉困境，那些有勇氣以折扣價買入違約（或料將違約）債務的投資人（起初為數不多），真的可以獲得誘人的報酬，因為那些債相對於公司破產時大幅升值。

　　不良債權（distressed debt）這個全新的投資類別由此而生。

　　在這個類別中，投資人在預期標的公司的股權將會受損或甚至化為烏有的情況下，買入標的公司的債（通常是在收購交易中，但並非必然如此）──可能是最安全的優先債，也可能是最不安全的次級債。標的公司破產時，債權人將有機會擁有公司的部分或全部股權，因為他們的債權可能在破產法庭程序或庭外的重組程序中被轉換為重組後公司的股權。優先債是收購交易中最有保障的債，因為公司必須先償還優先債，然後才可以償還其他債務或分錢給股東；投資人決定投資時，通常估計公司若出現經營問題或必須重組，會有足夠的資產可用來償還全部優先債。次級債要等到公司還清優先債之後才得到償付，無法獲得全額償付的風險比較高。

　　這種投資──對企業「不良」債權的投資──之所以可以發展到這麼大的規模，是因為：（1）現在有非常多收購交易；（2）這些交易雖然提高了股本投入，仍會有一部分無法如預期般運作，導致相關股權和債權的價值顯著縮水，不如收購發生時的預期；（3）近幾十年來，不良債權的投資人已證明這種投資可以獲得非常豐厚的報酬，辦法

Bruce Karsh

可以是（a）將債權轉換成股權，然後幫助重組後的公司（通常會引入新管理層）像原本的股權投資人所期望那樣提升價值；或（b）在不良債權市場復甦時賣出。

不良債權投資人通常以大幅打折的價格買債，而如果價格繼續下跌，他們可能進一步買進。這些不良債不難在公開市場和私人市場買賣，其投資人認為假以時日，可以將債權轉換為重組後公司的股權，而這些股權的價值終將超過當初的買債成本。有時這些不良債的價格將回升至面值。

過去幾年，因為經濟和債市大致保持強健狀態，不良債權投資機會不像經濟大衰退時期那麼多。但隨著利率上升、經濟成長放緩，以及寬鬆的貨幣政策逆轉，這種投資機會必將適時捲土重來。此一現象始於2022年，而在可預見的未來，不良債權投資料將增加。

這個投資領域顯然不適合經驗不足或不夠精細的投資人，因為它的技術要求很高，而且往往受晦澀的規則和慣例約束。因此，想在這個領域成功，必須掌握收購、債務、破產程序，以及庭外和解等方面的複雜情況。此外，不良債權投資人通常必須為有爭議的談判、大規模的訴訟和某程度的負面曝光做好準備，因為涉事各方往往會在公開場合（如法庭）展開爭論。但是，這種投資可能獲得豐厚的誘人報酬。

以下舉個例子說明不良債權投資。

亞美製造公司（Acme Manufacturing）以1億美元被收購，收購者投入了4,000萬美元的股本。一家銀行提供了3,000萬美元的優先債。這筆優先債以亞美的建築物、生產設備、智慧財產權和其他有形資產為擔保品，這些資產的價值被評估為3,000萬美元。如果亞美破產，破產法院將要

求公司重組並償還銀行的優先債，或清算資產並以所得償還優先債。

此次收購還利用了3,000萬美元的高收益債融資，但亞美的資產僅值3,000萬美元，而公司如果破產，這些資產將全部用來償還銀行的優先債。因此，如果亞美破產，那些高收益債未必能得到償還，除非亞美的資產大幅升值。因此，高收益債投資人得到的利率會高於銀行那筆優先債的利率，但獲得償還的確定性較低。

如果亞美被收購後遇到各種問題，公司持續經營的能力成疑，那些高收益債的市價無疑將跌至顯著低於最初的面值價。

如果這些債券的市價大跌，總值遠低於其初始價值（3,000萬美元），不良債權投資人大有可能買入。例如它們的市值若降至1,500萬美元（即面值的一半），不良債權投資人可能得出這樣的結論：（1）亞美將能扭轉困境，債券的價值最終將回到3,000萬美元的面值（果真如此，買債成本將是債券最終價值的一半）；或（2）亞美終將破產，屆時在破產程序中，3,000萬美元的債權可能轉換成重組後公司的一大部分（甚至是全部）股權。不良債權投資人可能樂見這種結果，因為他們可能認為，隨著重組後的公司減輕了債務負擔，而且擁有比較好的新管理團隊，他們可以獲得誘人的報酬——大有可能遠高於高收益債以面值清償產生的報酬。

這是對不良債權投資人的觀點一種過度簡化的說明。

在過去四分之一個世紀裡，橡樹資本管理（Oaktree Capital Management）是不良債權投資的領先業者之一。這家總部設在洛杉磯的公司，由霍華·馬克斯（Howard Marks）和布魯斯·卡什（Bruce Karsh）創立於1995年，他

Bruce Karsh

們組成了傑出的團隊。布魯斯是投資長，負責監督極其成功的不良債投資活動；霍華是公司的形象代言人，除了與投資人和媒體打交道，也負責整體投資理念和公司文化。

作為橡樹的代言人，作為寫給公司投資人的著名備忘錄和備受推崇的投資著作的作者，霍華無疑是這個獨特兩人組合中比較知名的一個。他比布魯斯年長近十歲，1987年在西部信託公司（TCW）聘請了布魯斯，後來向布魯斯提議離開西部信託，一起創辦橡樹〔現在隸屬總部設在多倫多的上市投資公司布魯克菲爾德（Brookfield）〕。我曾數次訪問霍華，每次訪問後都發現，和他相比，我對投資界的認識實在是太少了。

但我覺得為這本書訪問布魯斯會更有趣，因為他很少接受公開訪問，而且他是我在過去二十年裡認識且非常尊敬的人。布魯斯和我一起在杜克大學董事會共事了約十年，我們的家族投資辦公室曾在一些專案中合作。

布魯斯也是我見過最謙虛的優秀投資人之一。他不是很喜歡談論自己的成就，也不喜歡自己受到關注。但他的績效紀錄是無與倫比的，在晦澀的不良債投資領域是真正的傳奇人物——在很多方面，他是這個領域的真正先驅。布魯斯並非僅從事不良債權投資，但這是我想重點討論的，因為正是他幫助建立了這個投資類別。2021年6月16日，我以虛擬方式訪問了布魯斯。

———

大衛・魯賓斯坦（魯）：你被普遍視為不良債權等領域最成功、最受敬重的投資人之一。不良債究竟是什麼？

布魯斯・卡什（卡）：所謂「不良債」，是指已違約（未能如期支付利息或償還本金）或料將違約的公司之債務或其他支付義務（例如貿易應付款）。不良債的持有人往往

強烈希望賣出債權。

這是狹義的定義。這些年來，我們已經大幅擴大了不良資產投資機會的定義，納入了其他類型的投資，包括賤價買入實物資產，或向陷入財務困境的賣家買入資產。

魯：不良債權投資人具體做些什麼？是以折扣價買入公司債，然後在它們的價值上升時賣出嗎？還是等待破產法庭程序或庭外重組，將債權換成股權？是否會參與重組過程？你們是坐待結果，還是會參與談判？

卡：不同的不良債權投資人會有不同的做法。1988年我們成立第一支基金，隨即成為最大的不良債權投資人之一，然後很快成為這個領域最大的投資人。當你達到這種規模，你通常會成為最大的債權人，因此不會認真考慮做買賣（trading）。

有一些對沖基金確實會積極買賣不良債，但我們的策略非常簡單。我們希望成為最大的債權人，並積極參與破產程序。我們希望參與決定重組計畫的最終模樣。在某些情況下，我們會為投資人創造大量股權，並繼續參與公司的營運。情況合適時，我們也會為標的公司引入新的管理團隊。當然，實際怎麼做取決於具體情況，但我們最喜歡的投資是我們取得大量股權和積極參與公司事務的那種投資。

還有一些情況是我們以折扣價買入的債，被換成一個資產組合，裡面有現金、經重組的債務工具，可能還有股權證券。遇到這種情況時，我們通常會在重組或破產程序結束後不久賣出那些經重組的證券。

如果你看我們的投資歷史（自1988年以來，我們已經做了超過一千項投資），會發現產生最大利潤、最高內部報酬率（IRR）和最高投入資本倍數（multiples of invested capital, MOIC）的投資，*就是我們創造了最大股權的那些投資。

魯：不良債權投資人通常需要持有投資多久？你們通常尋求怎樣的報酬？

卡：不良債權投資人的持有時間可能短至30天，也可能長達10年。這取決於投資人的性質和標的公司的表現。我們的基本假設是我們會參與整個重組過程。從我們開始買入債務證券到標的公司的破產或重組程序結束，一般需要兩到三年的時間。如果我們獲得重組後公司的大量股權，我們有時會持有這些股權五年或甚至更久。

魯：你們通常尋求怎樣的報酬？

卡：在我的職業生涯中，情況發生了巨大變化。從1988年到1995年，我在TCW投資期間，我們總共做了160項投資，整體IRR超過31％。我們總共動用了17億美元的資本，MOIC約為2.3倍。已實現利潤總額為25億美元，已實現虧損不到3億美元。那是一段光輝歲月。當時好機會很多，競爭很少。當時利率顯著高於現在，不良債權領域的效率也比現在低得多。

　　現在利率接近零。由於多年來我們和一些同業獲得了豐厚的報酬，競爭已經顯著加劇，而人們對這個領域的認識也已大大增加。賣方現在不像以前那麼天真。因此，如果我們認為風險較低，我們現在很樂意接受15–20％的毛報酬率，但我們通常期望20％以上的報酬。

魯：近年因為美國經濟保持相對強勁的狀態，市場上會有很多不良債嗎？如果沒有，不良債權投資人在此期間做些什麼？如果市場上不良債並不少，它們通常是來自不順利的收購嗎？

＊私人投資通常有兩種衡量投資績效的基本方法。IRR是投資價值一年增加的百分比；2022年1月1日投資1美元，到2023年1月1日價值2美元，IRR就是100％。在這個例子中，MOIC是2倍。

卡：讓我先講一些歷史背景。我從1988年開始投資，首次遇到的經濟衰退是1990-1992年那一次。在那段時間，我們主要是在買失敗收購案的違約債。那是這種操作的黃金時期，因為1980年代出現了非常多高槓桿和不明智的收購案。

1990年代初，我們也經歷了房地產價值暴跌的情況。儲貸機構（S&Ls）被清理信託公司（RTC）接管，聯邦存款保險公司（FDIC）則接管倒閉的銀行。隨後兩家機構賣出許多與房地產有關的資產。機會出現時，我們開始以很低的折扣價買入房產抵押貸款，通常是向RTC或FDIC買入。在其中一些案件中，我們最終取消了抵押品的贖回權，成為房產的主人，以大幅低於實際價值的代價取得那些資產。

在1990年代中經濟確定復甦之前，我們就是在做這些類型的投資，然後下一波大好機會出現在1997-1998年。在那一段時期，亞洲爆發了貨幣危機，美國則發生了最大對沖基金之一長期資本管理（LTCM）的違約事件。這些事件嚴重擾亂了資本市場，為不良債權投資人創造了非常誘人的機會。

亞洲危機期間，我們致力買入所謂的「洋基債券」（Yankee bonds），也就是亞洲公司發行但以美元計價的債券。我們能以很低的折扣價買入有償付能力的亞洲公司的債券，而且不必承擔任何外匯風險。我記得在1998年，我們曾以20％的到期殖利率買入三星電子（Samsung Electronics）的債券。當時三星已經是韓國最強勢的公司之一，而他們的美元計價債券殖利率高達20％。當時其他亞洲公司的債券甚至更便宜。但在1997-1998年，三星那種債券才是黃金機會。

2000-2002年間，科技、媒體和電訊業（Technology,

Media and Telecommunications, TMT）帶給我們又一波大好機會。隨著科技泡沫破滅，TMT股的估值一落千丈，許多TMT債券的價格也跌至賤價水準。那段時間也爆發了許多企業醜聞，包括安隆（Enron）、世界通訊（WorldCom），以及艾德爾菲（Adelphia）。人們強烈懷疑企業管理層提出的財務報告是否可信，尤其是在安隆破產之後。

在這種情況下，因為違約和破產事件頻頻發生，加上人們擔心還將發生更多這種事件，不良債權投資人有很多好機會可以把握。我對那段時期有美好的記憶，因為我們能夠以面值40％至50％的價格買進很多公開交易的債券。當中有些債券的發行人還是投資級的〔投資級公司的信用評等很高，其債券通常被視為安全的投資〕，又或者最近才失去投資級評等。

當時，投資級債券持有者非常不成熟，很可能因為信用評等遭調降（甚至擔心遭調降）而賣出債券。但是，願意承接評等遭調降的TMT債券的買家卻寥寥無幾，結果是供需嚴重失衡創造出絕佳的買入機會。

我們相信，我們在那段期間買入的債券絕對不會違約，而事實證明我們是對的。現在回想，當時對那些敢出手買入那些債券的不良債權投資人來說，賺錢真是太容易了。

2000–2002年間，有幾宗收購出了問題，機會主要出現在受影響的行業，尤其是電訊業。我們在這段時期的投資績效紀錄再度顯示，利潤最大、MOIC最高的案件是投資於失敗收購的債務。

然後在2008下半年，全球金融危機重創市場。期間出現的不良債權投資機會令人難以置信。光是在2008年最後15個星期，我們每週就投資約4億美元在各種不良債權

上，當然包括看似極有可能失敗的收購。但這些資產的價值在2009年迅速回升，因為市場意識到多數銀行和其他金融機構不會倒閉，投資人因此恢復信心。

因此，你可以看到，從我的職業生涯一開始，只要有機會，我們就會投資於失敗的收購，同時也會投資於其他類型的不良債權機會，它們是時代及其獨特環境創造的。不過，我一直比較喜歡投資於與收購有關的債權，無論那些債是已經違約，還是其市價意味著違約是無可避免的。

我們通常會集中關注頂尖收購業者如凱雷、KKR、百仕通擁有的公司。頂尖私募股權公司通常很清楚自己在做什麼，會挑選好公司，而它們投資的公司要麼已經有出色的管理團隊，要麼會作出改變，引進優秀的經理人來管理公司。如果這些收購失敗，通常是因為公司過度負債，或突然出現一些短期問題。但這些公司的價值通常會恢復得很好，因此它們一直是我喜歡的不良債權投資機會。

魯：最近經濟相當好。你們現在做些什麼？

卡：2020年3月，隨著市場意識到大流行病將對世界各地的經濟產生巨大影響，股市經歷了34天的空頭市場，隨後是歷時三個月的經濟衰退。大流行病肆虐時，我們異常活躍，幸運地有大量資本可用於不良債權投資，並在疫情爆發後立即募集了有史以來最大的不良債權基金，規模為160億美元。我所在的部門——我們稱為「全球機會集團」（Global Opportunities Group）——在2020年總共投資了140億美元，其中36億美元是在疫情恐慌最嚴重的3月至6月期間投入的。這是我們的部門歷來投入最多資本的12個月，超過了2008-2009年全球金融危機期間創下的紀錄，當時我們在雷曼兄弟申請破產後的12個月內投入了超過110億美元。

　　自從標準普爾500指數在2020年3月底觸底以來，股市基本上是直線上升，一路上只有非常輕微的修正。美國經濟幾乎是火力全開，受過去一年半大規模的財政和貨幣刺激措施激勵。槓桿貸款和高收益債市場的違約率自然跌至有史以來的低點，而美國的不良債權出現率也是。那麼，還有什麼可以做呢？答案是，美國總有某些產業和公司因為某些原因而需要資本。資本的另一個出路是美國以外的地方，而我們有專門的團隊在亞洲和歐洲尋找機會，他們也真的做到了。

　　我們在全球尋找不良債權投資機會，它們必須既能產生誘人的報酬，又能提供我們做任何投資都會要求的下檔保護。十五年來，我們部門在倫敦有一支卓有成效的團隊，主要在西歐尋找機會。歐洲的經濟週期歷來與美國不同步；在經濟復甦和不良債權機會方面，歐洲往往落在美國後頭。過去五年裡，橡樹也在亞洲建立了一支強大的團隊，他們在過去12至18個月裡，一直非常積極地幫助我們在中國和印度尋找誘人的投資機會。

　　我們做的另一件事，實際上是擴大了不良債權的定義，將機會型直接貸款（opportunistic direct loans）納入其中。例如，我們向需要資本來擴展業務的公司提供貸款，賺取相當高的報酬率。借款的公司與「不良」無關，既沒有過度負債，也並非面臨迫在眉睫的違約；它們可能是科技公司或新創企業，股權資本成本高於我們借給他們資本收取的利率。

魯：你們投資於不良債權時，通常是買比較可能獲得償還的優先債，還是沒有資產抵押，因此風險較高的次級債？

卡：這一行有不同的操作方式。1988年我剛開始投資時，我們的想法是要買那些出問題的高收益債（也就是次級

債）。大約一兩年後，銀行業者被迫以折扣價出售貸款時，我們在TCW的基金成為全美率先買進這些銀行貸款（即優先債）的投資人，最後成為最大的買家。我認為我們堪稱開創了先河。

作為一名律師，我認為了解法律程序並且能夠自在地應對是一種競爭優勢，因為其他人可能做不到，在我從事不良債權投資的早期尤其如此。掌握有擔保優先債權，能使債權人在破產程序中占據主導地位，因此我其實希望我們能以這種債權作為首選投資標的。但在某些時候，尤其是在恐慌或拋售的高峰，以及通常在經濟週期的谷底，我覺得有必要深入資本結構，買入次級債或次順位債。

在像現在這種情況下，我們這種對報酬有要求的不良債權投資人，通常不能買有擔保優先債，因為收益太低了；我們因此別無選擇，只能聚焦於次級債。如果不想投資於次級債，就必須設法提供優先債融資，而你的投資不符合不良債的傳統定義，但可以在妥善控制風險的情況下提供可接受的報酬。

魯：你們是否有時會因為掌握太多債權，結果債權換成了重組後公司的控股權？大約十四年前，論壇公司（Tribune Company）破產時不就是這樣嗎？遇到這種情況時，你們是自己經營公司，還是盡快賣出你們的持股？

卡：有時我們會自己經營公司，此時我們會像私募股權公司那樣，積極參與董事會並挑選管理團隊。論壇公司的收購和隨後的破產，結果對我們很好，主要是因為我們以非常便宜的價格買債，因此後來是以很低的成本取得股權。我們控制了論壇公司之後，我成為董事會主席，然後我們很快就決定將報紙業務（包括《芝加哥論壇報》和《洛杉磯時報》）分拆出去，成為獨立的上市公司，而事實證明

これは個很好的決定。我們留住地方電視台和數位資產，直
到2019年新更名的論壇媒體（Tribune Media）被Nexstar媒
體集團收購。在論壇公司這個案例中，我們持有股權將近
十年，仍然獲得相當不錯、超過15％的內部報酬率，投資
獲利接近10億美元。

比論壇公司更使我自豪的一宗交易，是美國大型有線
電視公司特許通訊（Charter Communications）。在這個案
子中，我們特別著眼於次級債，希望取得重組後公司的大
量股權，結果真的做到了。就像論壇公司那樣，我加入了
董事會。

2014年，我們的橡樹基金賣出我們的最後持股，結果
特許通訊這宗投資為全球機會集團創造的獲利，是截至當
時單一公司投資最多的，賺了略多於10億美元。我們為
特許通訊董事會請來負責公司營運的管理團隊感到非常自
豪，他們是世界級的執行長和財務長，至今仍在職。在特
許通訊這個案件中，我們持有股票約五年。

我們會做什麼是有限度的。我完全不介意橡樹基金長
期持有股票，完全不介意橡樹公司的專業人員加入標的公
司的董事會，也不介意必要時更換管理團隊，但我們不會
派橡樹的人去實際經營標的公司。

魯：很多人會說，做不良債權投資的都是粗魯、刻薄的
人，會對每一個人大吼大叫。你卻是個悠閒、隨和的人。
你是怎麼進入這一行的？為什麼你可以如此友善？

卡：1980年代中期，我為〔洛杉磯著名商人〕伊萊・布羅
德（Eli Broad）工作期間，接觸到不良債權投資。當時我
想，因為我的律師背景，我是領導這種投資的最佳人選。
1986–1987年，我還看到了槓桿收購市場的瘋狂，於是我
去找TCW的霍華・馬克斯，建議他聘請我為他建立和經

營這塊業務。

　　雖然伊萊給我機會在他的保險公司做這項業務，但我還是想去TCW，因為我希望有一家一流的資產管理公司支持我，幫助我發展這項業務。我一直希望擴展這項業務，而且我一直認為這是個很好的機會。

　　此外，很重要的是，我覺得如果投資報酬能像我設想的那麼誘人，霍華將是非常好的合作夥伴，對我擴展業務極有幫助。當然，霍華遠遠超出了我的期望，不僅是精明的生意夥伴，更是極好的工作夥伴。

　　第一支基金成立於1988年，資本略少於1億美元。第二支基金和相關帳戶成立於1990年，承諾資本總額超過4億美元。我們在TCW的部門，立即成為不良債權領域的800磅大猩猩，此後的發展就像滾雪球那樣。

　　我有個長期願景是擴展這個投資領域，而我一直認為，如果我想爭取大型退休基金成為我的客戶，並持續從銀行手上買入不良貸款，最好是保持低調。退休基金通常是保守的組織，不想看到混亂的破產程序，而銀行當然也不希望看到它們賣出的「不良貸款」變成了有利可圖的投資，買家在銀行吃虧的基礎上賺了大錢。而如你所知，這種做法和我的個性非常契合，因為我的本性是保持低調，不誇耀個人或職業上的成就。

　　你說得沒錯，多年前，做破產投資的往往是粗魯和傲慢的人，他們喜歡大吼大叫。我從不大吼大叫，從來沒有。以前我會去參加債權人的重組會議，他們多數是商業銀行的專業人士，因為當時最大的債權人就是他們。在這些人面前咆哮對我沒有任何好處。當時我致力和他們建立關係，以便我影響所有參與者的觀點，使他們同意我對明智重組方案的看法。我的做法就是自然而然地表現出友好

的態度，同時努力建立關係。這對推動重組有幫助，對我未來的工作也有幫助，因為大債權人的代表往往就是那幾家金融機構的那一群人。

魯：當年你念維吉尼亞大學法學院，然後在洛杉磯的美邁斯律師事務所（O'Melveny & Myers）執業？

卡：是的，我在維吉尼亞大學法學院認識我妻子瑪莎・魯賓・卡什（Martha Lubin Karsh），我們結婚42年了，她是低我一年級的學妹。1980年從維吉尼亞大學法學院畢業後，我先去當安東尼・肯尼迪（Anthony M. Kennedy）法官的助理，當時他在第九巡迴上訴法院服務，然後在1981年秋加入美邁斯。我在美邁斯工作了大約三年半。

魯：你怎麼會去為伊萊・布羅德工作？

卡：這真的是一系列偶然事件的結果。李察・雷登（Richard Riordan）1980年代曾擔任洛杉磯市長，他是非常成功和知名的創投資本家，是收購方面的專家，也是雷登麥肯錫（Riordan & McKinzie）這間律師事務所的負責人。李察曾想從美邁斯把我挖角到他的律師事務所，但被我拒絕了。我不知道的是，他剛好是伊萊・布羅德很好的朋友，而他曾向伊萊提起我的名字，說我是個能幹的年輕律師。伊萊於是打電話給我，邀請我去他的公司考夫曼與布羅德（Kaufman and Broad）當董事長助理，該公司當時擁有幾家大型保險公司（其中最著名的是SunAmerica）和加州最大的住宅建築商KB Home。可以直接與伊萊共事，並將我的視野擴展到法律工作以外，這對我來說實在是不可錯過的機會。

魯：你為伊萊工作了多少年？

卡：我為伊萊工作了兩年半，我對那段時光有美好的記憶。伊萊是傑出的投資人和商人，我從他身上學到了很多

東西。我覺得,在那段時間裡我幾乎每天跟在他的身邊,觀察他怎麼做事,光是這樣就如同取得了我的商業碩士學位。

魯:然後你決定投身不良債權投資這一行?

卡:是的,就在我為伊萊工作期間,我接觸到有史以來第一支不良債權基金。它是由不良債權領域的兩位真正先驅發起的,他們是當時都在貝爾斯登工作的蘭迪·史密斯(Randy Smith)和巴希爾·瓦西里烏(Basil Vasiliou)。我相信他們當時是想募集5,000萬美元的基金,伊萊要求我為他的投資組合研究是否投資。當時我已經熟悉不良債權,曾幫助伊萊的保險公司評估約翰斯曼維爾公司(Johns Manville)的債務和股權,它是一家因為大規模石棉訴訟而申請破產的高級建材公司。我記得當時我看了史密斯和瓦西里烏的基金資料,覺得這是一項不尋常和創新的投資活動。

於是我建議伊萊投資,但他出於種種原因決定放棄。不過,我一直惦記著那支基金,尤其是因為1980年代的槓桿收購狂潮越來越瘋狂。我認為經濟終將陷入衰退,引發一波違約和破產潮,屆時將出現絕佳的不良債權投資機會。因此我決定去找霍華,請他幫我在TCW建立一支不良債權投資基金。霍華喜歡我的想法,也喜歡我的出身和背景,於是聘請我來做這件事。

魯:就是在TCW做一支購買不良債權的基金?你從1987年一直做到1995年?

卡:是的。我1987年加入TCW,最初是幫助霍華旗下的高收益部門管理「自創」(homegrown)問題信貸業務。我們花了大約一年的時間,1988年募集了第一支不良債權基金。基金成立後,我就把全部時間花在該基金和TCW的

後續基金上。我一直做到1995年4月，那時我們創立橡樹資本管理公司。

　　創立橡樹的一個關鍵因素，是TCW同意把我們在TCW成立的26億美元的不良債權基金，外包給我們在新公司橡樹管理。

魯：你們建立橡樹的初始資本，來自TCW為你們的部分業務提供資金的承諾？

卡：某程度上是這樣，以一種間接的方式。我們自己拿出1,000萬美元作為橡樹的資本，而我們的新公司第一年就實現現金流淨流入，而這頗大程度上是因為那些TCW資產賦予我們全球最大的不良債權管理公司的名聲。

魯：你們創辦橡樹時，市場上有多少家公司專門從事不良債權投資？

卡：1988年我開始做這種投資時，這一行還是「家庭手工業」，只有幾家公司在做。1990–1992年的經濟衰退和我們取得的驚人報酬，吸引了一些業者進場。到1995年我們創立橡樹時，有影響力的公司可能有10到20家。

魯：有收購案宣布時，你是否心想：「也許我應該做好準備，在相關債券的價格開始下挫時買進」？還是你會等到它們開始下挫，然後才有所行動？

卡：後者。我們開始關注收購案，是在看來真的有可能發生違約或破產時。債券市價重挫是可能發生這種情況的訊號。

魯：你們的投資操作取決於別人的失敗，這是否令人不安？你們要以折扣價向收購業者買債，是否因此很難與收購界的人保持友好關係？

卡：我從來不想對別人的失誤幸災樂禍，也不想在媒體上談論我們如何利用收購業者的困難賺了大錢。如你所知，

收購業者即使有一兩宗失敗的投資，仍有可能為基金投資人創造很不錯的整體績效。我的想法是，這是一場漫長的球賽，而我努力和我在收購業的朋友保持良好關係。

魯： 說到這個，你的知名度不如你的事業夥伴，他非常引人注目。你為什麼決定保持相對低調？

卡： 首先我要強調，我的夥伴在書面和口頭溝通技巧方面都極有天賦，這一點你很清楚。霍華非常引人注目是完全合理的，而這對橡樹有很大幫助。

其次，我從不希望自己有很多曝光。避開鎂光燈很適合我的個性。我的夥伴非常善於與媒體打交道，上電視表現出色，而且很樂於做這些事，我因此不必去做這些事，這是我感到很幸運的事。

而且，如我稍早提到，我最初非常低調是與業務有關。我在TCW開始做這一行時，不良債權投資還是個新領域，存在一些爭議。我希望主流投資人認可這種投資，而我知道，如果出現非常公開的爭鬥、訴訟或最糟糕的清算，他們就不會這麼做。我們一直努力避免公司清算。霍華和我會對主流機構這麼說：「問題不是我們造成的，我們是要解決問題。我們要把不應該出現的債權變成股權，恢復就業，恢復公司的存活能力。」這是個很好的說辭，早年真的有助我們說服政府和企業的退休基金成為我們基金的有限合夥人。

魯： 在這一行，以願意打官司著稱會有幫助嗎？

卡： 在我看來，這會對你不利。我們很少捲入訴訟。我一直希望我們公司以善於促成和解見稱，因為我認為這有利於投資報酬，也有利於業務的發展和成長。有若干業者專門從事訴訟。對他們來說，這或許是可行的，但在我看來，這不是一種很好的商業模式。

魯：你認為哪些技能對成為成功的不良債權投資人有幫助？智力、勤奮、研究技能、財務技能？

卡：我認為全都需要，因為歸根究底，我們是價值投資人。要成為成功的不良債權投資人，你必須能夠冷靜客觀和反向而行，因為你的工作就是在恐懼和恐慌的高峰買入。我的觸角總是豎起來，我總是在注意恐懼和恐慌何時出現。那種時候幾乎總是買入的最佳時機，也是我最享受的時光——我最愛在感覺到很少投資人在買、多數人在賣的時候動用資本投資。2008年全球金融危機爆發後，感覺就像世界末日。投資人可能會想：「我想觀望，因為情況看來太不確定了。金融體系似乎正在分崩離析。」在橡樹，我們看到了大規模的恐慌性拋售，因此在雷曼兄弟申請破產到2008年底的14個星期內，我們買了遠多於50億美元的不良債權。那顯然是我們的時機——我們真的不會遇到很多這麼好的買入機會。當然，隨著市場在2009年復甦，橡樹和我們的機會基金就享受了豐收的一年。

魯：回顧你的最佳交易，哪一些令你最自豪？

卡：在我們做過的一千多項投資中，我真的無法挑出我最自豪的一兩宗交易，因此與其談論個別交易，我會說我最自豪的是在經濟和不良債權週期中，選擇了合適的時機來募集我們最大規模的基金。因為我們在不良債權供應最充裕的時候投入我們最大的基金，這些基金的IRR和MOIC是我們所有基金中最高的。我想沒有很多其他投資公司可以像我們這樣。

　　過去34年間，有幾個時期出現不良債權供應不充裕的情況。關鍵是在這些時期減少手頭的資本，但同時確保大好機會出現時，有充足的彈藥可用，而那種大好機會可能五年左右才出現一次。我很自豪的是，我們可以適時調整

好基金規模，以配合市場上的機會。

我們在調整基金規模方面表現出色，無疑對我們的整體績效紀錄很有幫助。我們投資了34年，整體IRR為每年22％，而且這基本上是在不靠槓桿的情況下取得的。我們自豪的另一點是我們的「平均打擊率」。截至2021年底，我們投入了534億美元的資本，產生了423億美元的利潤，其中336億已實現。與此同時，我們的虧損僅為45億美元，其中27億已實現。

魯：在投資界，沒有人可以每一筆交易都成功。你肯定有過一兩次失敗的經驗。事後回顧，你犯了什麼錯誤？

卡：當然。過去34年裡，我犯的錯誤並不少。造成我們最大損失的行業，可說是乾散貨航運。我認為我們投資乾散貨航運的時機是完美的，那是2012-2013年，航運界日運費觸底的時候。當時全球經濟正從全球金融危機中復甦，空前低迷的日運費正強勁上漲，所有情況看來都合適。我們開始以空前便宜的價格買船，並與一家非常成功的希臘營運商合作，他們跟我們一起投資。

然後在2015年，中國決定減少購買鐵礦砂和煤。中國作為乾散貨運輸的最大客戶，對市場產生了巨大影響。隨著他們對乾散貨航運的需求減少，運價崩跌。我以為新船的建造量也會崩跌，促使市場很快恢復供需平衡。

但我沒想到的是，造船廠基本上是國家控制的，他們根本不關心運費處於什麼水準。他們造船很大程度上是為了創造就業，所以他們持續造船，拉長了產業週期的下行階段。這是一次學習經驗，現在我們面對政府大量介入的產業，會更審慎考慮政府對產業的潛在影響。

現在六年過去了，我們才終於開始看到求過於供。隨著全球需求從大流行病中復甦，供應鏈重新啟動，乾散貨

船的需求強勁。因為經濟旺盛，日運費大幅上漲，我們最近已經扭轉了很多未實現虧損，但距離損益平衡還有頗長一段路。

魯：你們買債時是否會設法掩飾，以避免市價在你們完成購買前上漲？你們是怎麼做的？

卡：多年來，我們與某些華爾街公司建立了非常牢固的關係，他們珍惜和我們的關係。我們是許多華爾街交易檯的最大付費者之一，因為我們在橡樹做很多交易。我們想要什麼，只要是合理的，幾乎都可以得到，從不曾真的遇到問題。最終是否會有其他投資人得知我們在買些什麼，有時跟著一起買？肯定有，這是遊戲的一部分。

魯：隨著經濟放緩和刺激措施消退，你是否認為未來一年左右，會出現一波不良債權投資機會？

卡：市場上有巨量的低於投資級的公司債。高收益債和槓桿貸款市場處於有史以來的最高水準，私募債（private debt）的量和受歡迎程度也已飆升。在橡樹，我們稱這種情況為「堆木材」。它們都堆在一起，而且堆得很高。

問題是要有火花可以點燃篝火。目前我看不到火花。經濟太強勁了。未來一兩年，我認為違約率都不會升至值得注意的水準。

我不指望美國公司債市場發生什麼大事，除非突然爆出某種外生事件。我沒有預料到COVID大流行病，但它為我們創造了絕佳的買入機會。當然，聯準會總是有可能因為擔憂日益嚴重的通膨威脅，大力收緊金融狀況，最後觸發下一次經濟衰退和新的不良債權投資機會。

魯：你會向年輕專業人士推薦這個投資領域嗎？不良債權投資的最大樂趣是什麼？

卡：五年前或十年前，有些朋友的孩子來找我，說他們想

去華爾街。他們問我關於不良債權和其他領域的情況，我說：「我會放棄華爾街，前往矽谷。」那裡是所有令人興奮的事情正在發生的地方，如果你有技能，應該去那裡。如果你想在華爾街發展，我會建議投身私募股權投資。不良債權投資考驗智能，也很刺激，但週期性很強，會有一些時候必須保持耐性，盡量避免做蠢事，而這不是人人都能做到的。

創業投資

馬克‧安德里森
Marc Andreessen

安德里森霍羅維茲共同創始人暨一般合夥人；

Mosaic 網路瀏覽器共同創造者；

網景公司共同創始人

> 「這基本上是個仰賴異數的遊戲，主要是靠那些異數賺錢。」

現在投資人為創始人可能有新概念或新技術的新創企業提供資本的情況相當普遍。在公司成立之初（還沒有辦公室、客戶或許多員工的時候）提供資本的投資人通常被稱為「天使投資人」（angel investors）。當公司已經不再只是創業者頭腦裡的一個概念時，提供資本的投資人通常被稱為「創投投資人」（venture investors）或「風險資本投資人」（venture capital investors）。

近年來，隨著科技熱潮改變了我們的生活，比爾‧蓋茲、史蒂夫‧賈伯斯（Steve Jobs）、傑夫‧貝佐斯、賴瑞‧佩吉（Larry Page）與賽吉‧布林（Sergey Brin）、馬克‧祖克柏，以及伊隆‧馬斯克等創業者已成為家喻戶曉的人物。他們創造的產品和服務無處不在，改變了人們的生活。在投資界和更廣的世界裡，天使投資人和創投投資

人也已成為家喻戶曉的人物，一方面是因為他們有發現新創企業價值的慧眼，而且能夠輔助這些公司到完成IPO，另一方面是因為他們異常富有。（領投的創投資本家通常可以獲得投資利潤的20％至30％，他們從創業投資中獲利甚豐，因此現在與頂尖創業者一起占了富比世美國四百大富豪榜很多位置。）

但以前情況並非如此。在1950年代和1960年代創業投資剛起步時，人們認為為新創企業提供資本太冒險了，因此很少投資人願意考慮這麼做。

1990年代，視算科技（Silicon Graphics）創始人、科技界傳奇人物詹姆斯・克拉克（James Clark）來到凱雷的辦公室，為他打算與大學畢業不久的馬克・安德里森（Marc Andreessen）創辦的一家公司尋求創投資本。馬克讀大學期間幫助開發了一種瀏覽網路的方法，而那家新公司將以我和其他凱雷合夥人不是很清楚的方式將那種方法商業化。

據我記得，我們首先想了解網際網路是什麼，然後我們提出這個問題：為什麼會有人想要瀏覽網際網路？我們得到滿意的答案之後，著眼於我們比較有把握的問題——參與投資的成本。那家還沒有收入的新公司，被評估為價值超過1億美元。

我們作為當時的傑出投資人，自然認為對一家全新的新創公司來說，這個估值太離譜了，所以我們放棄了這個投資機會。（他們曾回來找我們，提出低於1億美元的估值，但我們又一次放棄投資。）

那家公司就是網景（Netscape），後來以42億美元的價格賣給了美國線上（AOL），而馬克成為AOL的技術長。我真希望我們第一次見面時，我就知道馬克確切是

個多了不起的技術奇才——或他將成為多了不起的創投奇才。

　　離開AOL後，馬克與班‧霍羅維茲（Ben Horowitz）一起創立另一科技公司Opsware，後來以16億美元賣給了惠普。馬克之後成為矽谷非常活躍的天使投資人，投資了推特（Twitter）和領英（LinkedIn）等公司。2009年，馬克成立了安德里森霍羅維茲（Andreessen Horowitz），以擴展他的創投事業，並為投資人提供與他和他的合夥人一起投資的機會。（當時我們已經從我們之前的錯誤中吸取了教訓，因此我一開始就告訴馬克，凱雷很樂意認購他公司一小部分股份，但他禮貌地告訴我們，他創立公司需要的資本已足夠有餘。我們因此又錯過了一次很好的投資。）

　　安德里森霍羅維茲近年已成為美國領先的創投公司之一，在Lyft、Airbnb、Stripe、Groupon和Zynga等公司的投資大獲成功，此外也特別有先見之明，早早投資於區塊鏈技術和加密貨幣。以IPO的估值計，Coinbase是該公司極其成功的一項投資——可能是它帳面上最賺錢的投資。（在2022年中的科技股修正中，Coinbase和其他加密貨幣相關公司的價值大跌。）

　　除了投資上的成就，馬克成為創投界的領袖，也與他的評論者和作家身分有關。他關注的主要是科技及其社會效益。事實上，因為他的著作和演講，他的公眾人物地位遠高於許多其他頂級創投投資人，在矽谷地區無疑是這樣。因此，他是整個創投界影響力最大的人物之一。

　　2021年6月22日，我為我的彭博電視節目《與魯賓斯坦談財富》，在馬克位於加州門洛公園市的辦公室面對面訪問了他。我們討論了創投這個領域，而我又一次近距離看到他為什麼會成為創投界和科技界如此強大的一股力量。

大衛・魯賓斯坦（魯）：創投界近年非常興旺。我從未見過這種情況。創投資本家是比以前更聰明了嗎？為什麼他們現在能獲得如此驚人的利潤？

馬克・安德里森（安）：一種可能是我們又一次忘乎所以，就像1990年代末那樣，很多東西熱過頭了。

另一種可能是我們的社會正經歷一場真正的技術變革。COVID之前，社會就已經在經歷一場變革，而我們大有理由認為COVID這場大流行病加快了這場變革。疫情期間，很多數位業務加速發展，而經此一疫，世界看來將發生一些根本的變化。在這種情況下，一些新的科技公司將推動這場變革，並從中得益。

魯：創投資本家過去可能有10％的交易賺錢，90％的交易賠錢。但你們現在似乎做什麼都賺錢。現在還有失敗的交易嗎？

安：我們首次募集基金時向投資人作出了承諾。我說：「注意，我們是在努力嘗試登月。每隔一段時間，我們就會有火箭在發射台上爆炸，把地面炸出一個大坑。」

縱觀頂級創投業者50年的歷史，統計數據顯示投資成功率約為一半。基本上，所投資的公司50％賺錢，50％賠錢。

魯：過去的情況是，創投資本家可以從非常成功的交易中賺4倍、10倍或15倍的錢。現在，你們似乎有時可以賺500倍的錢。例如你們公司對Coinbase的投資，似乎就是有史以來最成功的創投交易之一。*你們作出初始投資

---

* Coinbase 於 2021 年 4 月 14 日新股上市，當天公司市值升至超過 1,000 億美元；截至 2022 年 6 月 1 日，該公司市值跌至 150 億美元。

時，那種驚人的獲利潛力是否顯而易見？

安：每次投資時，我們都是百分百相信所投資的公司將成為一家大公司。但事實證明我們經常看錯。創投路上有很多曲折。公司創始人和執行長的能力至關重要。如果公司成功了，99％的功勞歸他們。

魯：什麼是 A 輪（Series A）募資？

安：A 輪募資通常意味著機構投資人首度投入資本。這有如向認真創業邁出第一步：公司會有認真的領投投資人、認真的董事會，以及規模可觀的資本，而所有參與者都認真承諾將投入大量的時間和精力來成就新事業。

魯：像你們這樣的公司完成 A 輪募資之後，是否預計會進行 B 輪和 C 輪募資，然後投資的公司通常就上市？

安：每次我們支持這些公司，都是希望幫助它們成為長壽、持久、獨立的機構。這通常意味著它們將在某個時候成為上市公司。有時它們會在兩輪或三輪的募資後上市。現在這些公司有時可能保持非上市狀態較長時間，上市前可能進行五輪、六輪或七輪募資。創投報酬變大了，成功的獎勵變大了，市場變大了。現在全球有 50 億人擁有聯網的智慧型手機。一家公司如果在這種市場吸引到大量消費者，生意真的可以做到非常大。

做到那麼大需要很長時間。做到那麼大需要很多錢。但現在我們有一些科技公司市值超過 1 兆美元，這在我剛入行時是不可思議的。此類公司有一些會保持非上市狀態較長時間，上市前的募資規模也可能超出歷史標準很多。

魯：似乎所有的大交易都來自矽谷。奧斯丁、波士頓、紐約市呢？矽谷是否遙遙領先，沒有人追得上？

安：COVID 之前，矽谷有強大的鎖定力，尤其是在人才方面。剛從麻省理工、史丹佛或柏克萊大學畢業的人，如果

想參與創業，想進入最好的公司，與頂尖人才共事，他們會去哪裡？過去這些人多數會去矽谷。就像如果你想投身電影業，你會去洛杉磯，或如果你想成為對沖基金經理，你會去紐約。這就是超級明星城市的概念。

在COVID之後的世界裡，這種情況似乎正在發生巨大的變化，因為我們遠比以前接受遠端工作和分散式公司的理念。因此我們看到矽谷以外的活動增加了很多。

奧斯丁、邁阿密或其他地方可能出現一個新矽谷。矽谷也有可能移轉到雲端上。這些公司可能轉向線上營運。也許它們會在沒有一個中心地點的情況下運作。Coinbase就在沒有總部地址的情況下剛上市。

魯：COVID是否改變了人們對創投交易的看法，因為現在很多事情可以遠端方式完成？

安：我們正處於一個大實驗的開端，它將決定遠端工作可以做到什麼程度。在企業界，執行長對遠端工作的效果有很多不同的看法。里德‧海斯汀（Reed Hastings）和提姆‧庫克（Tim Cook）等執行長對遠端工作很不屑，認為人人都應該回到辦公室。但也有許多其他執行長——尤其是年輕的執行長——認為：「不，這很好。我們就別要求人人都來舊金山了。我們應該善用世界各地的人才，讓這些公司以虛擬方式營運。」

我們掌握各種各樣的工具。我們可以利用視訊會議和即時通訊軟體Slack，我們可以利用各種令人驚嘆的功能。我們建立了網際網路。也許是時候把業務移轉到線上了。

魯：那中國和印度呢？它們是矽谷強大的潛在對手，還是無法與你們競爭？

安：中國近二十年來的發展令人印象深刻。一如所有國家，他們也有自己的困難。他們也沒有一個完美的系統。

印度有不少做得很好或正在擴大規模的公司。這兩個國家都有一些充滿活力的生態系統，有很多非常有才華的人。

魯：你們在那裡投資嗎？

安：我們在那裡的投資不多。這是涉及 COVID 前／COVID 後的另一個問題。過去我們視創投為一種「手藝活」，必須親自與人打交道，必須與非常熟悉的人長期合作。

過去我們對以遠端方式做創投很有戒心。在現在這個新世界裡，我們必須重新審視這個假設，因為也許以遠端方式運作才是預設選擇。這是攸關整個行業未來如何運作的一個懸而未決的大問題。

魯：假設有個創業者心想：「我看過安德里森霍羅維茲的資料。我希望他們支持我的公司。」這種創業者如何爭取你們支持他們的公司？他們會打電話給你嗎？會上門拜訪嗎？還是發電子郵件給你們？

安：在我們這一行，人最重要。它非常倚賴人際關係。創投是最接近婚姻但不是婚姻的東西，因為它是一種長達十年、十五年或二十年的關係。我們是對方想要合作十年之久的那種人嗎？對方是我們想要合作十年之久的那種人嗎？

它通常始於熱情的介紹。首先要建立一種人際關係，由圈內的人互相擔保。

魯：假設有人看來應該是個出色的創業者，但從不曾真的創業。你們支持這種沒有實戰經驗者的可能性有多大？

安：如果他們從不曾創辦公司，只是有一個計畫，那是不大可能獲得頂級創投業者提供資本的。不過，有時你會遇到從未創業但已經把產品做出來的人，臉書就是典型的例子。馬克‧祖克柏創辦公司時，已經在哈佛創造出臉書這個產品。我創立網景公司時，已經開發出了 Mosaic 瀏覽器。Google 創始人創立公司之前，已經在史丹佛開發出

Google 搜尋引擎。

　　如果你已經創造出產品，你就有了一張能幫你募資的名片，因為你手上已經有一些實在的東西。首次創業者可以做的最好的事，就是把產品做出來。但你會遇到一個雞與蛋的問題：開發產品可能需要不少資金，這是許多創業者難以克服的一個問題。

魯：你們在矽谷與許多其他老牌公司競爭。你們會說：「如果紅杉（Sequoia）也投資，我們就不會參與」嗎？還說你們不介意與競爭對手同床？

安：我們與同業是合作遠多於競爭。我們喜歡競爭。我們真的喜歡戰鬥。但我們往往還是要與同業合作，因為這真的取決於創業者。優秀的創業者會選擇他們的投資人。他們可能在某一輪募資中選擇我們，可能在另一輪募資中選擇另一家創投公司。所以我們經常與同業一起投資一家公司。

魯：你們如何評估標的公司的營利能力，以決定投入多少資本及何時投入？

安：我們會做一些量化模型，尤其是在後期階段。我們會考慮這個問題：這是可能成長為非常重要和非常大的某種東西的核心嗎？幾乎每次發生這種情況，你都能夠賺大錢。

　　我們非常重視重要性這個概念。未來人們會不會覺得沒有這個產品的生活是無法想像的？如果是，我們可以輕鬆地建立試算表。如果不是，我們就不會做這筆交易。

魯：假設有人來做簡報，而你作為公司創始人，認為這是一筆不錯的交易。你的想法是否有可能被你的同事否決？

安：我們實行所謂的單一扣扳機者制度。我們公司約有22位一般合夥人，他們每一個人都有自己的投資預算，都可以不經表決作出投資決定。最好的創業構想往往與現有的框框不合，如果交給投資委員會討論，會有一些非常好的

交易遭到放棄。

魯：如果有人找你投資他的公司但被你拒絕了，他們是否可以去找你公司的其他合夥人，跟他們說：「馬克不想投資，但或許你會想」？

安：是的，他們可以這麼做。我們的基本模式是由最接近該領域、最了解相關市場的一般合夥人決定是否投資。不過，有時某個合夥人不喜歡，但另一個合夥人喜歡，而且真的會接手投資。我們確實會討論很多。每隔一段時間，就會有創業者在被某個合夥人拒絕之後，試著爭取其他合夥人的支持。

魯：這就像孩子面對父母，失寵於爸爸會去找媽媽。

安：每隔一段時間會發生這種事，而我們會注意到。

魯：假設有人交來一份投資提案，你們發現已經有其他公司看過了，你們是否會說：「你們被其他公司拒絕過了，我們不感興趣」？

安：不一定。頂級創投公司都有自己的標準，都有自己的一套標準來判斷是否該做一筆交易。頂級創投公司作為一個群體，有一種集體標準。我們會想：頂級創投公司是否會提供資本給這家公司？

你做這一行一段時間之後，對一家公司是否會獲得頂級創投業者提供資本會有感覺。

如果標的公司得到頂級創投業者的投資，而我的公司卻認為不值得投資，你確實會想知道誰對誰錯，畢竟其他頂級業者都很聰明。這是我們經常討論的話題之一。如果有另一家頂級業者有興趣投資，這可能是個重要的正面訊號。如果其他頂級業者都審視過並且全都放棄，這可能是個重要的負面訊號。話雖如此，歷史上最好的一些創投交易，曾被許多業者否定。Uber就曾被許多創投公司放棄。

每隔一段時間，就會遇到這種異數。這基本上是個仰賴異數的遊戲，主要是靠那些異數賺錢。對於種種不同訊號的含義，你應該保持開放的心態和謙虛的態度。

魯：可以為不是專家的人解釋一下，什麼是「天使投資人」嗎？

安：天使投資人通常是自己拿錢出來投資的個人，而典型的創投業者則是向外部投資人募集資本來投資的機構。

魯：你們在公司做天使投資，也做成長資本。可以解釋一下什麼是「成長資本」（growth capital）嗎？

安：成長資本是提供資本支持標的公司較後階段的發展。到了那個階段，公司已證明產品是可以的，業務模式是可行的，現在的任務是擴大規模。通常這意味著致力於大規模的市場擴張，意味著雇用大量銷售人員，開展大型行銷活動，或在合適的市場擴張國際業務。成長資本可以替代過去早早進行的IPO。

魯：過去的設想是經過A輪、B輪，或許還有C輪募資之後，公司就上市。那是理想的情況。但現在有些公司運作了很多年都不想上市。像Stripe這樣的公司至今仍未上市。在上一輪創投募資中，該公司的估值高達950億美元，但仍未上市。為什麼有些人不想公司上市？

安：公開市場很複雜，環境可能很不友善。隨著時間推移，公開市場已變得越來越短視。公開市場的邊緣投資人著眼於短期表現。因此，上市公司的時間框架可能被嚴重壓縮，人們關注的是公司這一季或這一年可以帶給他們什麼。而有些比較進取的創業者著眼於十年或二十年的發展，他們希望公司的發展方式能保留較大的彈性。

魯：你和你的合夥人如何確保交易源源不絕？

安：很大程度上是靠人際關係，靠我們在這個圈子建立的

　　我們公司投入很多資源在媒體運作上。我們剛推出一個名為「未來」（Future）的新網站，基本上是專門討論這些想法的。我們做很多訪談。我們做很多播客。我們做大量影片。我們對科技業的未來和創業如何配合發展提出正面和建設性的看法，而這往往能吸引創業者。

魯：你最近寫了一篇文章，談到科技是我們應該更加感激的東西，而至少在華盛頓，我們卻猛烈抨擊科技公司。你在文章中說：「看看COVID期間科技帶給我們的種種美好事物，包括疫苗。」可以詳細說明一下嗎？

安：COVID對很多人來說，是非常艱難和傷痛的經歷。COVID是一件壞事，我不會假裝不是這樣。

　　話雖如此，原本的預期是這將是一場長達五年的苦戰，會造成巨大的經濟損失，可能會是又一場大蕭條。

　　但現在18個月過去了，我們正在度過難關，很大的一個原因是疫苗。美國最廣泛使用的疫苗是莫德納（Moderna）研發的。莫德納是一家典型的美國生物技術新創公司，掌握名為mRNA的突破性新技術。開發一種新疫苗通常需要五年、十年或二十年的時間，而他們卻能在兩天內完成。這是我們在美國的這種生態系統產生的突破性創新的一個例子。

　　我還提到了網際網路發揮的作用。試想一下，如果沒有網際網路，度過COVID疫情會是怎樣的情況？想像一下，如果沒有Zoom、Slack、WhatsApp和所有這些新技術，我們如何度過COVID疫情？這場瘟疫雖然是糟糕的經驗，但因為有現代科技，情況沒有變得極度可怕。

魯：著名經濟學家赫伯・斯坦（Herb Stein）曾說：「不能一直持續下去的東西將會停止。」你是否擔心隨著央行升

息，經濟終將走疲，又或者僅僅因為景氣循環，精彩的創投世界將會放緩？

安：這是一個週期性行業。一如其他經濟部門，有興盛／蕭條週期的歷史。儘管如此，我們這一行過去預測這種興衰週期的表現不是很好。

我們的成敗主要取決於個體而非總體因素，也就是取決於個別公司的成敗。如果你回顧一下創投和新創企業的歷史，你會發現許多頂尖公司是在興旺時期成立的。但也有許多公司是在低迷時期成立的。

我們可能迎來另一個興衰週期。我們對這個週期的打算是持續與既有公司合作，持續投資於新公司，並押注於繼續發生的個體層面的、基本的、技術和經濟的變化。

魯：有時人們說矽谷的創投資本家非常自負，認為自己是宇宙的主人。你沒發現這種情況嗎？

安：完全沒有。我不知道他們在說些什麼。

魯：我們來談談你自己的背景。你不是來自西岸或東岸，而是來自美國中部？

安：是的。我年紀較大時，發現自己是一種原型。電視機的發明者菲洛・法恩斯沃斯（Philo Farnsworth）就像我一樣，是中西部長大的。我們是最終去了西岸或東岸的修補匠。英特爾公司創始人、半導體產業之父羅伯特・諾宜斯（Robert Noyce）也是這樣的人。我鼓勵人們去看諾宜斯的故事，看他如何在愛荷華州的玉米田裡長大，喜歡修拖拉機，然後將這種精神帶到半導體業。我也是這種類型的人。

魯：你是遊戲玩家嗎？你製作過電子遊戲嗎？你小時候做過什麼？

安：個人電腦剛面世時，我是個孩子。那時候，我們買不起昂貴的個人電腦，例如IBM的PC。但那時也有一些消

費型個人電腦。還記得Radio Shack這家公司嗎？他們當時提供一些售價200或300美元的電腦。它們是真正的電腦。你可以為它們編程式，還可以製作遊戲。它們的功能足以支持你創作軟體，但也簡單到你可以明白整台機器。那是電腦產業歷史上的一個關鍵時刻，而我剛好遇到了。

魯：有些頂尖的創投資本家或科技業人士是讀史丹佛、麻省理工、哈佛之類的大學。你讀的是一間非常好的大學，但沒有那些大學那麼有名。但你的母校伊利諾大學在電腦方面很強，對不對？

安：它有一些非常特別的東西，它是當時被稱為「國家超級電腦中心」的四間大學之一。國家科學基金會（NSF）當年決定為美國四間主要大學提供最先進的電腦，而這也意味著最先進的網路。現在的網際網路當時被稱為NSF網路（NSF Net）。那是1980、1990年代。伊利諾當時是NSF網路的樞紐之一，因此成為網際網路的樞紐之一。因此，就我從事的這種工作而言，伊利諾大學是個很好的地方。

魯：當年你開發了名為Mosaic的東西，它是一種瀏覽網際網路的方法。我記得年輕的你來過我的辦公室，試圖說服我們投資於一家將Mosaic商業化的公司。你當時創辦的公司就是網景，你說可以幫助人們瀏覽網際網路。我記得當時我們說：「網際網路是什麼？我們為什麼要瀏覽？」我們選擇了不投資，那是我們的大錯。你是如何結識詹姆斯‧克拉克〔史丹佛電腦科學家和企業家〕的？又是如何創立網景的？

安：當年大家都假定網際網路上是賺不到錢的。直到1993年，因為網際網路是納稅人出錢建立的，在網路上做生意實際上是違法的。當時的瘋狂想法是，在網路上開展業務是有可能的。我們剛開始做的時候，這是個激進的新想

法。吉姆是矽谷的傳奇創業者，他創立了當時被視為矽谷最好的公司——視算科技。他們的圖形技術創造了《侏羅紀公園》（*Jurassic Park*）和《魔鬼終結者2》（*Terminator 2*）等電影。

　　吉姆當時已經離開了他的公司，而按照矽谷的悠久傳統，他決定創辦一家新公司。他認識當時所有的傑出人才，但他與他的舊公司簽了不挖角協議。他真的需要新人來幫他創辦公司。他的一個前同事知道我剛搬到矽谷，於是介紹我倆認識。

魯：網景公司蓬勃發展，最後被AOL以42億美元收購。你成為AOL的技術長，並搬到了華盛頓特區。最後你回到西岸，創建了一家名為Opsware的公司。在你創辦的公司賣給了AOL之後，你為什麼要離開AOL？又為什麼要回到矽谷？

安：這是出於對創業的熱愛。大公司很好，世界上多數的大事是它們做的，它們提供人們使用的大部分產品和服務。但熱愛創業的人往往在想：「接下來的新點子是什麼？」當時一群同事和我認為是時候嘗試新事物了。

魯：所以你回來了，和班・霍羅維茲一起創辦了這家名為Opsware的公司。你最終以16億美元的價格把它賣給了惠普。然後你是否認為可以拿一些錢出來做天使投資？

安：沒錯。

魯：你的天使投資標的是否包括像臉書這樣的公司？

安：我是以董事的身分參與臉書事務的。我的天使投資標的包括領英、Twitter那一系列公司。

魯：你是否只是坐在星巴克裡，有人進來遊說你，然後你決定投資5萬或10萬美元？你如何決定成為哪些公司的天使投資人？

安：基本上是透過我們的人脈網絡運作。當年天使投資人

並不多，估計只有六、七個人吧。那個圈子並不大，當時科技是非常不受歡迎的投資概念。那是 2003-2007 年左右。

魯：最後，你決定把這當成一項事業來做，於是創辦了這家名為安德里森霍羅維茲的公司。霍羅維茲先生是誰？

安：他是我多年的朋友和夥伴。他基本上是我們在網景公司最出色的年輕主管。如果網景沒有被收購，我想他最終會成為執行長。

魯：你是哪一年創立安德里森霍羅維茲的？

安：2009 年。

魯：你們現在管理多少資產？

安：目前約為 180 億美元。

魯：你們有多少專業人員在尋找交易機會或做交易？

安：交易團隊總共大概有 60 人左右。

魯：如果有人可以批准交易，他們是否會在批准交易之後告訴你？

安：我們會討論所有事情。我們有不同的垂直團隊負責不同類別的業務。班和我是每一個垂直團隊的成員，所以我們參與所有事務。

魯：矽谷真的需要又一家創投公司嗎？你們起初打算做些什麼不一樣的事？

安：根據我們的創業經驗，我們認為矽谷需要。我們曾與一些頂尖創投公司合作，發現以下問題一直難以解答：「誰是我們可以合作的有經驗的人？誰曾真的創辦和經營過公司？誰真的充分了解創業過程的本質？」

　　市場上有許多很好的創投公司。它們通常是由前創業者或經營者創立於 1960、1970 或 1980 年代，但經過多年的發展，它們的經營方式變得幾乎與投資銀行一樣。當年我們認為是時候回到源頭，與那些更深入了解創業過程的人

一起建立一家創投公司。

魯：相對於十年前，你現在做創投交易時，是否對自己評估標的公司的能力更有信心？

安：應該說，我們現在對自己建構投資組合的能力更有信心。我現在很有信心可以建構一個由20家、30家或40家公司組成的投資組合，它可以代表這個時代頂級創投公司的投資面貌。

那些公司當中哪些會成功？不知道。週期會是怎樣的？接下來將是上升週期還是下降週期？我也不知道。這個過程中有很多未知數。我認為這一點是永遠不會變的。

魯：如何判斷一家創投公司好不好？如何成為優秀創投公司的投資人？

安：優秀的創投公司通常就是你無法成為其投資人的公司。那些對外部資本敞開大門的創投公司，通常是你不想投資的公司。

有一個平臺值得那些想了解更多資訊的人關注。你不能透過這個平臺跟我們投資，所以它只是一個產業觀察站。這個平臺名為AngelList，天使投資人可以透過它，向那些想跟隨他們投資的人取得資金。

想投入的人要很謹慎，因為這是投機性很強的一個領域。

魯：如果有人想投資於某支創投基金，應該注意什麼？

安：這個圈子與多數投資市場的運作方式正好相反。最優秀的創業者可以選擇接受哪些創投公司的投資，這最終成為影響市場運作的關鍵。

魯：創投公司的標準運作方式是否投入資本，例如在五年的投資期內投入資本，然後基金通常維持十年左右？

安：十五年。現在可能更久。極端情況會是二十年，因為

那些公司需要很長的時間發展。

魯：現在投資於創投基金的人是否應該期望20％或更高的報酬率？

安：好的創投交易扣除費用後可以賺3倍。你現在會期望更高的報酬，希望可以賺5倍或更多。你投入資本之後，在整個過程中會失去流動性，所以你會期望獲得補償。如果事情順利，對創投基金的基本期望應該是20％至40％的報酬率。

魯：優秀的創投資本家應該具備哪些技能？高智商？勤奮？好運氣？穿著得體？不打領帶？

安：典型的入行途徑是讀商學院，然後成為訓練有素的投資人，例如在投資銀行工作。也有些律師投身創投業。這些都不是我走的路。另一途徑是鍛鍊出建立和經營科技公司的真正好本領。你可以成為工程師或產品經理，幫助開發產品，然後在某個階段，成為管理團隊的一員或自己創業，然後利用這些技能進入投資領域。

　　歷史經驗顯示，非常成功的創投資本家是來自許多不同背景的特立獨行的人，他們的背景和經歷有很大的差異。

魯：當一名成功的創投資本家有什麼樂趣？你是否喜歡從頭開始創建一家公司或幫助別人做這件事？

安：你可以成為團隊的一員。如果你參與創造的東西真的改變了世界，那是無與倫比的。缺點是你不能真的經營那些公司，你只是個後座司機（backseat driver）。

　　好處是你真的可以見識各種新事物。你可以坐在前排，欣賞精彩的表演，看這些了不起的人提出各種新想法。

魯：很多人認為加密貨幣不是實在的東西，也不是一個很好的資產類別。但你們是Coinbase的大投資人，也投資了

與加密貨幣有關的其他東西。加密貨幣有什麼使你認為是禁得起考驗的投資標的？

安：根本而言，這是一場技術變革，有一項根本的技術突破已經發生了。這是電腦科學的一個領域，名為「分散式共識」（distributed consensus），使網際網路上的許多人和軟體能夠在不受信任的環境中形成信任關係。

貨幣是分散式共識的一種應用，未來人們還可以利用這種技術做很多其他事情。電腦科學界的許多頂尖人才都在進入這個領域，正在快速推動發展。在我們看來，這是第八次或第九次基本架構變革，是科技業正在發生的突破性技術變革。正因如此，我們非常重視。

魯：所以在你看來，關鍵不在於比特幣好不好或有多大的價值，而是比特幣背後的整套技術將改變世界？

安：比特幣有如一台網際網路電腦，分散在世界各地數十萬台實體電腦上。它是一個沒有任何中心位置的交易處理系統，就像一部巨型的分散式主機（distributed mainframe）。它處理交易，經由處理交易產生交換貨幣的能力。這個過程產生了比特幣，它代表了底層系統的價值。這是一種新型的金融系統。

魯：人們非常感興趣的另一個領域是生物技術。你們在這方面也做了很多投資。你們為什麼對這個領域有興趣？

安：我們認為，生物技術與電腦科學或工程學基本上正在融合。現在很多生物技術創業者是既懂生物學又懂工程和軟體的人。他們懂數據，懂人工智慧，而他們基本上是將這些學科融合起來，建立一種新型的生物技術。

順帶一提，莫德納就是一個很好的例子。他們之所以能在兩天內開發出COVID疫苗，是因為這是一種工程疫苗。它是利用電腦代碼做出來的，這是一種全新的疫苗開

發方式。我們正看到越來越多生物技術創業者奉行這種以工程為中心的思考方式，而這正是矽谷擅長的。

魯：量子運算呢？你們對這個領域感興趣嗎？

安：是的，我們有興趣。這條路比較漫長。但長遠而言，它看來很有前途。

魯：接下來問幾道簡答題。你收過的最好投資建議是什麼？

安：應該來自巴菲特，他說：「將你所有的雞蛋放在一個籃子裡，然後守護好這個籃子。」要深刻理解你所投資的東西的本質。

魯：你看到的最常見投資錯誤是什麼？

安：人們從報紙上、電視上或傳單上看到一些東西，但沒有深入了解看到的東西。

魯：如果我明天給你10萬美元，你會如何運用？

安：拿來買標準普爾500指數基金。不搞花哨的東西。

魯：你在投資方面犯過什麼你事後希望自己沒犯的錯誤？

安：就多數形式的投資而言，錯誤是做了賠錢的投資。在創投界，錯誤是你沒做某些投資。

魯：如果有人想成為創投投資人，你最希望他們了解創投技藝的哪些方面？

安：這是認識人、認識技術、認識市場的一門煉金術。它真的是一種「自由人的技藝」，涵蓋了所有這些方面。我們應該深入認識這些新產品是如何開發出來的，這些公司是如何建立起來的，盡可能深入認識事物的本質。

創業投資

麥可・莫里茨 Michael Moritz

紅杉資本合夥人；作家、前記者

> 「創投的樂趣在於證明所謂的不可能其實是有可能的。」

過去三十年間，矽谷創投公司中最穩定成功的很可能是紅杉資本（Sequoia Capital）。它做了許多極有先見之明且非常賺錢的投資，包括投資於Google、雅虎、思科、PayPal、YouTube、Zappos、領英、Stripe、Zoom和WhatsApp——這些還只是美國的投資。紅杉的中國分支紅杉中國、家族帳房紅杉傳承基金（Sequoia Heritage）和公開市場基金也都一直非常成功。

紅杉始於1972年，由創始人唐・范倫泰（Don Valentine）領導多年。該公司從一開始就很成功，但自1990年代中以來，它為公司合夥人及投資人創造的利潤水準，是紅杉（或任何創投公司）成立之初任何人做夢也想不到的。

紅杉的成功要歸功於許多人——甘迺迪總統曾有名言：「勝利有一百個爸爸，失敗卻是個孤兒。」不過，除了

公司創始人，紅杉合夥人當中產生最大影響的很可能是麥可·莫里茨（Michael Moritz；現在的正式稱謂為麥可·莫里茨爵士），他是紅杉的多元業務擴張策略的主要設計師。

從麥可的背景來看，他在創投界的成就是很難預料到的。他在威爾斯長大（那裡沒有產生過許多世界級創投資本家），是納粹德國難民的兒子，在牛津大學取得一個學位後移民到美國。雖然到了美國之後，他在華頓商學院取得一個學位，但他的理想是成為一名記者和作家。

他加入了《時代》雜誌，成為報導矽谷新興科技業的能手。他成為非常熟悉史蒂夫·賈伯斯的人（雖然賈伯斯對《時代》雜誌編輯將1983年關於他的年度風雲人物報導改成了歌頌個人電腦的年度機器報導相當不滿）。麥可後來根據他對蘋果公司的認識，寫出了當時關於該公司的權威著作《小王國：蘋果電腦的私房故事》（The Little Kingdom: The Private Story of Apple Computer）。

麥可後來加入紅杉，很快認識了創投世界。除了對矽谷的認識和敏銳的頭腦，他還擁有記者特有的能力，能夠抓住企業的核心本質，並以簡潔易懂的言語將故事娓娓道來——這對說服別人大有幫助，一方面是說服夥伴支持創投交易，另一方面是令創業者相信，和這家創投公司合作真的大有好處。

假以時日，麥可獲任命為紅杉的執行合夥人，而他在這個位置上表現傑出，2006年和2007年獲《富比世》雜誌評為全球最佳創投資本家。幾年前，因為健康原因，他不再擔任執行合夥人，但仍積極參與紅杉的投資過程。他也積極參與慈善事業，尤其是在舊金山灣區，而他對芝加哥大學（他妻子的母校）的支持則與我的興趣重疊。

我與麥可不熟，但非常欽佩他在紅杉的成就。那些成

就在我擔任各種非營利機構投資委員會成員期間，年復一年地彰顯在我眼前，因為紅杉經常帶給這些機構令人瞠目的豐厚報酬。2021年6月9日，我以虛擬方式訪問了他。

———

大衛・魯賓斯坦（魯）：矽谷有很多難以想像的故事。在我聽過的那些當中，你的故事是最不可能發生的。你來自威爾斯，以前是記者，沒有史丹佛的學位，不曾管理企業的營運。當年你如何離開新聞界，轉進創投界？這像是不大可能發生的事。

麥可・莫里茨（莫）：那是因為紅杉創始人唐・范倫泰願意走其他業者當時還不願意走的路。當年我向五家創投公司求職，另外四家都拒絕了我。

魯：你如何在不符合業界種種常規要求的情況下，從一名記者轉身成為矽谷的創投投資人？你是怎麼來到紅杉的？

莫：我有一個歷史學位，沒有電機工程學位。我當過記者，沒有在英特爾工作過。我沒有經營過任何公司，因此不是多數創投公司想要的人。

當年唐・范倫泰認為，人們對什麼人可以成為成功的創投投資人的想法太過狹隘。他指出，他認識的一些人沒有典型的矽谷背景，但做創投很成功，例如率先投資於英特爾和蘋果的阿瑟・洛克（Arthur Rock）就是這樣。另一方面，創投業不乏技術和營運知識很強但做創投非常失敗的人。

魯：我沒有認識很多來自威爾斯的猶太人。

莫：我父母親是從納粹德國逃出來的難民。我父親在威爾斯找到了一份工作，父母最後在那裡定居，我就在那裡出生。

魯：我幾乎去過所有地方，認識許多地方的猶太社群。威

爾斯的猶太社群規模大嗎？

莫：很小。我在那裡的時候，大概有800戶人家。那是很久以前的事了，現在是進一步萎縮了。

魯：你在美國展開職業生涯時，取得了華頓商學院的MBA學位？

莫：我不承認。

魯：我想我看過這個資料。

莫：啊，剛才是說笑。確實如你所說。對我來說，華頓最好的事就是上菲利普・羅斯（Philip Roth）的英文課。

魯：你是怎麼進入新聞界的？你是否心想：「我真的不想利用我的MBA學位做任何事。我想成為一名記者？」你是否就這樣加入《時代》雜誌，然後一路做上去？

莫：我在牛津讀書時就已經對新聞工作有興趣。我做過對新聞工作有興趣的人通常會做的事。我曾參與學生雜誌的工作，當過編輯。我一直嚮往以文字為業。

當初我會來美國，原因之一是根據當時的工會規則，英國的主要報紙，例如《泰晤士報》、《衛報》、《每日電訊報》和《金融時報》，不可以直接聘用大學畢業生。

我不想去高盛、麥肯錫之類的公司工作，也不想去大型工業公司、會計師事務所或多數人會去的其他地方。因為我根本沒興趣。所以，有點像後來向創投公司求職那樣，我寫信給多家美國報社和雜誌社，得到《時代》雜誌發出聘書。我在1970年代末加入了《時代》。

魯：你寫過一篇很有名的文章，是關於史蒂夫・賈伯斯的。據說他不是很喜歡那篇文章，而你和他的關係因此破裂。這不是真的吧？

莫：不，是真的。我想我們兩人都不喜歡那篇文章，但原因不同。

史蒂夫很不悅，他合理地認為那是對他的怪誕描寫。我同意這一點，我也覺得那篇報導不是很公道。此外，我認為紐約方面對那篇報導的編輯不夠敏感，那次事件後不久，我離開了《時代》。那是我離開的一個重要原因。

魯：然後你寫了一本關於蘋果公司的書？

莫：《時代》雜誌那篇報導發表時，我已經在寫那本書。關於蘋果公司的第一本書就是我寫的《小王國》。多數人會說，與《時代》的那篇文章不同，我那本書是對史蒂夫和蘋果公司早年歷史公正和平衡的描述。

魯：你的寫作風格非常簡練，直截了當，沒有什麼累贅的言語。這種風格是否使你在創投界得以一針見血？你是否認為你精確寫作的能力，有助你認識企業和表達你對企業的想法？

莫：直接的答案是沒錯。關鍵在於認真傾聽和清楚傳達訊息，以及將一切提煉為事物的基本要素，這是你當記者學到的本領。在新聞工作中，你經常要面對陌生的事物。你必須學會處理晦澀含糊的東西。你面對資訊不完整的問題，必須努力得出客觀的結論，將它提煉成一個故事。處理投資案的過程，與此有很多相似之處。

魯：你年輕時加入紅杉之後，工作上有人指導你。然後你參與了一些非常有名的交易，最有名的兩宗是Google和雅虎。這些投資機會是你發現的嗎？抑或它們出現在紅杉，然後你參與其中？你如何與它們產生關係？

莫：在紅杉，幾乎所有事情都是團隊合作的結果。投資雅虎之前，道格・利昂〔（Doug Leone），紅杉的資深合夥人，後來成為紅杉的資深執行合夥人〕和我努力研究，四處尋找網際網路投資機會。我們打電話給一個朋友，去見他，因為我們在考察。我們試著認識網際網路。我們的朋

友提到，他剛在網路上發現了一個名為雅虎的網站目錄，那是在1994年底和1995年初，發現它很有用。我們的耳朵都豎起來了，於是要求朋友介紹一下。不久之後，我就去史丹佛的一輛拖車裡見了楊致遠和大衛·費羅（David Filo）這兩個人。我們最終投資了雅虎。它開了我們的眼界，使我們看到了網際網路的可能性。

魯： 創投界流傳這樣一個故事：你們和凱鵬華盈（Kleiner Perkins）投資了2,500萬美元在Google上。Google本來要找個人當執行長，但一兩年後還沒這麼做，你們於是要求拿回你們投入的資本。這故事是假的吧？

莫： 基本上是假的。因為後來的發展，現在人們幾乎都忘了，在我們投資後的頭14或15個月裡，Google並非從事它現在從事的那種搜尋業務。在那個時期，Google做的是搜尋技術授權業務，希望把它的技術賣給網路供應商和大公司。當時它已經燒掉了很多錢，因此真的迫切需要建立管理團隊和有人協助他們。我們希望增強招聘管理人員的迫切感。據我所知，紅杉不曾在任何一項投資中要求退回資本。

魯： 當時因為搜尋引擎並不新鮮，許多人放棄了投資於Google的機會。你們從Google兩位創始人身上，看到了什麼值得你們投資的東西？

莫： 當年也有很多人放棄了投資於思科系統的機會，而我們在1987年投資了思科，那是我加入紅杉後不久的事。伊隆·馬斯克和後來成為PayPal的X.com，也曾被很多人放棄。在很大的市場領域，我們始終認為沒有為時太晚這種事。在Google這個例子中，它的技術顯然更好，帶給消費者的體驗好得多。Google搜尋更準更快。這家公司具備後來數十億消費者趨之若鶩的各種特質。

魯：你在看一宗交易時，最重視什麼？是管理、創業者的素質，還是想法的素質？

莫：我們追求三腳架三隻腳之間的良好平衡，三隻腳是創始人的素質、市場機會，以及產品的獨特性。

魯：我估計你和紅杉每年可能要看1,000宗交易，最終可能決定做大概10宗交易，占審視過的交易很小的比例。是這樣嗎？

莫：這些年來，數字越來越大。現在我們一年收到的投資提案很可能數以萬計，主要是因為現在有網路，要發業務計畫或創業構想給我們很容易。我們的投資範圍很廣，既有數十萬美元的非常小型的種子投資，也有規模大得多的成長型股權投資。交易數量比以前多，但放在大局下看還是很少。

魯：要怎樣才可以向你們做簡報？你們不可能有足夠的人力審視所有投資提案。你們敬重的人推薦的案子，你們是否特別重視？怎樣才可以得到你們的注意？

莫：我們實際上什麼都看。例如，我們每人每天可能收到25封來自世界各地各類型創業者的電子郵件，瀏覽這些郵件和從中篩選投資機會並不需要很多時間，通常不會有什麼特別的東西引起我們的注意。

　　當然，我們會特別注意熟人或生意夥伴的推薦，也會特別注意獲得熱情支持的提案。但任何人無論身處何地，只要有自己認為有價值的想法，我們都鼓勵他們不要拘泥於形式，寄資料給我們看看。

魯：創業者向你們做簡報時，你重視的是否就是你剛才提到的那些東西？你重視他們的簡報技巧嗎？你直接面對他們時，會著眼於什麼？

莫：我們會試著回答這個問題：我們可以當這家公司的股

東二十年之久嗎？我知道這聽起來有點荒謬，多數人覺得這種想法不切實際。但這正是我們最好的那些投資的標誌。如果事情順利，我們可以當二十年的股東嗎？我們知道，在投資過程中，很多事情可能出錯，沒有確定成功這回事，失敗的可能性相當高，尤其是如果你在很早的階段就投資的話——每年只有一兩筆最好的種子投資，可以成長為2040年的大公司。

魯：馬克・祖克柏還在讀大學的時候，我現在的女婿告訴我臉書的情況。他希望我投資，但我說：「那家公司不會有什麼發展。」後來亞馬遜剛開始時，我持有它的股票，但很快就賣掉了。所以我犯過一些錯誤，我經常回想這些錯誤，自責不已。如果你犯了錯誤，放棄了一些極好的投資機會，你會因此心痛嗎，還是你會頭也不回地向前看？

莫：我們會從中吸取教訓。1998年或1999年，Netflix的里德・海斯汀來找我們，但我們決定不投資。也許是因為當時的網路熱潮颶風，但我就是沒有正確認識他們的業務。注意，當時Netflix是在做DVD生意，而不是影片串流業務，我不了解消費者對百視達（Blockbuster）等公司的不滿。我們曾放棄許多公司的投資機會，你大可根據我們的錯誤判斷，建立一個非常好的投資組合。我們從過去吸取教訓，但不會沉溺於過去。未來才是我們的事業所在。

魯：假設你們做了一項投資，但事後看來可能錯了。你會告訴當執行長的創業者：「這樣下去不行，你必須離開」，還是說：「我們不會再出錢支持你們了」？你們需要多久才會意識到自己可能犯了錯？

莫：錯誤各有不同。在很早期的種子階段，投資額僅為數十萬美元時，錯誤率比較高。隨著涉及的資本增加，我們犯的錯誤大幅減少，因為你在投資之前會有更多資料可以

參考。如果因為市場動態已經改變，或產品已被競爭對手超越，標的公司長遠而言將毫無成果，我們是不會長期投資的。這是完全沒有意義的。

這種情況發生時，我會對創業者說：「注意，說這些話令人難受，但如果我們一起努力也不會有成果，你們也不可能蓬勃發展，你不會想要浪費生命中最寶貴的年華。」但如果我們認為有機會獲勝，我們會不遺餘力地支持這家公司及員工。

基本上我們做過的最好的投資，全都有過我們認為「情況岌岌可危」的黯淡時期。但你和我都很清楚，每一家成功的公司，在發展過程中都會經歷非常艱苦的階段。我想不出我們所做的投資中，有哪一項不是先出了問題，然後才開始好轉的。

魯：如果你們設有投資委員會，是否需要一致同意才可以投資？抑或某個合夥人可以說：「對不起，你們不喜歡，但我決定要投資」？你們是怎麼運作的？

莫：我們盡可能不用「委員會」這個詞。我們盡可能用「團隊」這個詞，而且盡量避免各個領域的團隊變得太大。但我們要一致同意才可以投資。多年來，這有時會令人沮喪，但總的來說，它對我們很有幫助。

魯：如果你們未能達成一致意見，認為值得投資的合夥人是否可以自己出錢投資？你們容許這種事嗎？

莫：不容許。

魯：在矽谷，創建這些公司的企業家往往是男性白人。現在是否比較多元化了？抑或創建我們所知道的這些公司的人，從來都並非只有男性白人？

莫：你說的沒錯，以前那些創業者主要是男性白人。回顧矽谷的歷史，情況無疑是這樣。創投業反映社會面貌。多

年來，情況有所演變。如果你回溯到 1930 年代末，大衛·派克（David Packard）和比爾·休利特（Bill Hewlett）創辦惠普的時候，一直到 1970 年代中後期，支配這個產業的一直是男性白人。我在 1980 年代中期加入紅杉後，因為意識到世界的變化，很早就開始做的一件事就是著眼於外來移民社群，尤其是來自印度、歐洲和中國的移民。隨著更多歐洲以外的移民湧入，我們的投資組合構成也開始改變。以前有很多歐洲移民來到矽谷，但現在有更多移民來自歐洲以外的地區。

同樣是在 1980 年代，女性創業者出現了。我們支持第一位女性創業者出任執行長，很可能是在 1986–1987 年。我記得那一年我們支持了兩個女性創業者。過去二十五年間的一件好事，是我們支持的女性創業者越來越多，而這反映過去二十年多了女性入讀大學的電腦科學系。我們公司的合夥人構成也反映了這種變化：一開始只有幾個男性白人，但這些年間顯著改變了，變得越來越以外來移民為主。現在女性和有色人種合夥人占頗大的比例。

魯：我想你們收到的求職履歷，應該比你們收到的投資提案還要多。你們如何識別合適的人選？有篩選過程嗎？進入紅杉成為員工的最佳途徑是什麼？

莫：飢渴。

魯：只是飢渴嗎？你們一定有很多人是史丹佛商學院畢業的。你們不可能什麼人都請。你們想找自己曾經創業的人？曾經管理過企業的人？還是與眾不同的人，他們或許很古怪，但對事物有不同的想法？

莫：以上皆是。但最重要的特質不是這些，而是飢渴。

魯：多年前，凱雷投資了一家公司，它是中國的智遊網（Expedia），名為攜程。我們以為自己是天才，因為我們

Michael Mortz

投入的資本賺了超過兩倍，然後我們就不是很關注後來發生的事。攜程創始人之一叫沈南鵬，我們讓他走掉了。矽谷一家精明的公司請了他，由他建立他們的中國業務。紅杉找到沈南鵬是出於偶然嗎？

莫：完全不是偶然。人們問我最喜歡的投資是什麼時，我總是爽快地說是紅杉，因為它是有史以來最好的投資。如果你比較1990年代初的紅杉和十年前到現在的紅杉，你會發現它已經完全改變了，而這不是因為我們是天才，而是因為我們周遭的世界改變了。我們認識到，隨著科技因為各種原因在世界各地流傳，美國以外的地方有巨大的商機，其中之一是中國。

因此，將近二十年前，我們決定在中國開展業務，而當時這被視為荒謬或危險的事。在這個過程中，我們發現了沈南鵬。我們共同決定要在中國開展業務。過去十五年間，有賴沈南鵬和許多其他人，中國業務已經成為我們集團非常重要的一部分。

起初我們很難從持懷疑態度的有限合夥人那裡募資投資於中國。我們很早就決定，我們不要授權別人使用紅杉這個名字。如果有什麼事業要冠上我們公司的名字，那必須是我們真的會引以為豪的事業。我們的中國業務顯然已經開花結果，但它只是我們在紅杉內部建立的幾項業務之一。

魯：我和沈南鵬談過。他說，他告訴你們，他必須掌握投資的最終決定權，不可以要求他回到矽谷說服某個投資委員會。凱雷基本上總是設有某種中央集權的投資委員會。因此，我們的國際分支必須服從美國某個投資委員會的決定，而你們則有先見之明，沒有這麼做。

莫：我一直認為其他人對這個問題的想法很有問題。這使

我想起第一次世界大戰的歷史，當時一些將領在位於戰線後方三十哩的舒適餐廳裡做決定，這是行不通的，你必須親臨前線。那種運作方式，就像要求中國團隊為矽谷的事做決定，是非常困難的。

你必須知道自己不懂什麼。我們對投資業務有相當的認識，但我們對中國的各種複雜情況一無所知。

魯：最近你們宣布要在歐洲開展業務，但將是利用你們的主要基金去做，不會採用你們的中國模式，也不會有獨立的歐洲基金。

莫：我們有幾個人是歐洲長大的，所以對我們來說，歐洲總是比中國和印度舒服得多，而且別忘了，多數歐洲公司最終都在美國有很多生意。我們對歐洲的認識，比我們當年去中國時對中國的認識多得多。過去十五年左右，我們在歐洲有投資，而因為機會越來越多，我們最近決定在倫敦開設辦事處。早在二十年前，我們就談到要在歐洲開辦事處，但歐洲市場的機會一直不夠多。最近時機成熟了。

魯：據我所知，紅杉的傳統業務模式是參與創投的A輪或B輪募資。你剛才提到，你們現在也做種子投資和成長資本。但你們最初的業務模式是參與A輪和B輪募資，對吧？

莫：大致上是這樣，情況已經有所改變。我們發現，現在我們可以在任何階段投資，但我們最喜歡成為一家公司的第一位投資人，無論是在種子期、創投期，或甚至成長期。有一家公司我已經參與投資十二或十三年，那就是Stripe。我們的第一筆投資是種子投資。那是十二年前，當時該公司只有五、六個人。從那時起，Stripe的每一輪募資我們應該都有投資。我們在種子階段就投資了。我們在B輪募資的第一輪投資了。我們一直投資到最近一次，當時該公司的估值約為950億美元。

魯：真令人驚嘆。過去在矽谷做創投的人投資成功可以賺10倍或甚至20倍，但他們也知道，歷史經驗顯示，可能多達90％的交易不會成功。也許只有10％的投資會成功，但這樣還是可以賺很多錢，因為這10％的交易可以賺10倍到20倍。你們現在期望從創投交易中賺多少倍？和多年前相比有何不同？

莫：我的簡單筆記是「20、20」。我們考慮的是：我們是否可以在這家新公司投資20年，並且獲得超過20％的年化報酬率？就是這樣，不需要想得更複雜。

魯：你剛加入創投業時，這一行還不錯。經營創投公司的人很成功，但他們自己不會登上《富比世》美國400大富豪榜。現在，許多創投公司的創始人或高層自己也成了富豪，這是否削弱了他們努力工作的動力？

莫：這是因人而異。有些人會放慢步伐，滿足於自身成就，不想再那麼努力工作，那是沒問題的。我為自己選擇的生活方式是繼續努力工作，現在我在紅杉參與的成功企業比過去任何時候都要多，有些人可能會說這是一種病態，但我剛好樂在其中。如果有人在賺了大錢之後不想再努力工作，那是沒問題的，但他們不能留在紅杉。我們只想要飢渴的人，無論他們什麼年紀。

魯：你們公司的文化是人人都有辦公室，還是人人都沒有辦公室？是人人都穿便服嗎？相對於東岸的普遍情況，相對於像我這種總是穿西裝、打領帶的私募股權投資人，你們公司的文化是否沒那麼拘謹？

莫：外觀可能誤導人。你去任何一家成功的矽谷公司，可能會看到那裡的人穿著涼鞋和短褲走來走去，但那只是表象。你無法從中看到這家公司的人有多努力、有多好勝，或行動有多快。

我認為創投業也是這樣。成功的公司都不會是散漫的。我們的業務就是幫助創造成功的矽谷公司。沒錯,這裡天氣比較好。我們不用穿大衣。我們不會拘泥於那些不是很有意義的形式,我們只想有效率地工作。

魯:創投業早年,大概是二十年前,基金規模約為1億或2億美元。創投基金規模很小。後來,矽谷有一段時間流行巨型基金,現在已經轉向較小型的基金。你們的基金規模是否仍通常小於10億美元?

莫:創投基金當然是遠低於10億美元。

魯:收購業者、私募股權業者要募集基金時,必須出去敲門拜託人投資。募資需要一段時間。你們募資一兩天就能完成?只要公告周知,然後事情就成了?

莫:是的。我們會試著提早通知,以免投資人太意外。但相對於你們私募股權界,我們募集的資本額並不大,而且我們有一定的績效紀錄。所以,我們募資通常不會遇到很多困難,而現在我們有三項業務可使用常設工具,這意味著我們不受基金年限限制。

魯:如果有人想投資於創投基金,但無法成為頂尖創投公司的投資人,例如無法成為你們公司的投資人,你會建議他們放棄投資於創投嗎?還是會建議他們找一家比較新的創投公司?

莫:因為創投基金的報酬呈現偏斜(skewed)形態,投資於這種基金總的來說是徒勞的愚行。這些投資人在公開市場買入一籃子的頂尖科技股,投資績效會好得多。

魯:一如許多頂尖成功人士,你現在也參與慈善事業。這是你生活中重要的一部分嗎?

莫:當然是。但我的大部分時間花在紅杉和相關投資工作上。慈善事業非常有意思,但不是我生活的主要部分。

魯：你的朋友會稱呼你麥可爵士嗎？

莫：如果他們這麼做，會被當場擊斃。

魯：你對自己被封為爵士是否感到驚訝？

莫：是的，這有點好笑。這不在我的意料之中。

魯：你可能是矽谷創投界唯一被封為爵士的人。

現在矽谷創投界似乎有點石成金的本事。我們看到關於傑出投資的許多報導。相對於二十五年前，現在的創投業者是否更成功？無論出於什麼原因，現在創投成功率是否更高？

莫：許多人忘了現在機會多很多，而且我們的世界大大擴展了。擴展的原因有兩個。其一是它在地理上擴展了。現在「矽谷」是世界各地科技投資的簡稱，無論是在中國、印度、東南亞、拉丁美洲、歐洲還是其他地方。這是其一，地理上的驚人擴展，改變了整個科技投資世界的動態。

其二是電腦世界發生了巨大變化。你我年輕時，電腦的數量是可以測量的。我們的職業生涯開始時，我估計世界上的電腦不到100萬台。現在則顯然有數以十億計的電腦，而且成本非常低。這為我們創造了大量的市場機會。

我加入紅杉時，紅杉主要從事半導體和硬體相關投資。我們想像不到我們會成為金融服務公司、廣告公司、娛樂公司、媒體公司或商業零售類公司的投資人。我們原本以為這些投資遠遠超出了我們的業務範圍。

現在創投公司涉入的領域多了很多。成功的機會也多了很多。多了很多產業有創投活動，創投交易也增加了很多。但我不知道成功率與三十年前相比情況如何。

魯：像你這樣的人是創投界的搖滾巨星。你去餐館吃飯時，是否經常有人向你提出交易、機會或履歷？

莫：在舊金山，世界很小。我去餐館時，不時會有人過來聊幾句。我有個朋友曾是曼聯足球俱樂部的教練。雖然他已經退休十年了，但他每次走在街上，都會被人要求合照或索取簽名。他走到哪裡都會被團團圍住，而他只是希望安靜地散散步。

魯：你是否大量閱讀以便持續了解新技術和新機會？還是你只看投資備忘錄？你如何保持評估投資機會和結果所需要的狀態？

莫：兩者都有。我們的投資範圍很廣，不可能在每一個領域都成為專家。你必須了解自己的長處和短處。我們的團隊也是精心設計的。我們想要對所有事情都有見解的人，也知道人人都有自己的強項。我們的強項是互補的，因此我們經常仰賴不同合夥人對特定產業領域的判斷，因為他們可能特別熟悉相關領域。

魯：在我從事的私募股權業，一項交易去到投資委員會時，備忘錄可能長達一兩百頁。我告訴做備忘錄的人，交易的品質並非與備忘錄的篇幅成正比，但他們似乎不明白我的意思。他們有時還是會交出很長的備忘錄。你們在批准交易之前會做很長的備忘錄嗎？還是你們的備忘錄很短，甚至只需要負責的合夥人做口頭簡報？

莫：備忘錄越短越好。我非常喜歡亞馬遜的開會方式，他們不用 PowerPoint，只用五、六頁紙的說明。

　　人們往往把這種事情過度複雜化。針對我們的早期投資，我們知道財務預測一定不準，只是不知道會錯得多離譜。因此，巨大的試算表是無用和沒有價值的。即使是並非很久以前的 Stripe 投資，我們最初整理的備忘錄很可能只是三、四頁。如果你可以清楚表達自己的觀點，而且見解很有力，你並不需要長篇大論。

魯：你的工作樂趣，是否在於發掘企業並幫助它們發展到
具有重要地位？

莫：創投的樂趣在於證明所謂的不可能其實是有可能的。

魯：最大的挫折是錯過好交易，還是做了不好的交易？

莫：都不是。我認為最大的挫折是，人們不明白紅杉是地
球上最長線的投資人。

======= 第三部 =======
尖端投資

投資界從不缺可追捧的新領域。對「尖端」（cutting edge）事物將增值的憧憬，總是能夠吸引追求「超高」（outsized）獲利的資本。

此外，因為投資界日益全球化，加上現在募資非常方便，這種資本有時似乎是無限的。

本書沒有足夠的篇幅涵蓋近年出現的每一個尖端投資類別，但我選了一些優秀的投資人來討論他們從事的尖端投資——這些領域相對較新，是最有趣（和有時富爭議）的領域，在過去約十年間出現並迅速發展，變得相當重要。

這些領域包括加密貨幣、SPAC（特殊目的收購公司）、基礎設施和ESG（環境、社會和治理）。當然，基礎設施——橋梁、道路、機場、隧道，以及許多其他大型建設——相關投資已經存在了多個世紀，但最近才成為一個對私營部門有強烈吸引力的領域。基礎設施過去屬於政府融資、建設和監督的範疇。

在這些新領域中，得到最多報導的可能是加密貨幣。許多加密貨幣變得極有價值（相對於它們通常為零的基本價值無疑是這樣），吸引了世界各地的投資人（當中有很多年輕人），雖然2022年中的「修正」，可能顯著降低人們對這個領域的興趣。

我至今尚未直接投資於加密貨幣。但經由我的家族投資辦公室，我投資了幾家為加密貨幣界提供服務和基礎設

施的公司。因此，針對圍繞著加密貨幣界的主要爭議，我並非不偏不倚的人；那個爭議是許多頂尖投資人和金融專業人士認為，加密貨幣通常沒有內在價值，因此最終可能一文不值。

我自己的看法是，現在世界各地對加密貨幣的興趣極大，西方政府因此將很難消滅或顯著限制這些貨幣。太多的個人和投資人似乎覺得，政府發行的貨幣正日益貶值，而且不像加密貨幣那麼容易在不被政府知道的情況下到處移轉。加密貨幣的這種特性對許多個人和投資人很有吸引力。我猜想，美國和其他北約國家的政府因為俄烏戰爭而扣押俄羅斯寡頭的資產，將使有錢人對不可追蹤的資產更有興趣。但一切有待時間證明。2022年中加密貨幣價值萎縮無疑促使許多人停下來反思和重新分析，許多加密貨幣投資人蒙受的損失大有可能使加密貨幣的火焰熄滅一段時間。

基於非常不同的原因（包括爭議減少），我認為ESG將繼續是投資界一個日益重要的因素，而對ESG因素漠不關心的投資人未來不會特別成功。

凱雷一直是這方面的業界領導者，由充滿活力的領袖梅格・史達（Meg Starr）監督我們的工作，以確保我們投資的公司全都奉行有力的ESG計畫和政策。唯一的問題是，這個才華洋溢的ESG領袖是我最小女兒的大學同學。當你孩子的同學在你數十年前創辦的公司成為領袖，你就知道自己有點老了。但這種現象真的能使人保持年輕——我希望是這樣。

加密貨幣

邁克・諾沃格拉茨
Mike Novogratz

星系數位創始人暨執行長；
堡壘投資集團前總裁；高盛前合夥人

> 「隨著數位世界裡產生的元宇宙事物以閃電般的速度與實體世界融合，區塊鏈變得越來越重要。」

過去十年左右，最波動、最富爭議、（為某些人）創造最多財富的其中一個投資領域涉及各種加密貨幣，這些貨幣是以虛擬和往往匿名的方式創造出來的。雖然學術界針對可能簡便的數位貨幣早就有過各種討論，可行的數位貨幣遲遲沒有面世。隨著中本聰（Satoshi Nakamoto）於2009年創造了比特幣，這種情況改變了。中本聰顯然是個化名，而背後那個人或那群人的身分至今仍未被發現。

比特幣利用被稱為區塊鏈（blockchain）的去中心化軟體技術，以防篡改的方式記錄所有權。一些密碼學家在1980年代和1990年代提出了區塊鏈的概念，但隨後多年，其應用並不廣泛，也與貨幣無關。但在2007–2009年經濟大衰退之後，人們對政府及其貨幣（傳統貨幣）的不信任

增強，顯然有意尋找一種與政府無關的貨幣。比特幣面世並站穩腳跟之後，就扮演了這個角色。

無論人們怎麼看比特幣（或隨後面世的其他加密貨幣）的優點，區塊鏈技術很有價值這一點看來沒什麼爭議。因此，在加密貨幣之外，專注於區塊鏈技術的公司也引起了創投投資人的極大興趣，因為區塊鏈技術的應用無疑可以方便人們保存紀錄。至於貨幣，如果在不太遠的將來，人口大國的政府自己授權發行數位貨幣（這看來很可能發生），大有可能利用某種形式的區塊鏈技術。（一個「區塊」是一組編碼資料；一個區塊已有必要的資料並且已經裝滿資料時，會有另一個區塊被創造出來。隨著越來越多區塊被創造出來保存新資料，這些區塊就形成一條「鏈」。）

有別於美元和歐元之類的傳統政府貨幣，比特幣或任何加密貨幣都沒有政府的支持或集中的管理。事實上，加密貨幣（除了少數例外）背後沒有任何傳統事物或價值支持，而管理（實際上是記錄誰擁有多少加密貨幣）是經由區塊鏈以虛擬方式進行。

自比特幣面世以來，已有超過19,000種其他加密貨幣面世，截至2022年6月1日總市值約為1.2兆美元。比特幣仍是最有價值的加密貨幣，截至上述日子市值為5,650億美元。（這些市值數字變化很快，很可能是因為這些加密貨幣吸引了大量投機客；他們頻繁地買賣加密貨幣，而且運用不小的槓桿，導致這些貨幣異常波動。這一點在2022年5月變得非常明顯，當時許多加密貨幣的價值幾乎一夜之間大幅縮水。）

加密貨幣除了異常波動，還有許多其他問題。批評者認為：（1）許多加密貨幣背後空無一物，因此最終將崩潰並傷害投資人；（2）加密貨幣的投資人往往是尋求快速賺

取暴利的非專業人士，可能不了解其中的風險；（3）加密貨幣的匿名性通常是幫了那些希望隱藏不義之財的人移轉財富（例如移轉犯罪所得，像是利用勒索軟體敲詐得來的金錢）；（4）加密貨幣導致合法貨幣貶值，削弱了政府影響經濟以造福公民的能力；（5）有些人會藉由「挖礦」取得比特幣之類的加密貨幣，這種活動耗費大量電力。（「挖礦」是利用電腦硬體促進區塊鏈運作過程，為自己獲得比特幣作為報酬的一種複雜過程。這種過程可能耗費大量時間和能源，因為過程中使用的電腦會耗費大量電力。）

　　這些問題顯然沒有阻止數以百萬計的投資人積極買賣目前市場上大量的不同加密貨幣。他們可能是被這個事實吸引：加密貨幣中最知名的比特幣從最初的每個數美分，飆漲至一度超過6萬美元（雖然它有時幾乎一夜之間就貶值一半）。幾乎無法解釋的是，加密貨幣的波動性似乎吸引投資人投入多過嚇阻他們——部分原因可能在於許多人相信，隨著加密貨幣成為生活的一部分，它波動向上的可能性遠大於波動向下。

　　事實上，許多投資人認為，他們正處在一場技術和金融革命的初始階段。這場革命最終將以數位貨幣取代紙幣，而到了某個時候，政府支持的數位貨幣很可能將與加密貨幣無縫共存。在這些投資人看來，早早參與這場革命有望獲利甚豐，就像個人電腦、網際網路、電子商務和智慧型手機等領域的許多早期投資人那樣。

　　在這方面，值得注意的是，貨幣並非總是政府發行和控制的。在18和19世紀的歐洲和美國，這往往是銀行或其他金融機構所做的事，而當時並沒有貨幣價值或合法性的中央仲裁者。一些加密貨幣愛好者認為，未來可能出現類似的情況。科技公司大有可能領導這種去中心化的努

力，而有些公司已經有此構想。（臉書已經放棄了創造一種數位貨幣的打算，但其他科技公司將來可能這麼做。）

邁克・諾沃格拉茨（Mike Novogratz）是加密貨幣最積極和引人注目的支持者之一，他認為加密貨幣是一個正當的資產類別，因此是投資獲利的一種正當標的。他曾是高盛集團的合夥人，也曾在最早上市私募股權公司之一的堡壘投資集團（Fortress Investment Group）擔任總裁。在高盛和堡壘，邁克的專長是交易，往往是在深奧的新領域。

在堡壘工作期間，他對比特幣產生了濃厚的興趣，成為了比特幣的早期投資人（據說現在是比特幣最大的個人持有者之一）。離開堡壘之後，他創辦了現已上市的公司星系數位（Galaxy Digital），並擔任執行長，致力投資於加密貨幣及相關公司和技術。星系數位投資於數位貨幣以及加密資產和區塊鏈技術方面的公司。邁克利用這個平臺和他多年來作為投資人暨交易者的信譽，已成為加密世界最引人注目和最善於表達的宣傳者之一。

在他的整個職業生涯中，邁克一直表現出對抗傳統觀念的濃厚興趣，經常毫無畏懼地探索新穎和未知的領域。他對抗的是關於什麼是有吸引力的投資的傳統觀念，這種鬥士特質大有可能源自他在維吉尼亞州立高中當摔跤手和就讀普林斯頓大學期間當常春藤摔跤手的背景。邁克對整個加密貨幣主題的熱情極具感染力，而這無疑是加密貨幣得以發展、很有可能將存在和興旺一段時間的眾多因素之一。

我不曾直接與邁克共事，但我們在慈善事業方面有一些共同的興趣（例如我們都重視維護和加強民主制度）。在2022年5月加密貨幣價值大跌之前，我在2021年12月20日以虛擬方式訪問了他。

大衛‧魯賓斯坦（魯）：你是美國乃至全球最重要的加密貨幣支持者之一。你認為加密貨幣有兩方面的價值，一是改革全球金融運作方式，二是提供一種誘人的投資標的。你是何時得出這個結論的？你的想法是否隨著時間推移而增強了？

邁克‧諾沃格拉茨（諾）：我最初是在2013年偶然接觸到比特幣，我把它視為一種非常有趣的投機資產。當時正值第二次金融危機。2008年爆發了全球金融危機，後來又發生了歐洲金融危機。當時主要央行都在大量印鈔。聯準會在執行QE2。*比特幣是最早出現的加密貨幣，最初被設計為有史以來第一個點對點數位貨幣系統，亦稱數位黃金。比特幣的獨特創新在於它是第一種無法偽造的數位簽章。在此之前，在電腦上你只能複製貼上〔這意味著「駭客」可以破壞系統，使它無法確保安全〕。

中本聰〔比特幣的化名創造者〕帶給我們的創新是區塊鏈上的真實性。有了真實性，就可以有稀缺性，這引起我極大的興趣。我視它為一種投機性押注，而我押對了。我變成半個公眾人物，因為我針對比特幣發表了一些評論。我不知道媒體注意到了，然後我就經常被問到相關問題。

魯：你認為為什麼那麼多像傑米‧戴蒙這樣的金融界重要人物，長期以來一直看衰加密貨幣的價值？金融界權威人士的看法不妨礙你看好加密貨幣，對吧？

諾：是的。有些人可能會問，一種東西只有6年、8年、10年，現在13年的歷史，也就是比特幣，怎麼可能有價值？

---

* QE2是聯準會在經濟大衰退期間，為了維持低利率和經濟活力而執行的第二輪量化寬鬆，做法是買進大量的較長期政府證券。

在我看來，傑米‧戴蒙和許多較為年長的人都忽略了這涉及一場代際運動。從比爾‧柯林頓（Bill Clinton）開始，嬰兒潮世代已經掌管我們國家三十多年了。在此期間，國家負債對 GDP 的比率從 40％升到 130％。不平等顯著加劇。世界變得比較不穩定。

年輕人──Z 世代、千禧世代──真的渴望擁有自己的東西。他們想說：「你們這些人對經濟的管理太糟了。你們是時候下臺了。」但那些人都不會下臺。年輕人看著僵化的體系，心想：「我們可以重新建造出更好的東西。」

加密貨幣的活力來自年輕人。我很早就因為探訪參與其中的人，意識到這一點。較為年長的人很難明白這一點，因為他們和年輕人相處的時間不夠多。

魯：你現在是比特幣最大的擁有者之一嗎？還是說很難知道誰擁有多少，因此也就不可能知道還有誰擁有多少？

諾：區塊鏈有趣之處是一切都是公開的。你知道每一個錢包〔加密貨幣所有人的匿名帳戶〕裡面有什麼。而且人們經常買賣這些貨幣，它們因此常有移轉。一如社會上的所有資產，少數人擁有的超過多數人擁有的很多。我最近看到的一個統計數據是最多錢的 1％錢包擁有 40％的比特幣。這比股市的情況稍微好一點，但情況很相似。我的公司擁有不少比特幣，我們還擁有不少其他加密貨幣，但我們不是頂尖大戶。

魯：你是否擔心美國政府將以某種方式規管加密貨幣，導致它們根本失去價值，或令其使用變得更複雜和困難？

諾：我不認為會這樣。這些社群可以迅速動員起來，而且這當中有很多選民。基調已在改變。目前有 6,000 萬美國人擁有加密貨幣，他們當中有很多單一議題選民。我認為現在當一名從政者，很難強烈反對加密貨幣。

魯：沒有內在價值或政府支持的貨幣強烈吸引那麼多人，你認為主要原因是什麼？是擔心既有政府貨幣的價值？還是因為可以祕密持有那些貨幣？

諾：你看土耳其今年發生了什麼事。土耳其里拉三年來貶值約80％。他們有個糟糕的領導人，他為了推進自己的議程，把審慎的貨幣和財政政策全都扔在一邊。經濟管理不善，貨幣就會貶值。新興市場的人買進比特幣，幾乎是把它視為儲存價值的必要手段。許多勤勞的人努力儲蓄，但如果國家的貨幣三年貶值76％，儲蓄就真的很難。

在西方，在美國和歐洲這些地方，比特幣是一張成績單。它是衡量聯準會主席鮑爾和〔財政部長〕葉倫（Janet Yellen）表現的成績單。如果他們能使我們的經濟重回正軌，使赤字減少，使通貨膨脹穩定下來，人們就不需要買那麼多「硬資產」。但在此之前，不少人會買入加密貨幣以對沖法定貨幣貶值的風險。

魯：對某些人來說，加密貨幣的吸引力是否在於其所有權很難追蹤，因此可用於勒索軟體之類的非法交易？

諾：一如許多東西，它被用於一些非法目的，但那只是很小的一部分。這變成了一件人們很緊張和投入大量精力的事，實際上它根本不值得大做文章。

魯：比特幣是第一種加密貨幣嗎？誰創造了它？至今還沒有人知道創造者的身分，你是否對此感到驚訝？那些創造者擁有大量比特幣，為什麼他們不拿出一部分用在某些方面？我想他們的錢包至還沒動過。

諾：中本聰——某個人或某一群人——創造了比特幣，而創造者很可能從沒料到它會發展成一種價值數兆美元的資產。目前比特幣總值略低於1兆美元，我預計它的價值將升至超過10兆美元，以取代黃金。我的直覺是，比特幣的

創造者很可能已經死了，他打開他的比特幣錢包所需要的鑰匙因此丟失了。又或者一群人創造了比特幣，其中一個人死了，其他人因此失去了一半的鑰匙。比特幣如何被創造出來，誰創造了它，這些謎團賦予它某種魔力。*

你如何創造一種價值儲存工具？是靠一個故事，一種敘事。

中本聰身分之謎賦予比特幣一部分的品牌和吸引力。我們可以採用同樣的技術，將它分叉〔意思是利用比特幣的基本原始碼來創造一種新的加密貨幣〕，把它命名為大衛・魯賓斯坦幣，然後它會有一定的價值，但很可能遠低於1兆美元。

魯：用了這個名字，價值無疑會低很多。有人說買賣比特幣的過程對用電有極大的影響，進而影響全球暖化，真的嗎？

諾：這是我們必須處理的另一個假故事。比特幣的總能源消耗約占世界總能源消耗的0.55％，我們用在聖誕節燈飾上的電力都多過比特幣。YouTube的耗電量是比特幣的七倍。因為用電問題成為一個故事，比特幣和加密貨幣社群必須處理。

我們80％的挖礦是可持續和環保的。比特幣用來驗證真實性的系統需要使用電腦，而電腦消耗大量電力。隨著比特幣社群的發展，這些電腦需要解決的問題變得比較複雜，耗電量隨之增加。比特幣將繼續用電，用電量將繼續增加，但絕對用電量比人們所想的少得多。

魯：你很熟悉1630年代荷蘭著名的鬱金香狂潮。為什麼拿它類比比特幣並不恰當？

---

* 因為比特幣是以編碼方式創造出來的，而且從不曾有人證明擁有最初分配給創造者的比特幣，比特幣的創造者有可能已經死去，或丟失了取得那些比特幣需要的鑰匙。

諾：加密貨幣並非只有比特幣。我把它們分為兩大類，其一是數位黃金比特幣，此外是以太坊（Ethereum）之類的加密貨幣，它們實際上是在建構新的技術基礎設施。

在共享資料庫的基礎上建構東西是很有用的。一條區塊鏈是一個全球共用的分散式資料庫，沒有人擁有所有資料。我們看到，藉由NFT〔非同質化代幣〕，NBA等組織獲得1億美元的額外收入，因為他們在區塊鏈上銷售數位商品。

我認為，看到NFT的發展，今年人們很興奮，因為他們看到實體世界裡的公司，例如運動商品公司，進入了區塊鏈領域。隨著數位世界裡產生的元宇宙事物以閃電般的速度與實體世界融合，區塊鏈變得越來越重要。

魯：你在哪裡長大？年輕時想做什麼？我想應該不是比特幣吧。

諾：我出身於軍人家庭，主要是在維吉尼亞州亞歷山大市長大。我爸當了30年軍官，而我是一名摔跤手。年輕時，我花很多時間訓練和摔跤。

魯：你是高中摔跤明星，也是普林斯頓摔跤隊的明星，對嗎？

諾：我在高中和大學都是摔跤好手，明星這種說法有點誇張。

魯：但你不是名列摔跤名人堂或得到類似榮譽嗎？

諾：正如我兒子曾說：「如果你夠有錢，他們就會把你送進名人堂。」我為摔跤界做了很多事，那是我生命中重要的一部分。摔跤是一項創造領袖的運動，它是一項艱苦的運動，所以我支持。

魯：你為什麼選擇去普林斯頓大學？除了摔跤，你在普林斯頓的興趣是什麼？

諾：我選擇普林斯頓的部分原因，是我去過那裡參觀，覺得那裡很漂亮。那一年布魯克‧雪德絲（Brooke Shields）剛好也入讀普林斯頓，而這間大學也出現在湯姆‧克魯斯（Tom Cruise）主演的電影《保送入學》（*Risky Business*）中。上普林斯頓像是很符合當時的時代精神。

當年我主修經濟學，寫了一篇論文探討種族如何影響可支配所得水準。美國的公平理念對我來說一直很重要，我認為這反映在我對加密貨幣的興趣上──這種貨幣人人都不難取得，不存在固有偏見。

魯：你是如何涉足投資界的？當年你如何成為高盛的交易員？你的專長是什麼？

諾：我原本以為我會去華盛頓從政。當年我曾與當過陸軍助理部長的一名普林斯頓校友面談，他對我說：「你24歲在華盛頓沒什麼可做的，所以你不如去華爾街賺一些錢，40歲時再回來。」於是我去了華爾街，睡朋友家的沙發。我找到了高盛的一份工作，因為我遇到另一個人，他幫我爭取到面試機會。我從銷售人員做起，後來轉做交易，部分原因是交易員的收入比銷售人員高很多，而當時賺錢對我來說很重要。

魯：你是如何加入堡壘投資集團的？它早年成功的原因是什麼？為什麼決定成為第一家股票上市的私募股權公司？

諾：我和高盛的夥伴皮特‧布里格（Pete Briger）決定嘗試共創事業。他當時已經認識成為堡壘第三位創始人的韋斯‧艾登斯（Wes Edens）。我們全都有一個相同的想法，就是一加一加一可以等於十。我們認為我們可以創建一家綜合各種另類資產管理業務的公司，並以言出必行建立信用，以此為基礎推銷業務。我們認為如果可以結合這三樣東西，就能實現盈利的多元化和平臺的規模化，然後公司

就可以上市。我們基於堡壘可以成為第一家上市的另類資產管理公司的想法創建公司，而且確實做到了。

魯： 你離開堡壘，是你開始認真看待加密貨幣的時候嗎？

諾： 我在堡壘的時候就買過加密貨幣，它先是上漲，然後回落。離開堡壘時，我去了喬・魯賓（Joe Lubin）在布魯克林區的辦公室看他，他是我的大學室友，是以太坊的創始人之一。那時我意識到，這群人正在策劃一場顛覆幾乎所有行業的革命，將以平等和透明得多的方式創造事物。雖然很多自由意志主義者非常喜歡加密貨幣，但我始終視它為一種進步的運動。究其核心，加密貨幣是要打擊「食租者」（rent-takers）。它針對銀行和保險公司。所有典型的食租商業行為都是加密貨幣的目標。

魯： 當你說要投資這個領域時，你的朋友們怎麼說？還是你沒有告訴任何人？

諾： 我沒有保密，我是很公開的。我有些朋友會說「你怎麼都沒告訴我」這種話，因為他們覺得自己錯過了非常好的投資機會。我會對他們說：「我每個星期都在電視上告訴你們。」我想多數人起初感到困惑，有點懷疑。

我們以每個100美元的價格買入比特幣，然後它漲到了每個1,000美元。沒在100美元買入的人都很不開心。然後你在1,000美元買入，然後它漲到了10,000美元，他們又很不開心。人們周而復始地面對何時是正確買入時機的問題。

魯： 你是什麼時候創辦星系數位的？它是做什麼的？

諾： 我在2018年初創辦了星系數位〔投資於加密貨幣和那些促進加密世界發展的公司〕，就在市場崩潰之前。我曾稱它為加密貨幣界的高盛，後來稱它為加密貨幣界的德崇（Drexel Burnham），然後會有人看著我說：「德崇不是破產了嗎？」我就說：「是的，但麥克・米爾肯（Mike

Milken）成了一個認證者。他在垃圾債券和高收益融資的發展和應用中扮演了關鍵角色，賦予整個領域可信度。」我認為我們也可以扮演這種角色，將傳統金融界的經驗教訓帶到加密貨幣界，並將加密貨幣的發展轉化為傳統金融的發展。這就是我們一直在做的事，我們就是想成為加密貨幣的認證者。

魯：這是一家上市公司，因此必須揭露相當多資訊。這會妨礙你們投資加密貨幣嗎？

諾：不妨礙。我們帶給人們的一個理念是讓我們以正確的方式做事，並且使加密貨幣界的人相信，是的，這是一場革命，但我們不能脫離政府生活。政府在人們的生活中有實在的角色，並將繼續存在。讓我們充分利用加密貨幣的優點，並設法使它融入社會。

魯：你估計星系數位的加密貨幣投資迄今得到多大的報酬？

諾：很大的報酬。我藉由投資加密貨幣獲得數十億美元的淨資產，而這大概來自不到800萬美元的投資。

魯：你當年為什麼不提醒我呢？

諾：經常有人對我這麼說。

魯：你是否認為你既是加密貨幣的投資人，也是加密貨幣的宣傳者？

諾：是的。我很早就從亞歷斯·馬可斯（Alex Marcos）那裡學到了這一點。這個人捐給麻省理工每一個學生一個比特幣。他出資支持很多比特幣的核心開發者。我對他說：「亞歷斯，你是這個領域真正的慈善家。」他說：「兄弟，我有一大堆比特幣。我希望我們能建立一個最好的生態系統。這是投資在我的生態系上。」

我一直覺得我有我的角色要扮演。它就是設法簡化一

種複雜的事物，使人們能夠明白。但我擁有足夠多的比特幣，因此它升值使我的宣傳工作變得很有價值。

魯：順帶一提，我訪問過比爾・米勒（Bill Miller）這個傳奇投資人，他曾在美盛（Legg Mason）工作。我想他買了很多比特幣。

諾：我愛比爾。沒錯，他買了很多比特幣。比爾教了我一些東西。我跟他談到比特幣時，我說：「我覺得它可以升到這個價。」比爾是亞馬遜不姓貝佐斯的投資人當中持股最多的。他說了類似這樣的話：「如果接受這個類比，比特幣會漲到相當於黃金價值的5％，然後是10％，然後是30％、80％、150％。」然後他說：「每一次你都在重設故事，但其實是同一個故事。」如果你擁有獨一無二的資產，無論它是最重要的加密貨幣還是最重要的電子商務公司，價值將持續上漲，所以不要賣。他就是這樣堅持一直持有亞馬遜的。

魯：你現在視加密貨幣為一個資產類別，就像股票、債券或私募股權投資那樣。是這樣嗎？

諾：是的。兩年前可不是這樣。但我們看到的是，現在幾乎所有的大型對沖基金都參與加密貨幣投資。我們看到家族帳房和財富管道開始投資於加密貨幣。現在，所有的大學捐贈基金和退休基金，還有主權財富基金，都剛開始這麼做。幾乎所有主要的投資群體都參與其中。

魯：在你看來，這個投資類別有可能被市場力量或政府法令消滅嗎？

諾：我認為不會。我認為假以時日，基於區塊鏈的金融體系——我們稱之為 DeFi〔去中心化金融，意味著不會有價值的中央仲裁者或中央管理者〕——將在競爭中勝出，因為它更好。它是更好的產品。它以原子方式結算交易，也

就是當天結算。它是透明的。如果貝爾斯登和美林證券的資產負債表全在線上，我們就不會有房貸危機。它是可組合的，也就是你可以在現有基礎上建構東西。所以你看到數量如此驚人的創新。我認為它是個更好的系統。

魯： 你是否擔心，下一次市場大規模修正或經濟陷入衰退時，這些加密貨幣的價值將急跌？

諾： 我不是脫離實際的人。世界上所有資產的價格都因為資金成本實在低廉而上漲了。我常想到特斯拉。我有兩輛特斯拉。我認為它是一家世界級的公司。以前如果你告訴我該公司值4,000億美元，我可能會覺得太貴了，但它現在值1兆美元。

資產估值問題是我們所有人都要思考的。如果世界上所有資產的估值都下降，我想加密資產的估值也會下降。但我認為，相對於其他資產類別，加密貨幣將取得越來越大的市占率。

魯： 賣出加密貨幣會很難嗎？還是就像賣出任何證券那麼容易？

諾： 現在已經變得像出售任何證券那麼容易了，以前是不容易的。但現在我們有了所有的基礎設施，這些市場每天的交易額因此以十億美元計。

魯： 你是否考慮過投資於為加密貨幣業提供服務的各種公司，或價值不大可能像加密貨幣那樣波動的公司？我應該揭露一下，我的家族帳房主導了對Paxos的一輪投資，這是一家為加密貨幣業提供服務的公司。我們是領投投資人，決定了若干投資人投入額外資本的條款。你可能熟悉Paxos？

諾： 我很了解他們，這是一家很好的公司。我們在這個領域投資了超過150家公司。

　　我的一個想法是，我將用自己的錢，然後是公司的錢來了解正在發生的事，然後將我們從投資中得到的經驗教訓帶給我們所有的客戶。

魯：所以，你們投資了許多不同的公司？

諾：是的，超過150家。

魯：對那些沒有你那麼有錢或精明的普通人，你會建議他們如何參與加密貨幣投資？你是否建議一般投資人為加密貨幣投資的規模設限？

諾：加密貨幣仍是一種波動率在80到120之間的資產，換成一般人能懂的話，就是每一元投資的風險是投資於一般上市公司股票的5到10倍。我建議多數人投入5%的資金。我以前是建議2%到3%，但我認為這個資產類別的風險已大大降低。這似乎很矛盾，因為現在價格比以前高。但我遠比以前相信這是一個資產類別，所以我會建議投資5%，而我會把它分成三等份，一份比特幣，一份以太坊，還是一份星系數位的股票。

魯：在你看來，未來幾年對加密貨幣及其投資人來說，會像過去幾年一樣有吸引力嗎？

諾：我認為在風險調整的基礎上，未來幾年會更有吸引力。但以絕對值而言，應該很難再有我們過去取得的那種報酬了。

魯：你是否預計去中心化金融這整個概念將繼續發展？相對於加密貨幣本身，你是否認為這個領域具有吸引力，很可能將以有意義的方式顛覆既有金融機構？

諾：沒錯。這很可能將從2023年開始，屆時作為投資組合經理人，你會開始思考：「我投資了傑夫・史普瑞徹（Jeff Sprecher）的洲際交易所（ICE），它擁有世界各地許多交易所，包括紐約證券交易所，而他們將開始被去中心化的

交易方式搶走市占率。」阻礙去中心化金融大規模應用的是KYC/AML〔了解你的客戶／反洗錢〕問題。*

　　你必須了解你的客戶。我預測，這個要求今年將在技術上得到解決。

魯：你怎麼看NFT作為一個資產類別？是否也將大有發展？

諾：NFT有兩個基本主題。其一是元宇宙——人們花越來越多時間在虛擬世界。你將看到我們如何藉由AR〔擴增實境〕眼鏡和螢幕中的VR〔虛擬實境〕世界參與NFT，你將看到這方面的巨大進步。我跟年紀和我相若的人聊天時，他們會說：「造訪元宇宙像是去遊樂園。」我跟我孩子那種年紀的人聊天時，他們會說：「我們生活在裡面。」

　　NFT通常是獨一無二的東西，獨特的東西在元宇宙裡將會越來越有價值，所以我認為這將是個巨大的多頭市場。Visa告訴我，他們預計Visa持卡人的平均用卡次數將從每天0.9次增至每天10次，因為許多人將購買數位商品。因此，Visa大力推動加密貨幣和元宇宙方面的發展，是因為他們認為將會有越來越多人購買數位襯衫、數位運動紀念品和數位珠寶。

魯：哇。

諾：Visa是一家市值5,000億美元的公司。

魯：在加密貨幣和NFT之後，下一個新型投資類別是什麼？若有可能，是否最好早早參與這些新投資類別，還是最好等到情況較為明朗時才參與？

諾：關鍵是風險調整。我畢生堅持的一個信念是，我寧可

---

* 根據美國的法規，投資界的人從別人那裡取得資金做投資，必須知道這些資金是誰的錢，並採取預防措施，確保自己不會成為洗錢工具，被有心人利用來掩蓋所投資的錢是如何落入客戶手裡的。

顯得愚蠢也不要真的當個蠢人，所以我曾投資於許多邊緣尖端事物。

我很早就將致幻劑（psychedelics）視為一種治療機制。如果你四年前就投資於致幻劑，現在你會覺得自己很聰明。在風險調整的基礎上，致幻劑現在是比以前更好的投資標的。我很清楚，它將通過美國食品藥物管理局（FDA）的審批。三、四年後，我們將使用致幻劑來治療憂鬱和焦慮之類的精神健康問題。任何投資組合都應該拿出一部分去做真正高風險的投資，但應該只是一小部分。

魯：你認為哪些條件可以使人成為加密貨幣和NFT投資的能手？

諾：激情是其一。我總是對我遇到的朋友說：「買比特幣、以太坊，以及拿一些錢支持這方面的創業活動，就這樣吧，除非它成為你人生中的一種激情追求。」有一大群人被稱為加密貨幣墮落者（crypto degens）〔不折不扣的加密貨幣賭徒，經常在一知半解的情況下投資〕，他們幾乎用了自己的所有時間，嘗試了解這個生態系的所有細微變化和演化速度。它正在改變，演化速度比我見過的任何東西都要快，因此除了針對總體情況押注，隨意投資是非常危險的。

魯：較為傳統的交易背景對你做這方面的投資有幫助，還是沒有差別？

諾：這是總體經濟與創業投資的一種奇怪結合。整個故事是一個總體經濟故事，但現在它真的變成了一個技術概念。推動它前進的力量全都來自總體經濟故事，但現在我們真的在重新創造一種技術。

魯：如果有人想成為這些領域的專業投資人，你會建議他們做什麼準備，除了玩摔跤？

諾：就是一直以來投資人該做的那些準備，我對此深有感觸。我們經常聽到「金融民主化」這樣的說法，但我其實不認為人人都應該真的成為投資人。我去看醫生時，我希望他們上過很好的醫學院。我總是會看牆上的文憑，看看是哪一間醫學院。如果我把錢交給別人投資，我希望他們已經掌握了投資人該懂的東西。在這裡，我請了一些在高盛做過三年的人，或一些有很好的交易經驗或創投經驗的人，他們是真的對投資有熱情的人。

魯：不做投資的時候，你有什麼業餘嗜好？

諾：我很愛開派對，這是我享樂的嗜好。我在家裡辦過的派對和活動，很可能多過你見過的所有其他人。但我也花很多時間在刑事司法改革上，這是美國社會的汙點之一，我一半的閒暇花在設法解決這個問題上。

魯：你有興趣在政府中任職嗎？

諾：作為一名總體型投資人，我非常關注政策和政治，所以不會完全排除這種可能。在遵守規則和打破常規方面，我的人生是相當不尋常的，而我真的認為，民選領袖應該遵守國家的規則。我總是對自己說，如果我有十年時間不違反規則，我就會考慮參選。但我的孩子總是因為我超速而對我吼叫。

魯：你是否喜歡做加密貨幣投資，就像你喜歡職業生涯中的其他事那樣？

諾：這是我職業生涯中非常精彩的一章，主要是因為年輕人的活力。這是理想主義、使命驅動的一個行業。

魯：現在還有多少種其他加密貨幣？如何創造一種加密貨幣？你做過嗎？將來會做嗎？

諾：我沒有創造過加密貨幣。注意，加密貨幣是創造社群的一種了不起的技術。這些都是社群。NFT是一種非同質

化代幣，這意味著它是一種多樣化的代幣，但NFT生態系統就像加密貨幣那樣。現在利用這種技術，世界上任何藝術家只要能在全球找到五、六百個人喜歡他們的藝術，就可以謀生了。相對於五年前，這是令人難以置信的巨大進步。現在有數以千計的加密貨幣，加上NFT則是數以萬計。它們並非全都服務同一目的。將所有數位代幣稱為加密貨幣，其實是有害的。它們很可能要歸入十個不同的類別。

魯： 如果美國政府推出數位貨幣，將對加密貨幣界產生正面還是負面的影響？

諾： 會產生巨大的正面影響，前提是政府作出明智的決定，容許私營公司營運美國的數位加密貨幣，而這正是我們目前的發展方向，與中國的做法相反。它是人人都將需要的同樣的基礎設施。你的銀行帳戶將變成你手機裡的錢包。同一個錢包將儲存你的以太坊、比特幣、歌劇票和醫療紀錄。可以肯定的是，十年內，你的醫療紀錄將變成NFT。

魯： 中國政府已經禁止民眾使用加密貨幣。他們為什麼要這麼做？為什麼這件事沒有顯著影響比特幣的價格？

諾： 中國政府堅信要控制國民。中國國家主席習近平比過去幾任領導人都更加明確和直截了當地告訴世界，任何東西危及他的權力或中國共產黨的穩定，他都會予以粉碎。他們創造了一種中央管理的加密貨幣，因為他們完全掌握民眾消費的資訊，也完全控制民眾的消費，而這與加密貨幣的精神完全背道而馳。數位貨幣、在行動支付應用程式Venmo上移轉資金與加密貨幣的差別，在於可編程式的貨幣。如果習近平想切斷維吾爾族人的資金，他只需要按一個鍵；他清楚知道誰是維族人，因為他知道那些人買賣什

麼和在哪裡交易。如果他想切斷同性戀者的資金，他只需要看人們的消費偏好，就知道誰是同性戀者，因為政府完全掌握民眾買些什麼。對我來說，這是一種反烏托邦極權世界，是我完全不想參與的。這就是真正中央集權制度的弊端，而這正是他們的目的。

特殊目的收購公司

貝西・科恩 Betsy Cohen

FinTech Masala 公司董事長

> 「想法獨到是成功的關鍵。」

傳統上，營收或盈利持續成長的非上市公司為了內部需求或既有投資人的利益而尋求募集股權資本時，會藉由首次公開發行（IPO）將公司上市。為此公司必須聘請律師事務所和投資銀行幫忙，為公開說明書取得美國證交會（SEC）的批准，並藉由「路演」（roadshow）向潛在投資人推銷認購新股的機會。這種過程可能成本高昂又相當費時，至少需要六個月左右。

過去六年左右，一種沒那麼費時和成本較低的做法流行了起來：先利用投資人的資金成立一家特殊目的收購公司（SPAC）；SPAC向SEC申請上市；由於SPAC只有現金，可以相對快速地獲得SEC批准，上市成本也較低；SPAC隨後收購一家非上市公司，這家公司因此成為一家上市公司。SPAC通常有18到24個月的時間去尋找一家有實質業

務的公司來收購；SPAC的股東通常可以決定是否批准收購；SPAC的創建者或發起人獲得新上市公司數量可觀的股票（以及以優惠條件買入更多股票的認股權證）作為報酬。

在一家SPAC的發展過程中，如果SPAC的股票市價高於其投資人最初為股票支付的價格，這些投資人就可以得益（但這種情況實際上沒有SPAC發起人期望的那麼頻繁發生，股價漲幅也往往不如SPAC發起人的期望）。

近年來，SPAC的發展顯然已失色不少。SPAC宣布了收購什麼公司之後，股價不一定上漲，而投資人也已經對許多SPAC投資產生警惕。事實上，2015年後完成的SPAC，現在的股價多數低於它們的IPO價格（通常是10美元）。

SPAC世界將如何進一步發展目前尚不清楚。2020年，在美國上市的公司有53％是藉由SPAC上市的。2021年，該數字增至59％。該比例大有可能將下降，但SPAC未來多年很可能仍將是投資世界的一部分。相對於傳統的IPO程序，SPAC為企業提供了一種快得多（和成本較低）的上市方法。

貝西・科恩（Betsy Cohen）是經常帶給其投資人可觀報酬的SPAC發起人，她已成為SPAC創建和投資方面的一名領袖。她是經驗豐富的前法學教授、律師和銀行家，專門從事金融服務業的SPAC。

毫無疑問，貝西大獲成功很大程度上是因為她長期從事金融服務業，而她的SPAC交易集中在金融服務業。因此，當她發起一家SPAC時，市場通常相信針對標的公司的盡職調查工作已妥善完成。

我和貝西在布魯金斯學會的董事會共事多年，一直非常欽佩她的洞察力和口才。但我直到最近才知道，她在職業生涯中除了早年的成就，近年還已成為SPAC界的領

袖。2021年9月2日，我以虛擬方式訪問了貝西。

大衛・魯賓斯坦（魯）： 先問一個基本問題，SPAC到底是什麼？

貝西・科恩（科）： SPAC是一種看似複雜但其實簡單的法律操作；藉由這種操作，一家已在市場上募資、已完成IPO的上市公司尋找一家非上市公司來合併。那家非上市公司藉此成為一家上市公司。這是一種反向合併，亦稱「借殼上市」。

魯： SPAC代表什麼？

科： SPAC代表「特殊目的收購公司」（special purpose acquisition company）。它意味著在為SPAC募資時，還沒有確定這些資金將投資於哪一家公司。投資人委託SPAC發起人尋找一家發起人認為在公開市場會有良好表現的公司來合併。

魯： SPAC的構想始於何時？

科： 我認為是1990年代中期。SPAC是回應對資本的需求。需要資本的並非總是同一類公司。SPAC的構想產生時，我們正走出經濟衰退，有一些大型私營公司需要資本但找不到資本，除非是利用某種公開市場工具，於是有人設計了SPAC這種工具。它隨後還解決了其他募資問題，最近是快速成長的公司對資本的需求——除了金融科技領域的公司，還有生命科學和純技術領域的公司。這些公司因為可以藉由SPAC取得資本而得到極大的好處，而且最重要的是，可以與投資人對話，討論公司已經取得的成就和未來幾年可能取得的成就。*

---

* 這些公司通常認為公司上市好過繼續依賴成本通常較高的創投資本或成長資本，因為此類資本追求的報酬通常高於上市公司股票投資人所追求的。

魯：SPAC近年來為何如此受歡迎？

科：投資人偏好正快速成長的公司。這些公司不能完全仰賴私募股權公司提供資本。很抱歉，我必須說，這些公司需要不受私募股權公司干擾的自主空間，以便可以發展業務和擴大規模。它們處於成長的轉折點，需要大量資本，而且估值可能必須反映它們眼下在成長週期中的位置，而不是幾年前的位置。

魯：可以解釋一下SPAC是如何組建的嗎？誰負責組織？這個人必須投資嗎？SPAC的組織者或發起人如何獲得補償或激勵？

科：一般而言（這是2021年或2020年下半年之前的情況），發起人是熟悉某個領域的人，或基於自身經驗認為自己是優秀經營者的人，他們希望代表投資人去找一家管理上必須有所改變以發揮最大潛力的公司。發起人是有管理經驗的人，例如曾當過大公司或小公司的執行長，又或者只是負責組織SPAC的投資人。

最初，調查和評估工作，以及IPO募資工作由發起人獨力完成，費用也由發起人承擔。但隨著這個領域變得比較成熟，發起人群體中出現了許多投資人，他們出資支應從交易開始到完成的費用。發起人還獲得創始人股份作為報酬。這些股份被設計成在過程開始時沒有價值，但如果發起人作出明智的選擇，它們在過程結束時會有很大的價值。

魯：典型的SPAC投資人是哪些人？在未知投資標的的情況下，SPAC的投資吸引力在哪裡？

科：SPAC某種程度上像私募股權基金，只是換了以公開市場為背景。SPAC投資人希望跟隨值得信賴的人投資，他們認為這些人將為他們完成一些重要工作，將能找到可以帶來豐厚報酬的優秀公司。SPAC領域發展出來的一個額外元

素是補償早期投資人，因為從IPO募資到交易實際完成有一段時間，早期投資人因此要承受機會成本，而他們得到的補償是SPAC給予投資人的認股權證或其他獎勵。

魯：正如我們在私募股權界所說，他們是投資於盲池（blind pools），也就是投資人不知道私募股權基金的一般合夥人將收購什麼。SPAC也是這樣，SPAC的投資人不知道他們的SPAC發起人將收購什麼。但相對於私募股權基金，SPAC吸引投資人的其中一點，是投資人的資本不會被鎖住十年。是這樣嗎？

科：SPAC交易完成90天後，可用來買入更多股份的認股權證就可以行使，發起人和投資人可藉此將他們的部分投資變現。有些人會這麼做。早期有很多投資人利用這種關係套利。在我們最初的SPAC IPO中，我們盡可能排除這些套利者，我們會尋找那些真的有興趣擁有我們可能找到的公司的基本投資人。

魯：在SPAC投資人表示「我不想再給你們更多時間」之前，SPAC發起人有多少時間去找一家公司來收購？在把錢還給投資人之前，你們有多少時間？

科：通常是18到24個月。

魯：因此，在這18到24個月內，作為SPAC發起人，妳有權去尋找要收購的公司。找到合適的公司之後，妳就去問投資人：「你們是否同意這項投資？可以批准我去做這項交易嗎？」是這樣嗎？

科：沒錯。在這個過程中的某個時候，會向SEC提交適當的公開文件。SEC會審查該文件，直到認為資訊揭露充分。然後會召開上市公司股東會議，表決是否進行發起人建議的投資。

魯：必須一致同意嗎？如果有人不同意呢？

科：這取決於SPAC實體在哪一個州註冊。傳統做法是在德拉瓦州註冊。如果是德拉瓦州，至少要有50％的已發行股份參與表決，然後參與表決的股份有超過半數支持交易。

魯：如果多數的SPAC投資人同意，就可以按妳的意願行事？妳已經有現金可用，因為人們投資妳的SPAC時，會先給現金。是這樣嗎？

科：是的，然後這些現金會交給受託人，投資於現金工具或美國公債或準現金資產。

魯：SPAC世界有一部分是某些投資人不清楚的。例如，你利用一家SPAC募資1億美元，但可能收購價格超過1億美元的資產。假設你想花2億美元收購公司，還差1億美元，然後呢？你不從SPAC投資人那裡募資，而是從另一群PIPE〔（private investment in public equity），上市公司私募投資〕投資人那裡取得資金。是這樣嗎？

科：你說的有對有錯。SPAC通常是買少數股權，而不是買標的公司100％的股權。SPAC投資人應該注意的是，發起人對所收購公司的持續管理要非常謹慎，因為那將是這個實體的持續管理。回到你的例子，你可能透過SPAC募資1億美元，再藉由PIPE募資1億美元。這樣公司就有2億美元的資本可以使用。SPAC投資人較早投入資本，通常可以得到比較好的條件，但他們的資本可能被鎖住兩年。PIPE投資人知道要收購哪一家公司，資本被鎖住的時間比較短。但知道收購哪一家公司對PIPE投資人是有吸引力的，他們願意為此放棄一些獲利空間。

魯：SPAC的募資金額，是否可能正是發起人要花的錢？換句話說，你們募資1億美元是因為你們想花1億美元，還是你們的投資規模一定超過1億美元？利用PIPE募資一直是這個過程的一部分，還是近年才有這種操作？

科：我會說過去五年，PIPE一直是這個過程的一部分。如果要我給新的、現代的SPAC定個時間，那可能是從2014-2015年開始。最初，SPAC的募資金額是所需資本的100％。隨著可以收購的公司變得比較大和複雜，而且需求也變得比較複雜，加入PIPE使它們可以獲得更多資本。

魯：假設我有一些錢可以投資。我喜歡妳，認為妳是很好的SPAC發起人，因為妳在發起SPAC方面顯然做得很好。我有什麼理由要投資於SPAC而不是PIPE？參與SPAC是否有優勢？還是參與PIPE更好一些？

科：這取決於個別投資人，取決於投資人追求什麼。SPAC投資人在標的公司確定之前，資本可能被鎖住兩年左右。但SPAC投資人很可能會獲得認股權證，而這可以提升整項投資的吸引力。SPAC投資人得到的投資條件，因此優於標的公司已經確定、股市已為交易定價（價格應該高於SPAC投資人所支付的）之後，公開市場投資人得到的條件。SPAC投資人獲得的認股權證使投資更有吸引力。

　　但是，如果投資人不希望資金被鎖住那麼久，而且希望在承諾投資之前知道標的公司是哪一家，就應該選擇PIPE投資。此外，PIPE投資人通常可以先於SPAC投資人賣出公司的已掛牌股份。

魯：我經由我的家族帳房投資了PIPE。我們這麼做，自然是因為我們認為PIPE的買入價低於一切完成之後的價格。換句話說，我認為這會是好交易。人們之所以買入，是因為他們認為股價將上漲，而不是因為股價將保持不變。

　　我們在SEC的朋友們扮演什麼角色？他們參與審批過程的程度如何？

科：他們有兩個介入點。首先是，他們將審視那家空白支票公司。在這個階段，他們主要是確保充分揭露利益衝突

之類的東西。別忘了持有SPAC股票的人有權針對收購案進行表決，而且有權賣出股票。SEC的審批負擔因此比較輕。

SEC第二次介入是因為SPAC確定了標的公司。這個過程與IPO相似，SEC關注的是適當的資訊揭露，以及一家公司進入公開市場涉及的其他常規事項。

魯：最近幾個月，利用PIPE募資似乎比人們最初想像的困難。有幾次是有人問我是否想參與PIPE投資，而我和我的團隊還在研究時，他們就告訴我已經放棄了交易，因為無法完成PIPE募資。現在利用PIPE募資很困難嗎？還是我只是剛好遇到了不對的交易？

科：你並非遇到了不對的交易。首先，這是資本流動的問題。第二，這反映投資人怎麼看某類股票的市場走向。我不認為所有的SPAC都適用一個結論。PIPE投資人顯然要明白，他們應該重視發起人，必須了解：（1）發起人是誰，是否可以相信發起人已經完成這項投資所需要的盡職調查；（2）因為公開市場有類股輪動這回事，標的公司所屬的類別目前是否受青睞是很重要的；以及（3）交易完成後公司的股票在公開市場上的表現料將如何。

魯：如果有人投資於PIPE，那是因為他們假定事情塵埃落定之後，股價將上漲。PIPE投資可以期望的漲幅是5％、10％還是15％？PIPE的績效紀錄真的是上漲而非下跌嗎？

科：這很大程度上取決於發起人。有些PIPE會上漲。我們很幸運地在PIPE投資上取得不錯的報酬，但PIPE投資並非普遍如此。在市場目前看好的行業，例如生物科技業，獲得好報酬的可能性比較高。

魯：我會訪問妳，主要是因為妳是SPAC市場的領導者之一，甚至可以說就是這個市場的領導者。妳在這個領域表現非常好。是否可以說一下，妳是如何進入這個市場的？

妳是某天突然想要從事SPAC業務嗎？抑或這一切只是機緣巧合？

科：我曾是八家上市公司的創始人和執行長，所以我總是有想法。我創辦的其中一家公司是網路銀行業者The Bancorp。它始於2000年。該公司為非銀行金融科技業者提供銀行服務，促進了該產業的發展，而我看到了這當中的機會。我擔任執行長的十五年間，接觸過1,600家金融科技公司，可以追蹤它們的發展。在這個領域，我真的有一個培養皿。2014年底，我決定從執行長的位置上退下來。但我並不擅長退休，隨後那個星期，我一直思考如何好好利用我所累積的知識。我可以如何利用那些知識邁出下一步，並將我的視角從創始人和經營者轉為投資人？對我來說，SPAC是個自然的落腳點。我決定試著在這個領域發展，然後從2015年初開始做這件事。

魯：妳來自費城。妳是在費城上學的嗎？妳受過金融界的訓練嗎？

科：我大學是讀布林莫爾學院（Bryn Mawr College），在那裡沒有受過金融方面的訓練，然後我去了賓州大學法學院。當過法官助理之後，我去教銀行和保險方面的東西，教那些涉及數字的東西，然後轉行，因為教書不適合我。我和我先生是在法學院認識的，我們開了一家律師事務所，做了幾年的商業法工作。但我是那種不大安分的人，我覺得當客戶比當律師更有趣。1970年代初，我們找到了創業的切入點，成立了一家租賃公司，後來又在巴西成立了一家租賃公司，發現了市場上還沒有人做的事。我有辦法找到這種機會並試著把握。在接下來的許多年裡，我一直在做這種事，成立了一些銀行和房地產公司。

魯：妳就讀賓州大學法學院時，班上有很多女生嗎？

科：全班兩百人只有六個女生。我們班有三個女生參與了法學評論期刊，所以這有點自我選擇的感覺。我是法學評論期刊的文章編輯。

魯：換句話說，50％的女生參與了法學評論，但沒有50％的男生參與？

科：是的。

魯：金融服務業情況如何？妳進入金融服務業時，有很多女性同業嗎？

科：我剛入行時，根本沒有女性同業。1973年，我在賓州為一家傳統銀行申請牌照時，是第一個申請銀行牌照的女性，很可能是整個美國第一個做這件事的女性。

魯：回到SPAC的世界。妳現在發起一家SPAC時，是否有一群妳通常會去找的投資人──這些人喜歡妳，因為妳曾為他們賺了不少錢？妳是否總是在尋找新的投資人？妳的SPAC投資人，是否和妳的PIPE投資人不同？

科：答案是沒錯，沒錯，沒錯。我確實會找基本投資人參與SPAC的IPO。我們希望70％的投資人是真的有興趣在一段時間裡參與整件事。他們通常一再參與我們的投資，因為我們之前合作一起賺了錢。有些投資人和我一起賺錢已經五十年了，但我們總是在找新的投資人。在PIPE方面，我們有一些投資特別吸引某些投資人，其他投資人可能興趣不大。因此，做某些PIPE交易時，我們接觸投資人會比較有選擇性。

魯：妳認為，SPAC投資人應該期望或尋求怎樣的報酬率？他們是否尋求6％的報酬率，也就是上市公司股票過去的長期年均報酬率？抑或他們尋求兩位數的報酬率？他們在尋求怎樣的報酬？實際上得到怎樣的報酬？

科：我手上沒有整個SPAC領域的資料。如果你看2015年

至2020年，他們是得到了相當好的報酬，超過6％。但今年，也就是2021年，他們很可能無法獲得這樣的報酬，當然也有優秀的發起人創造了零星的例外。

魯：SPAC投資人和PIPE投資人，想必希望得到優於標準普爾500指數的報酬？

科：當然。過去幾年，這是個不容易達到的目標。

魯：妳現在已經發起過多少SPAC交易？

科：很多。十二宗。

魯：妳是否通常只做金融服務業的SPAC？

科：是的，因為我希望只做我懂的事。

魯：妳已經做了十二宗交易。我想應該有人投資了妳發起的全部十二家SPAC。妳個人也投資這些公司嗎？

科：當然。

魯：如果有人有幸從一開始就跟妳一起投資，而且一直跟隨妳，他們很可能至少獲得了兩位數的報酬率？

科：我想是的。我們做的第一筆交易，一年後以50％的溢價售出。第二筆交易，現在的價格比發行價高90％。這些都是成熟的交易。

魯：有些人告訴我，他們認為SPAC市場已經見頂，眼下可能正顯著衰退。妳認為SPAC市場大約五年後還存在嗎？妳認為一直會有某種形式的SPAC市場嗎？

科：SPAC市場不是一個獨立的市場；它就像IPO市場。有時企業在IPO市場發行股票是好事，有時則不是。我認為SPAC市場也將是這樣。它只是某些公司通往公開市場的另一條路，這些公司需要和投資人討論未來兩三年它們將做什麼，而不是迄今取得了什麼成就。

魯：我估計，妳通常必須為SPAC投資做大量的盡職調查。妳親自去做嗎？妳會去見標的公司的執行長嗎？

COVID 期間，你們做了些什麼？

科：COVID 期間，我們一直仰賴 Zoom 開會，同時找在地人幫忙。我們有一個巨大的網絡，可以為我們做面對面的盡職調查。

魯：妳對妳在 SPAC 市場的作為有遺憾嗎？還是對一切都相當滿意？如果重來一次，妳會選擇投身 SPAC 事業嗎？

科：公司和人一樣，不會是直線成長。當然，有些公司我們特別滿意，有些則沒那麼滿意。但我們真的相信我們做了正確的決定。事情不可能完美，但我們為差異化的金融科技公司做了正確的決定，而且隨著時間推移，它們將帶給投資人不錯的報酬。

魯：妳和我一樣上過法學院，然後我們都進了商界。妳是否認為，如果妳也從華頓商學院獲得 MBA 學位，對妳會很有幫助？作為一名法學士，我一直在想這個問題。

科：我真的不認為會很有幫助。法學院教育帶給我的好處之一，就是給了我一個知識的源泉。就像你當一名全科醫師，你會看到很多不同的東西，你會從中學習。我認為，必須強調這是我個人的看法，商學院培養出擅長團體盲思（groupthink）的人。他們學了一種做事的方法，然後以為那是唯一正確的方法。我不像我的一些同業那麼喜歡商學院，因為我認為想法獨到是成功的關鍵。

魯：現在你們在做 SPAC 時，是否會遇到這種「選美比賽」？有人擁有一家非上市公司，打算利用 SPAC 將公司上市，於是對所有有興趣成為 SPAC 發起人的人說：「來參加選美比賽吧」？有這種情況嗎？

科：過去兩三年裡，市場上有比較多 SPAC 發起人時，這種情況比較可能發生。由於市場變得疲軟，交易比較難做，因為要適當執行 SPAC 需要對資本市場有很深的認識。你

需要很多技能，而發起人並非總是具備所有這些技能。

　　你未必能夠完成交易。我們已經看到了這種情況，會有發起人沒有做適當的盡職調查。相對於或許一年前市場有些小泡沫時，人們現在對發起人的素質緊張得多。辦一場選美比賽，選出最優秀的人，這種想法現在已經大為減少。

魯：做盡職調查時，有一整個團隊的人和妳一起做嗎？

科：是的。我的組織裡約有十五個人。

魯：是否有一宗SPAC交易是妳特別自豪的？是否有一宗交易是妳認為證明了妳的能力，而且為SPAC市場樹立了良好的標準？

科：我們做這種交易似乎做了很久，但我們完成的第一家公司是在2016年，下一家是2018年。在我看來，這兩家公司特別之處在於有機會經歷一系列的市場週期，有機會有效地運用我們為它們募集的資本。一如其他事情，這不是一天兩天的事。投資不應該天天看，而是應該拉長時間審視。那兩家公司有最充裕的時間發展成熟，表現也非常出色。

魯：因為公司要上市大可選擇做IPO，為什麼會有人想做SPAC交易而不做IPO？相對於IPO，為公司做SPAC交易有什麼好處？

科：我不同意你說IPO是任何公司想做就能做的。事實未必如此。受限於公司規模，SPAC可能是更好的選擇。如果標的公司尚未擴張到財務表現足以支持IPO，SPAC就可能是更好的選擇。SPAC非常好的一點是，你可以跟投資人討論公司未來幾年料將取得什麼成就，而非只是談論公司已經取得的成就。這是SPAC真正不同之處。

基礎設施

阿德巴約・奧貢萊西
Adebayo Ogunlesi

全球基礎建設夥伴公司董事長暨執行合夥人；
瑞信前執行副主席暨全球投資銀行業務總監

> 「這當中的想法，至少我們的投資方式，是我們認為我們可以比政府更好地管理這些資產。」

過去二十年間發展出來的尖端投資資產類別之一，是基本的民用基礎設施，而這可能出乎許多人的意料。在此之前，基礎設施被視為由政府主導融資、建設和營運的範疇──美國的情況無疑是這樣。在美國，自二戰結束以來，人們無疑普遍認為，道路、橋梁、隧道、機場、港口之類的設施是政府的責任，因為私營部門不會認為這些資產可以產生足以吸引投資人投入的報酬。

這種想法在本世紀初開始改變，因為澳洲的一些銀行和投資人〔由麥格理銀行（Macquarie Bank）帶頭〕收購了該國的一些基礎設施資產，隨後又在歐洲和美國收購此類資產，而且證明這種投資可以產生相當誘人的報酬。隨著這種成果廣為人知，大型機構投資人──尤其是美國和加拿大的退休基金以及全球主權財富基金──發現這個領

域真的很有吸引力。

　　事實上，這個領域已有長足發展，現在幾乎所有機構投資人都在投資基礎設施，而基礎設施的概念已擴展至包含與能源和水有關的大型建設。目前有近1兆美元的資本投資於或承諾將投資於非上市（非公開交易）的基礎設施資產，由只做這種投資或也做其他投資（例如私募股權投資）的投資公司管理。2000年時，投資於或承諾將投資於這些基礎設施的資本僅為70億美元左右。

　　基礎設施投資的吸引力有賴幾個因素：此類資產的期限很長；它們產生的現金流非常可預料，波動性相對較小；在所處市場享有近乎壟斷的地位（一個市場會有多少收費公路或機場？）；投資管理費和領投人的利潤分成低於私募股權投資或創投投資。社會顯然可以受惠於比較好的基礎設施，這可能是投資於本國的投資人重視的一個因素，但基礎設施投資人似乎多數著眼於相對可預料的長期報酬。

　　並不令人意外的是，銀行、投資銀行和私募股權公司，也注意到這個資產類別對投資人和客戶的吸引力，於是開始創建基金或其他工具來建設新的基礎設施〔所謂的「綠地專案」（greenfield projects）〕，或收購和復興既有的基礎設施〔所謂的「棕地專案」（brownfield projects）〕。誠然，這些基金，尤其是美國的基金，起初並不容易確定和完成綠地或棕地投資，因為州政府和地方政府往往擔心這些新投資人將打爛政府雇員和工會成員的飯碗；將優先考慮削減成本，因此危及安全或其他基本公共需求；以及將不重視環境問題或政府重視的其他問題。因為這些原因，投資業者可能需要數年時間才可以確定投資標的，擺平各種問題，完成規模可觀的基礎設施投資。

雖然存在這些實際問題，近幾十年來，對世界各地的投資人來說，基礎設施投資的吸引力已是顯而易見。

長達數十年、相對可預料的報酬實在誘人，投資人因此戰勝了投資於這個資產類別涉及的各種困難。

因為嘗試在我自己的公司建立基礎設施投資部門，我認識到這種投資的吸引力，但也看到了它的困難，包括尋找在這方面經驗豐富的投資專業人士。事後看來，我最重要的錯誤就是沒有及早招攬阿德巴約（巴約）‧奧貢萊西（Adebayo "Bayo" Ogunlesi）來領導我們的基礎設施部門；他是傑出的投資銀行家，出生於奈及利亞，讀過牛津大學和哈佛大學。

當年我聽說，我認識多年的巴約正準備創辦一家新的基礎設施投資公司。他正與他的長期雇主瑞信（Credit Suisse）商談如何在瑞信支持下建立一家基礎設施投資公司（他曾主管瑞信的投資銀行業務，當時擔任瑞信的執行副席）。他告訴我，這次創業涉及瑞信和奇異公司（GE）的大量資本支持，未必會成事，而如果不成事，他會聯繫我。

但事情成了，隨後他就創造了基礎設施投資歷史。巴約創立了全球基礎建設夥伴（Global Infrastructure Partners, GIP），該公司因為投資於倫敦的幾座機場而迅速有所成就，目前已是全球最大的獨立的基礎設施投資公司，管理著810億美元的基礎設施資產，自公司2006年成立以來為眾多投資人創造了類似私募股權投資的報酬，使他們非常滿意。當年如果我早幾個月找他就好了。2021年1月18日，我以虛擬方式訪問了巴約。

大衛‧魯賓斯坦（魯）： 以前，至少在美國，橋梁、機場、港口、隧道、公路和收費公路，被視為聯邦政府、州政府和

地方政府的責任範疇。是什麼改變了,使得這些現在通常統稱為基礎設施的設施,成為民間投資人想要投資的標的?

阿德巴約・奧貢萊西(奧):美國在某些方面領先其他國家,但也在某些方面落後於其他國家。美國的大部分基礎設施實際上是私有的。電訊設施是基礎設施,在美國全都是私有的。發電設施,除了少數例外,例如田納西河谷管理局(TVA)和加州市政公用事業的設施,也都是私有的。至今仍在公共部門手上的一個類別是交通基礎設施,包括機場、港口和公路。鐵路系統,主要是貨運鐵路,都是私營的,但客運的美國國鐵(Amtrak)是一家準公營(quasi-public)公司。

在1980年代,一些國家的政府決定將部分基礎設施私有化,這當中有意識形態的因素,也有資本驅動的因素。最早開始這麼做的很可能是英國的柴契爾夫人。英國電訊(British Telecom)以前是國有的。英國石油(British Petroleum)以前是政府控制的。英國的機場以前全都是國有的。公用事業也都是國有的。柴契爾積極推動國有資產私有化,主要是公開出售那些國有公司的股票。她所做的就是讓住在英國的人,全都有機會買入被私有化的公司的股票。

柴契爾夫人積極推動私有化,很可能主要是出於意識形態上的原因。她認為英國政府變得太大了。這是回應之前歷屆工黨政府的施政方向。然後在澳洲,政府將機場私有化。當時的總理這麼做,是因為他認為這些設施由私營公司來管理比較好。從那時起,放眼世界,美國是已開發國家中交通設施仍由政府擁有的少數幾個地方之一。法蘭克福機場是一家上市公司,蘇黎世機場是上市公司,甚至北京機場也是。

美國是此類資產仍屬公有的少數幾個地方之一。這是第一次世界大戰之後和第二次世界大戰之後的聯邦政府政策造成的。基本上,政府將一些軍用機場移轉給公共部門機構,並開始提供資本支持機場現代化,條件是這些機場必須保持公有狀態。就是這樣,除了波多黎各,美國的機場全屬公有:雷根國家機場和杜勒斯國際機場由聯邦政府擁有,其他機場由州政府或市政府擁有。

魯:澳洲的麥格理公司是做此類資產投資的早期領導者嗎?澳洲幾十年前就容許民間投資人投資於此類資產,這一點是否與美國不同?

奧:我認為麥格理是第一家真正的基礎設施基金管理公司。他們建立了這項業務。如我稍早所言,澳洲的情況是,他們決定將所有機場私有化。現在澳洲每一個機場都是私營的。雪梨機場是澳洲最大的機場,曾是一家上市公司,是麥格理將它上市的,現在我們正連同一些投資人收購它。〔交易於2022年3月完成。〕

魯:近年流行的做法是收購既有基礎設施並提升營運效率,還是以更有效率的方式建設新的基礎設施?

奧:兩者都有。如果你看已開發市場出現的交易,會發現多數是收購公有的既有基礎設施,例如機場、收費公路、港口。許多業者會收購既有的基礎設施資產。這當中的想法,至少我們的投資方式,是我們認為我們可以比政府更好地管理這些資產。

我舉一個例子。英國蓋威克機場(Gatwick Airport)只有一條跑道,我們從一家民營公司手上收購了它,那家公司擁有希思羅機場(Heathrow Airport)。當時蓋威克機場每小時做50架次的起降,也就是每小時有50架次的飛機起飛或降落。我們公司成立了一個業務改進專家團隊,

做了一些分析。他們的結論是，蓋威克機場每小時起降架次可以從50架次增加到55。我記得當時蓋威克機場的管理層說：「這是不可能的。它已經是世界上最繁忙的單跑道商業機場了。」但在COVID爆發前，我們已經將每小時起降架次提高到最多58架次。我們的辦法是找出飛機起降的最佳順序。是降落、降落、起飛比較有效率？還是起飛、降落、起飛、降落、降落更有效率？我們的團隊做了一些模擬，並與空中交通管理部門合作。結果是我們提高了起降架次，這對航空公司是好事，因為他們可以在尖峰時段增加航班。這對乘客也是好事，因為他們在需求旺盛時有更多航班可以搭乘。

事情就是這麼簡單。我再舉一個例子。我們收購蓋威克機場時，他們每小時可以讓大約150人通過安檢線。到了2019年，我們每小時可以讓600人通過安全檢查。我們之所以能做到這一點，是因為我們的一個團隊成員發現，妨礙人們快速通過安全檢查的最大因素之一是：安檢托盤不夠大。掃描機器每一秒可以處理的托盤數量就是那麼多。如果你現在使用希思羅機場或蓋威克機場，接受安全檢查時會發現他們提供那種巨型托盤，一個就能容納你所有的隨身物品，這大大加快了人們通過安檢線的速度。這對乘客是好事，因為他們早一點通過安檢線，就不會擔心時間緊迫。他們在航班起飛前還有時間，就可能在機場消費，例如去免稅店買東西，去買咖啡、買書、買報紙。這對我們當然是好事。這對所有人都有好處。

魯：基礎設施投資為何那麼吸引投資人？是高報酬率，是報酬率可預料，還是報酬率可以持續很久？

奧：有三點。第一是適當的基礎設施投資與其他資產類別沒什麼關聯。只要沒有重大金融動盪，基礎設施資產的表

現與股市、私募股權投資或任何其他資產都不同，這是投資人喜歡的一點。

　　他們喜歡的第二點是，這種投資提供相當穩定的現金收益。就我們募集的四支基金而言，年度現金收益率平均為10％到12％。如果你是退休基金，能夠年復一年地仰賴接近雙位數的現金收益率是大好事。

　　人們喜歡基礎設施的第三個原因是，它就像任何實質資產，有抗通膨的作用。過去十五年裡，沒有人擔心通貨膨脹。但隨著通膨開始抬頭，情況令人擔憂，許多基礎設施資產此時就可以保護投資人免受通膨傷害，因為許多基礎設施的收入是與通膨掛鉤的。因此，如果你擔心通膨，大可投資於基礎設施。

魯：國會通過的基礎設施新法案，將使美國對私營部門基礎設施投資人的需求增加還是減少？

奧：該法案的新支出為5,500億美元，分10年完成。每隔一年，美國土木工程學會（ASCE）就會為美國基礎設施的素質評級。他們為橋梁、下水道系統、道路和機場評分。我記得上一次的總成績好像是C⁻。如果你的孩子拿出這樣的成績單，你會懲罰他們，拿走他們的iPad和iPhone，因為他們的成績不是D就是C⁻。

　　據ASCE估計，美國基礎設施的資金缺口一年高達數兆美元。因此，老實說，美國基礎設施獲得新資金投入一定是好事。上述法案無疑批出了美國很長一段時間以來最大金額的基礎設施投資，但我認為這沒有很大的意義。

　　這裡頭有一個更重要的基本問題：基礎設施的傳統融資模式是仰賴公共部門，但這種模式已經失靈了，而且無法修復。即使在COVID大流行病之前，政府在國防、醫療和教育方面就已經承受沉重的財政負擔。在歐洲等地，政

府還必須花錢應對人口老化問題。你如果審視項目繁多的財政負擔，就不會對美國的基礎設施處於開發中國家的水準感到意外。如果你從杜拜或新加坡飛往紐約，然後只看機場的素質，你會以為美國才是開發中國家。基礎設施的融資需要一種新範式，因為政府根本負擔不起。政府因為最近這場大流行病而承擔各種支出，只會令情況變得更糟。

政府將必須設法為基礎建設引入民間資本，因為有很多民間資本想要進場，而且私營部門在這些方面做得更好。私營部門的效率更高，手段也更有效。長遠而言，這才是真正需要奉行的策略。

魯： 誰在投資基礎設施？資金來自哪裡？

奧： 大部分資金來自退休基金、主權財富基金和其他機構投資人。我們有大約400個不同的投資人，當中沒什麼家族帳房。有一些高淨值個人跟我們投資，但很少。大部分資金來自投資於私募股權基金的同一群機構投資人。你們這些私募股權公司都應該留在自己的車道裡，你們現在誤入了我們的車道。凱雷在募集基礎設施基金，百仕通已經這麼做了。KKR已經做了，布魯克菲爾德（Brookfield）也做了。說句認真的話，因為基礎設施的投資需求極大，我們認為更多另類資產管理公司投入這個領域是好事。

魯： 和你們相比，我們的規模很小。現在怎樣才算是基礎設施投資？投資是否必須圍繞著以前只有政府才做的專案？

奧： 可以說，人們對基礎設施的定義是很散漫的。我們認為基礎設施是在一個經濟體中提供關鍵或基本服務的東西，不一定是政府擁有的。我們的旗艦基金已經做了大約四十項投資。其中一半是我們去找能源公司和運輸公司，收購埋藏在它們的資產組合裡的基礎設施，又或者與這些

公司合作擁有這些資產。

　　例如，赫斯石油（Hess Oil）是一家石油和天然氣公司，擁有一系列的管道、收集系統和加工廠。我去找該公司執行長約翰·赫斯（John Hess），對他說：「如果你賣給我這部分業務50％的權益，我會付相當於年度盈利10倍或12倍的價格，然後你宣布交易那天，你公司的股價將上漲。」後來事情正是這樣，而約翰和他的公司一直是我們極好的合作夥伴。我們在GIP所做的事情之一，就是發掘埋藏在大公司內部的基礎設施資產，幫助他們將這些資產貨幣化。

魯：基礎設施投資是否總是需要投資人取得控制權，以便能夠實現變革或改良？換句話說，如果你們不能真正實現變革，你們會當基礎設施的被動投資人嗎？

奧：我們希望我們能夠控制資產並實現變革，因為我們認為這樣才能推動一些事情，例如專注於客戶服務和營運效率，改善資本支出方式和資本紀律。但我們也做過一些投資，基本上是當被動投資人。例如，我們與阿布達比國家石油公司做了一項交易，我們和一群其他投資人聯手收購了該公司擁有的天然氣基礎設施。交易採用租賃的形式；他們繼續營運那些資產，向我們支付費用，然後在二十年後取回資產的所有權。如果我們覺得風險報酬不錯，我們就會做這種交易。

魯：棕地或綠地基礎設施投資，哪一種比較難獲得批准？

奧：棕地投資容易得多。現在美國的問題之一，就是綠地投資極難獲得批准。我記得川普總統任內搞過一個「基礎設施週」（Infrastructure Week），展示了建設新基礎設施需要通過的一長串審批，那真的是一種噩夢。聯邦政府必須簡化審批流程，因為目前的程序使我們很難建設社會迫切

需要的新基礎設施。

魯：世界上哪些地區最難做這些類型的基礎設施投資？是開發中國家、已開發國家，還是美國？

奧：在某些領域，美國是最困難的。投資人在美國幾乎不可能擁有任何機場。美國聯邦航空總署（FAA）有一個試驗計畫，州政府和市政府可以利用該計畫將機場私有化。結果計畫運作了二十五年左右，僅完成兩宗重要交易，就是波多黎各和紐約威斯特徹斯特郡（Westchester County）的機場。這告訴我們，相對於其他國家的成功經驗，美國這種程序有一些很不合理的地方。

在新興市場，你必須關注政治風險。你必須注意貨幣風險。你必須注意各種其他問題。但在中國，他們手頭資金比任何人都要多，還真的需要來自第三方的基礎設施投資嗎？他們並不真的需要。但在比較需要第三方資本的其他國家，確定基礎設施投資計畫和管理設施總是會有不少困難。

魯：這種投資的報酬率通常低於私募股權或創投類投資，還是一樣？

奧：水準不一。應該是低於創投，因為創投的風險比較高。我們的旗艦基金是以15％到20％的毛報酬率為目標。我們的頭兩支基金是最成熟的，實際毛報酬率高於這個目標，達到稍高於20％。淨報酬率則是17％、18％、19％之類的。基礎設施基金經理人多數追求15％左右的報酬，這顯然略低於私募股權投資，但我們認為我們的報酬率是有競爭力的。

魯：工會是否經常擔心政府建設和營運的設施私有化對他們不利？如果投資涉及工會，是否很難成事？

奧：政府不願意費力推動私有化時，通常會拿這個當藉

口，至少美國是這樣。他們會說：「私有化之後，會有人進來炒掉所有人。」我們收購蓋威克機場時，他們的客流量還不到3,000萬人次。到了2019年，我們已經將客流量提升至接近5,000萬人次。業務這樣成長時，你不會炒人，還要多請一些人。英國的工會發展程度與美國相若，而我們在蓋威克機場從未與工會發生什麼衝突。因此，我認為私有化危及勞工飯碗是個沒有根據的說法。但如果政府真的想保護就業，他們當然可以利用私有化的條件做到這一點。例如我們曾在澳洲收購一個港口，而政府的一個明確要求是我們不能解雇員工，員工自願離職則沒問題。我們接受了這個要求，那是我們可以應付的。

魯：現在收購或投資基礎設施面臨的競爭，是否大於十年前或二十年前？

奧：當然。十年前，大概有三家或四家基礎設施基金公司掌管規模介於50億美元至100億美元的基金，現在這種規模的公司大概有十家。我們募集了一支220億美元的基金，布魯克菲爾德募集了200億美元。未來幾年裡，很可能會有六、七家公司募集到200億美元的基金。

魯：基礎設施現在是一個公認的資產類別嗎？你認為它會成長嗎？是否會有更多基礎設施私有化和更多投資人想投資這個類別？

奧：現在它無疑是個公認的資產類別。我們募集第一支基金時，我們接觸的很多機構不確定要把它歸入哪一個類別。有些機構把它歸入固定收益類資產中，有些歸入房地產。現在幾乎每一家大型機構都有一個獨立的基礎設施資產類別。它可能被歸入有形資產（real assets），這個類別包括房地產、林木之類的東西。

　　會有成長嗎？答案無疑是肯定的。每年都有人針對投資

人想投資什麼做調查，結果基礎設施不是排第一就是第二。最熱門的兩個標的總是基礎設施和私募債權。站在你的角度，私募股權投資不再排第一是令人遺憾的。成長型股權投資也不再排第一。第一位不是私募債權就是基礎設施。隨著通膨開始抬頭，我認為基礎設施投資將會更受歡迎。

魯：小投資人、個人投資人可以如何參與這種投資？

奧：我認為，至少從結構上來說，他們只能在澳洲參與這種投資。當然，他們可能經由他們的退休基金和其他資產管理公司間接參與。

魯：你在奈及利亞長大時，是否立志成為一名全球基礎設施投資人？這是你小時候的理想嗎？

奧：我小時候甚至不知道什麼是全球基礎設施投資人。當年我以為我想成為一名律師。

魯：你是在拉哥斯〔奈及利亞港口城市〕長大的？

奧：我是在伊巴丹（Ibadan）長大的，那裡是個大學城，但我去拉哥斯讀寄宿學校。

魯：當年你為何決定去牛津讀大學？你去牛津讀什麼？

奧：當年奈及利亞人去英國或美國讀大學並不稀奇。雖然奈及利亞也有大學，但我去牛津主要是因為我爸媽是在英國讀大學的。我去英國那一年，我那間寄宿學校有四、五個人去了牛津。我是讀政治、哲學和經濟學。

魯：後來你怎麼去了哈佛法學院？又是什麼促使你去了哈佛商學院？

奧：我決定要成為一名律師，但我想當公司律師。我在美國待了一段時間，認為最好的公司律師是美國培養出來的，我因此申請了哈佛法學院。我申請時，哈佛法學院的正規法學士（JD）課程是否真的會收沒有讀過美國大學的非美國／加拿大人，是不確定的事。他們錄取我的原因，

我至今都不知道。我有個猜想：當時是1975年，哈佛的招生負責人可能高瞻遠矚地想：「這個來自奈及利亞的孩子，我們就讓他就讀法學院吧。將來他會回到他的國家，成為有錢人，然後他將捐錢給法學院蓋大樓。」

　　那我為什麼會去商學院？我從小就討厭數字。讀寄宿學校時，我早早就放棄了數學。進入法學院後，我心想：「也許我應該申請商學院，藉此面對我對數學的恐懼。我的這些同學將來都將成為大公司的執行長，到時我就可以跟他們說：『我在商學院時成績比你們好，你們應該請我當你們的公司律師。』」於是我申請了商學院和JD-MBA聯合課程，然後正如人們常說的，此後的事都是歷史，不在話下。

魯：你後來去了柯史莫律師事務所（Cravath, Swaine & Moore）從事法律工作，我曾在那裡當暑期實習生。你為什麼選擇柯史莫？

奧：法學院畢業後，我在華盛頓待了兩年。我先去當華盛頓特區巡迴上訴法院法官斯凱利・賴特（Skelly Wright）的助理，然後去當最高法院大法官瑟古德・馬歇爾（Thurgood Marshall）的助理。

魯：這很了不起。你對瑟古德・馬歇爾印象深刻嗎？

奧：當他的助理至今仍是我做過的最好工作。他當然是法律界的巨人，很會講故事，是個了不起的人。和他共事有很多樂趣。

　　說回柯史莫，當年我想去教公司法。我心想：「我至少應該先執業幾年，然後再去學校教書。」柯史莫是聲譽很好的公司法事務所，所以我選擇了它。

　　我在哈佛法學院兼職教書，教了五年左右。後來，我又在耶魯法學院和耶魯管理學院兼職教書。

魯：是什麼促使你離開法律界，轉進投資銀行界？

奧：當時我最親近的其中一個朋友打電話給我。我們一起
長大，一起讀寄宿學校，一起去牛津，然後他也去了哈
佛。但他後來回去了奈及利亞，在24或25歲時當了石油
和能源部長的特別助理。有一天，他打電話跟我說：「奈
及利亞政府正在為他們想做的這個大型液化天然氣專案尋
找顧問。柯史莫將擔任法律顧問。你可以推薦投資銀行家
給我們嗎？」我給了他們一些人人想得到的名字：高盛、
摩根士丹利、第一波士頓。

他們請了第一波士頓，然後發現柯史莫有利益衝突問
題，因為政府在這項專案中的合作夥伴是殼牌（Shell），
而柯史莫為殼牌做很多工作，所以他們不能當這項專案的
法律顧問。第一波士頓的人不知怎麼發現，他們的客戶有
一個好朋友在柯史莫工作，於是他們打電話給柯史莫說：
「我們知道你們有一個叫巴約的律師。你們是否可以問
他，願不願意請假三個月來當我們的顧問？」

於是，柯史莫好幾個高層來我的辦公室，對我說：
「我們的重要客戶第一波士頓提出了這個請求。你有一個
MBA學位，所以已經有人懷疑你是否真的想當律師。如
果你去第一波士頓當顧問，到你有機會成為我們的合夥人
時，這對你不會是一件好事。」我說：「我會去，這樣我
和第一波士頓的人會熟很多，而將來我回來之後，他們就
會是我的客戶。」

我去了第一波士頓，然後他們發現我有MBA學位，
就開始遊說我：「你不如放棄律師工作，改當投資銀行家
吧？」我很想說，第一波士頓之所以那麼積極遊說我，是
因為他們認為我有某種傑出技能。但我想他們實際上是這
麼盤算：「我們客戶的最好朋友在我們這裡工作，因此我

們在專案的第二階段還是可以獲得聘用。」他們是對的，我們真的獲得聘用，但這不重要，他們沒有考慮到奈及利亞的政治風險。

　　我入職三個月後，奈及利亞發生政變。政府被推翻，那項專案被取消了，第一波士頓的人看著我，問我：「你想做什麼？」我說：「我想做國際專案。」他們說：「這是你的名片。這是信用卡。你何不去世界各地，看看是否可以幫我們參與國際專案的競標？」然後我就去做這件事。

魯： 你在第一波士頓工作了多少年？

奧： 我在那裡做了23年。

魯： 你晉升為投資銀行部主管？

奧： 是的。

魯： 我記得有一次我打電話給你，說我打算在凱雷成立一支基礎設施基金，而你說：「我已經和瑞信以及奇異公司初步談好要做一些事。如果最後不成事，我會打電話給你。」瑞信與奇異公司合作的想法是誰想出來的？是你嗎？

奧： 是的。當時我在瑞信〔第一波士頓被它收購了〕的工作在我看來是全公司最好的：我是客戶長（chief client officer），可以和客戶一起出去玩，而且不必肩負任何管理責任。後來，我決定要做點不一樣的事。於是我和幾個同事心想：「我們可以做什麼與眾不同的事而且樂在其中？我們何不創立一家基礎設施基金管理公司？」於是我去找瑞信的執行長，跟他說：「我想開展這項業務，我希望你能投入10億美元。」值得讚許的是，他答應了。但他希望我們在瑞信內部開展業務，而我不想這麼做。好在此時我們接到奇異公司的電話。奇異執行長傑夫‧伊梅特（Jeff Immelt）決定要募集一支基礎設施基金。我告訴他：「我將離開瑞信成立一支基金，如果你給我們10億美元，我們

就可以合作。」他給了我們5億美元，而因為是要建立一家合資公司，我們不可以在瑞信內部做這件事，然後我們就創立了公司。

魯：那是哪一年？

奧：2006年。

魯：現在你們管理的資產超過1,000億美元？

奧：是810億美元。

魯：810億美元。你們是全球最大的基礎設施投資公司嗎？

奧：最大的很可能還是麥格理。我們是這一行最大的獨立公司。

魯：你們現在有多少員工？

奧：我們有大約350名員工，其中約150人是投資專業人士。我們的業務改進團隊有近40人，這些人曾在實業公司工作，不是基礎設施專家。他們服務過的公司是奇異、英國石油、漢威聯合（Honeywell）之類的。我們創辦GIP時的理念是，如果我們能將工業手段和技術應用於基礎設施業務，我們就能獲得超額報酬，而事實證明正是這樣。

魯：在你們最著名的那些投資中，可以舉一個你非常自豪的案子嗎？

奧：我們在2009年投資了蓋威克機場。2019年，我們將該機場50％的權益賣給了法國萬喜集團（Vinci），獲利超過10倍，因此是結果非常好的一項投資。

魯：你們做過虧錢的投資嗎？

奧：我們有兩筆投資變得一文不值。其一是我們投資了約6億美元在英國一家名為Biffa的產業廢物處理公司上。他們的業務是收集產業廢棄物，然後運往垃圾掩埋場。當時英國還是歐盟的一部分，而歐盟對垃圾處理方式有要求。根據歐盟的規定，Biffa必須停止以掩埋方式處理垃圾。他

們因此必須改為利用垃圾發電，以及利用厭氧消化廠處理垃圾。我們的設想是利用產業廢棄物作為這兩種工廠的原料，而我們也做到了。但我們沒有預料到金融危機的衝擊。金融危機爆發時，Biffa最重要的兩個廢棄物來源是餐館和營建公司。金融危機爆發後，Biffa的廢棄物供應全都斷了，公司最終破產。

魯：成為優秀的基礎設施投資人所需要的技能，是否與成為優秀的私募股權投資人所需要的不同？你請人時看重哪些特質？

奧：優秀的投資人需要具備的條件是一樣的。第一，你必須對所投資的領域有一定的認識。我們因此盡可能投資於我們真的有所了解的行業。第二，你必須誠實面對交易涉及的風險。第三，你必須明白基礎設施投資不同於私募股權投資。

如果你的目標是內部報酬率達到15％至20％，這意味著你的投資要賺兩到三倍，這樣你就真的不可以有一項重大投資是失敗的。基礎設施投資的關鍵之一是，你必須致力做好下檔保護（downside protection）。我們召開投資委員會會議時，不會花很多時間著眼於理想情況（upside case），而是花多數時間看基本預測（base case），然後看悲觀情況（downside case），因為我們的想法是，如果你假定一項投資的報酬率有15％，但最終只有12％，那是不會有太大問題的。

魯：你當了23年的投資銀行家。投資銀行業、私募股權投資，以及基礎設施投資需要的技能組合有什麼不同？你要用到哪些不同的技能？

奧：我跟你講個故事，藉此間接回答這個問題。當年我決定了創辦GIP之後，去見了亨利・克拉維斯〔（Henry

Kravis），投資公司KKR的聯合創始人〕，請他給我一些意見。他說：「我給你兩個忠告。第一個你會接受，第二個你很可能不會相信，但五年後，你再來找我。」他說：「第一個，記住，任何傻瓜都可以收購一家公司，你只需要比別人多付一些錢。買下一家公司不是慶祝的時候，賣掉它並且賺到錢才是。」我記得我當時心想：這是很好的提醒。然後他說：「你應該明白的第二件事是，無論你多聰明，或你認為自己多聰明，經驗在投資這一行是真正無可替代的。」

我記得當時我心想：「我們已經募集了數十億美元來創立這家公司。我曾以投資銀行家的身分與一些最精明的投資人共事，例如波克夏海瑟威的能源部門。投資會有多難呢？」

五年後，我真的去見了亨利。我說：「亨利，你是對的，因為我回想我們剛創辦GIP時對投資的看法，發現我們現在的想法已經截然不同。」不同之處在於你從事投資銀行業時，總是希望說服客戶。你總是試圖說服客戶做某件事，例如收購一家公司，或出售一項業務。這種工作需要的技能，與實際做投資需要的技能非常不同。

實際做投資時，你的工作不再是推銷和說服。事實上，我們從投資銀行業請了新員工時，總是可以在他們第一次參加投資委員會會議時看出來，因為他們會一直強調某項投資的各種優點。他們完全不會花時間討論可能出錯之處，而且總是很樂觀。有經驗的人則會說：「這項投資可能會遇到下列這些問題……。這些是你需要知道的負面因素……。你要自己衡量，然後決定怎麼做。」

魯：你的職業生涯有什麼使你感到遺憾嗎？我想你不會後悔自己沒有成為一名法學教授。

奧：沒有遺憾，我做每一件事都享受到樂趣。我沒想到我會做投資銀行工作23年，但我做了，而且非常開心。我沒想到投資會比投行工作更有趣，但事實就是這樣，所以我沒什麼遺憾。

魯：你有什麼業餘愛好？你不可能每週工作七天，每天工作24個小時。你有什麼愛好或喜歡的運動？你是運動或其他方面的高手嗎？你有特別感興趣的慈善活動嗎？

奧：我年輕時是運動健將。我打過草地曲棍球。我想美國幾乎沒有人知道男性也打草地曲棍球。我記得剛到哈佛時，我說我想打曲棍球，然後他們說：「溜冰場在那裡。」我說：「不，我是想打草地曲棍球。」然後他們說：「你的裙子呢？」這是因為在美國，顯然只有女孩子玩草地曲棍球。後來我玩更冷門的板球，而美國沒人懂這項運動。然後我決定打高爾夫，因為我以為高爾夫很容易，結果發現恰恰相反。我很愛閱讀，每年看大約一百本書。慈善事業方面，我們比較重視教育，提供獎學金支持年輕人上哈佛、牛津之類的學校。我們也成立了一個家族基金會，目前正安排我們的兩個兒子參與其事，找出他們想支持的慈善事業。

魯：你的孩子想成為基礎設施投資人嗎？

奧：他們不想。我們有兩個兒子，一個36歲，一個32歲。他們都從事音樂工作，所以我太太和我都認為我們一定是前世犯了什麼大罪。

魯：你熱愛音樂嗎？

奧：不算特別喜歡。我是喜歡音樂，但遠遠沒有我的兩個兒子那麼喜歡。

魯：最後一個問題。要經營世界上最大的獨立基礎設施投資公司，你必須來自奈及利亞，擁有哈佛大學的法學士和

MBA學位，而且還要先當過投資銀行家，這些都是必要條件，對嗎？

奧：不對，唯一的要求是你必須有運氣，因為我們剛開始募資做基礎設施投資時，人們願意把錢交給沒有經驗的人。我真不敢想像，如果我們現在才開始做這件事，會得到怎樣的反應。所以，你必須有運氣，而且要找來最聰明的人共事，就像你那樣。你為他們掃清障礙，然後你就能搭他們的順風車，共享事業成就。

ESG（環境、社會和治理）

大衛・布拉德 David Blood
世代投資管理公司資深合夥人

> 「現在，在世界上許多地方，如果你不考慮ESG，你就是沒有履行你的受託人義務。」

在投資這件事出現以來的大部分時間裡，投資人的主要關注點是如何（以合法和符合規範的方式）盡可能提高報酬率。老實說，投資人較少關注或甚至完全不關注投資對環境的影響、對整個社會的影響，或企業如何賺取利潤。投資（或商業）生態系也根本不關心董事會、員工或供應商的組成是否多樣化。

對一些人來說，這種做法基本上意味著投資受社會接受的程度未能達到投資人可能期望的水準，因為資本可能被配置在某些公司、行業或地理區域，不利於產生對社會負責任的結果

不過，過去數十年間，尤其是過去幾年裡，一種新的投資考量興起：代表環境（environmental）、社會（social）和治理（governance）的ESG因素，越來越受投資人重

視。環境考量：這項投資是否有望對環境產生有利的影響？社會考量：這項投資是否將適當地處理公平、多樣性和包容之類的社會問題？治理考量：標的公司的治理方式是否妥善兼顧所有利害關係人的利益，而非只為股東（或管理層）謀利益？

數十年前，投資界開始有人在評估投資的可取性時重視ESG因素，當時這只是一種非常小眾的關注，絕大多數投資人還是希望聚焦於企業營利能力這個傳統標準（終極考量是投資報酬率）。有一種觀點認為，企業關注ESG將分散它們對營利能力的專注，最終拖低投資報酬率。

過去十年，尤其是最近幾年，這種傳統觀點已在兩方面發生變化。首先，投資人現在遠比以前重視投資的ESG素質，因為他們比以前更關注投資對社會的影響。第二，投資人越來越相信，ESG指標較強的公司帶給他們的報酬，真的將優於ESG指標較弱的公司（原因包括顧客現在更關注ESG因素；優質人才希望受雇於重視ESG的公司；其他投資人也很可能比較希望支持這種公司）。

這些觀點目前可能還不是投資界的一致共識。即使在那些確實認為ESG因素越來越重要的人當中，還是有人反對一些ESG熱情擁護者的積極主張——例如某些非營利組織（譬如大學捐贈基金）完全不應該投資於石油和天然氣公司。投資界對要求上市公司詳細說明如何在營運中應對氣候變遷也有一些抗拒。

但很明顯，轉向ESG相關投資如今已是投資界的一個趨勢，而且這個趨勢很可能將越來越重要。

在那些以ESG作為所有投資決策驅動因素的投資公司中，最著名的一家可能是世代投資管理（Generation Investment Management）。該公司2004年由七位創始人創

立，其中包括美國前副總統艾爾・高爾（Al Gore）和高盛集團前合夥人大衛・布拉德（David Blood）──該公司因此無可避免地被戲稱為「Blood and Gore」（「血腥暴力」的意思）。布拉德是堅定的環保人士和戶外活動愛好者，曾領導高盛的資產管理部門，在高盛（不顧他的反對）上市後不久，以相對年輕的年紀退休。

世代投資管理從創立以來就僅專注投資於ESG表現突出的公司（最初僅投資於上市公司）。該公司的啟動資本，主要來自創始人和一些親朋好友。因為前面提到的原因，外部投資人起初有點懷疑這種投資方式能否取得誘人的報酬。

世代投資管理的創始人認為，非常重視ESG因素的投資方式可以創造更好的報酬──報酬率將超過一般市場指數。事實證明他們是對的。自世代投資管理成立以來，該公司的旗艦全球股票基金的績效優於可比的公開市場指數約500個基點──這在上市公司股票投資中是值得注意的差異。*

此外，創始人至今仍堅決維持世代投資管理公司的非上市狀態，以免受上市公司面臨的壓力影響──這些壓力有時可能與公司對ESG的重視產生衝突。大衛曾是我在滑雪區的鄰居，2021年9月30日，我利用Zoom訪問了人在倫敦公司總部的他。

大衛・魯賓斯坦（魯）： ESG近年為什麼會成為投資界如此重要的一部分？

---

* 截至2021年12月31日的表現，資料來源為美世投資顧問（Mercer Investment Consultants）的資料庫MercerInsight，以世代投資管理的全球股票基金自2005年5月1日成立以來的含費用報酬率（gross-of-fees returns）計算。

大衛・布拉德（布）： 最近五年或十年間，它變得越來越主流。首先，圍繞著永續發展的問題已變得非常明確。人們認識到它們正驅動經濟發展，因此非常重要。其次，關於ESG因素如何影響企業和投資人的問題，現在已經有了比較明確的答案，學術研究也提出了比較明確的說明。商業上重視永續發展的理由，以及某些投資人的績效紀錄，已經使重視ESG的投資方式得到認可，不再是一種邊緣活動。人們不再認為這是為了某些價值觀而犧牲投資價值，而是一種嚴謹得多的投資方式。

魯： 長期以來，投資界一直假定，投資時如果重視ESG，就會得到比較低的報酬率。這是對傳統觀念的合理概括嗎？

布： 是的，這是因為很多人認為，無論出於什麼原因，限制自己的投資機會將使自己面臨更大的投資挑戰。這是二十年前我們剛起步時投資界的傳統觀念，人們認為ESG實際上就是排除某些投資標的。你可能因為重視ESG，投資時將石油公司、菸草業者或其他公司排除在外。很多相關研究講得很絕對，認為投資人縮小自己的機會集，一定會為此付出代價。

但隨著時間推移，人們開始意識到，ESG因素可以幫助投資人認識一家公司的業務內容和運作方式，觀念因此開始改變。人們開始意識到，重視ESG因素有助了解企業和管理團隊，產生與眾不同的見解。

與此同時，不幸的是，ESG概念變成了一個政治問題，在美國尤其是這樣。常有人認為，主張重視永續發展或ESG因素的人，是要把某些價值觀強加到投資組合上，又或者視之為一種左派或中間偏左的倡議。這展現在我們在美國看到的一些激烈批評上。

David Blood

　　我們從一開始就試著告訴人們：「不是這樣的。我們主張的投資框架就是真正的長期投資，是最好的做法。」永續發展——廣義理解為涵蓋氣候變遷、衛生、不平等、水資源挑戰等一系列日益相聯並且正驅動經濟發展的大問題——加上ESG，是幫助投資人認識經濟、企業和管理團隊的工具或框架，最終有助投資人以更有效和重視風險報酬的方式配置資本。

魯：現在人們是否相信重視ESG確實可以提高投資報酬？這是現在的主流觀念嗎？

布：越來越傾向是這樣。我們剛起步時，許多人會爭論受託人義務是否容許投資經理人考慮ESG因素。現在，在世界上許多地方，如果你不考慮ESG，你就是沒有履行你的受託人義務。投資人希望在評估潛在的投資時，將ESG納入考量。投資人不希望他們的投資危害世界；他們希望他們的投資對世界有幫助。

魯：現在是否還有人認為重視ESG不會提高報酬？還是現在人們已經普遍接受重視ESG可以提高投資報酬？

布：目前它正日益成為一種普遍共識。拉里·芬克說永續發展和ESG是主流時，我認為情況大概正如他所說。

魯：在你看來，為什麼重視ESG可以創造更好的報酬？這是上市公司股票市場的情況，抑或非上市公司股票市場也是這樣？你們向來主要投資於上市公司股票，但現在也投資於非上市公司股票。

布：我們投資於非上市公司股票市場已經有12或13年，所以已經做了很長時間。我們認為永續發展和ESG與所有資產類別都息息相關。我們從上市公司股票市場開始做，是因為那是人們關注的焦點。你打開CNBC，會發現多數時間是在講上市公司股票，而不是非上市公司股票或固定

收益市場。作為一家公司,我們的目標是在資本市場創造出色的投資績效,同時促進永續發展,所以我們希望致力於最受關注的市場領域。不過,永續發展和ESG對所有資產類別都很重要。

魯: 投資人如何衡量一家公司的ESG表現?是否有一套公認的衡量標準,抑或這某種程度上是見仁見智的事?如果現在還沒有,將來會有公認的衡量標準嗎?

布: 這剛好是近來最重要的問題之一。永續發展和ESG的問題,在於這些名詞的用法和意涵往往見仁見智,正如你所說。這構成一個困難,因為你、我、他對ESG的理解可能各有不同。我們一直努力幫忙設定這方面的框架和釐清問題,但現在有一些倡議正在幫助投資人促成永續發展相關資訊揭露的標準化。國際財務報導準則(IFRS)基金會最近整合了這方面的主要努力,成立了國際永續準則委員會(ISSB)這個新組織,它將與制定國際會計準則的委員會並行運作,兩者也將建立聯繫。這將為投資人大大促進永續發展相關資訊揭露的標準化,包括揭露企業永續發展相關目標背後的假設,並將使相關資訊揭露成為通用財務報告的一部分。

魯: ESG的三個組成部分是否同等重要?還是其中一個對企業有更大的潛在價值?

布: 這取決於你什麼時候問這問題。我們在所有業務中對此保持一致的想法。有些公司確實會比較關注治理問題,有些則比較關注環境或社會問題。總的來說,它們都是了解企業素質和管理素質的有用指標。在某些情況下,例如在目前社會追求淨零排放和推動能源轉型的情況下,如果你是一家專注於這方面的公司,則環境足跡和公司為了促成淨零排放所作的努力,將是公司業務議程中最重要的

方面。

魯：可以解釋一下重視ESG的投資與「影響力投資」
（impact investing）的差別嗎？

布：這也是個重要問題，因為它使許多人困惑。我們首先
要說的是，所有投資都有一定的影響力。聲稱某些投資有
影響力，另一些投資沒有，是有點誤導的。許多人將影響
力投資理解為犧牲投資報酬以換取影響力。這是一種妥
協，實際上是慈善事業的延伸。

　　我們確實認為，影響力是左右資本配置的一個關鍵因
素，而且將會越來越受重視。我們相信，影響力未來將被
納入風險報酬的計算中。在向淨零排放過渡的過程中，這
一點尤其重要。

魯：我們來談一下你如何進入投資界和最終成為世代投資
管理的共同創始人。你年輕時一直對投資界有興趣嗎？

布：我做投資這一行已經有25年，從事金融業則已經有40
年。當年我大學是讀漢彌爾頓學院（Hamilton College），
希望將來當教師或護林員。在成長的過程中，我沒有想
過要當一名投資人，而是想做截然不同的工作。我媽是一
名教師，而指導過我的許多人也是教師，我年輕時也想當
教師。

　　我在漢彌爾頓讀大二時，他們撤掉了教育系，我因此
被迫另找一個主修學科。與教育最接近的是心理學，尤其
是兒童心理學，而你因為長期從事企業管理工作，應該知
道懂心理學對管理投資銀行人員和投資經理人有幫助。

　　畢業後，我找不到心理學家的工作，所以在1981年春
天，我爸說：「你必須找一份工作。你應該向銀行求職，
因為它們會雇用像你這樣的人。」因此我向70家美國的
銀行求職，被其中69家拒絕了。信孚銀行（Bankers Trust）

請了我，我因此在那裡開始我的金融職業生涯，而且發現自己對數字很在行，後來我去了哈佛商學院進修，然後進入高盛。我在大學四年級那一年，無疑沒有想過要從事投資銀行業。

魯：你在高盛做什麼？是什麼促使你離開高盛去做其他事？

布：我在高盛的職業生涯有些不尋常，我幾乎是公司每一個部門都做過。1985年我先從事投資銀行業務，後來在固定收益交易部門做了一段時間，然後在股票交易部門做了一段時間，當過高盛的財務主任（treasurer），然後在1996年轉到資產管理部門。我發現自己很喜歡投資業務，但我在高盛的真正工作是幫助建立業務。在高盛，我視自己為創業者。

高盛後來變成了一家上市公司，公司考慮上市時，我是投票支持維持非上市狀態的合夥人之一。我之所以反對高盛上市，是因為我認為這會改變公司的文化，而且這不是好事。因此，高盛上市後，我很清楚，再過幾年我就會去做一些不一樣的事，而事實正是這樣。我在高盛上市四、五年後離職。

我意識到自己將會離職時，開始思考自己想做什麼。我心想：「我對社會正義有興趣，我對扶貧有興趣。也許我可以結合我對投資、扶貧和環保的興趣，也許我們可以在此基礎上發展事業。」因為我的夥伴、我在高盛的前同事馬克·弗格森（Mark Ferguson）的引導，當時我已經熟悉永續投資（sustainable investing）。我們寫出第一份業務計畫書距今將近18年。後來我在哈佛遇到高爾副總統。我們談到我們想做的事，他也談到他想做的事，然後我們意識到，雖然他的興趣是環保，而我的興趣是扶貧和社會正

義，這其實是同一件事的不同面向。我們就是這樣成為一個團隊。

魯：你最初是怎麼見到高爾的？

布：是菲爾・墨菲（Phil Murphy）介紹我認識他的。菲爾當時是我的上司，現在是紐澤西州州長。高爾曾找高盛，希望高盛代表他收購一家名為「永續資產管理」（Sustainable Asset Management）的公司。永續資產管理的高層科林・勒杜克（Colin le Duc）是世代投資管理的另一名共同創始人。科林、馬克和我寫了世代投資管理的業務計畫書，然後菲爾要我去波士頓見高爾，我就去了，因為不是每天都能見到美國副總統。我帶了我們的業務計畫書，但不是因為我想說服他。當時我去見他，是想向他說明收購一家公司與創辦一家公司的差別。那次見面使我覺得，也許我們應該一起創業。「Blood and Gore」那個老笑話太容易想到了。我們就是這樣成為創業夥伴。

魯：最初的投資理念是什麼？起初很難募資嗎？

布：我們最初的業務計畫有四個部分：上市公司股票、非上市公司股票、信用，以及我們的基金會。我們之所以從上市公司股票做起，是因為七位創始人有兩位最熟悉這項業務，而且他們是這方面的高手。

我們的投資主張包括長期投資，以永續發展作為經濟發展的驅動力，以ESG作為了解企業素質和管理素質的工具，而這也是我們向廣大投資人宣傳的。我曾主管高盛的資產管理業務，因此認識很多業內人士。我們開始發展業務。

我們的公司成立於2003年10月，我們到2005年10月才開始接受第三方投入資金。我們先利用自己的資金開展業務，然後接受機構投資人投入資金。在公開市場，你至

少要累積三年的績效紀錄，才可以真的吸引投資人投入資金。我們累積了三年的績效紀錄時，應該是管理著約5億美元的資產，但我們那三年的績效紀錄相當好。當時正值全球金融危機，人們在思考長期投資和永續發展的問題，這促成了我們的管理資產規模（AUM）快速成長。

魯： 你們現在管理多少資產？績效如何？績效是否優於股市指標指數，反映了你們的投資方法的價值？

布： 根據公開的資訊，我們目前管理的資產有360億美元。

魯： 我看的資料是，自你們公司成立以來，投資報酬率是12%左右？

布： 自成立以來，我們是世界上表現第二好的全球股票投資管理公司。*我們與主流投資經理人競爭。我們的非上市股票基金也表現出色。

從一開始，我們就知道，如果我們不能創造強勁的投資績效，我們促進永續發展的使命就會被置若罔聞。我們知道，我們必須成為優秀的投資人，而且我們是好勝心很強的人。我們所做的一切是受創造傑出投資績效的渴望驅動。我們的框架、我們支持永續發展和ESG的決心，都是為了卓越的投資績效，但我們致力促進永續發展是受使命驅動。兩者互相強化。我們知道，如果我們不能交出優異的投資績效，我們關於永續發展的倡議就會失去意義。

魯： 多年來，你們的公司成長壯大，表現出色，吸引了ESG領域的其他人。在這個過程中，你最驚訝的是什麼？

布： 有兩點。第一點是，我們成立公司時，我在高盛內部已經幫助公司建立了五或六項不同的業務，所以我從未想

---

* 截至2021年12月31日的表現，資料來源為美世投資顧問的資料庫MercerInsight，以世代投資管理的全球股票基金自2005年5月1日成立以來的含費用報酬率計算。

過創立一家投資公司會很棘手或困難。我們七位創始人都信心十足地投入創業，三、四年後，我們意識到自己非常幸運。很多事情的發展如我們所願，包括投資績效。即使是公開市場上的優秀投資人，也會遇到艱困的年頭，但我們就是沒有。我們現在比以前謙遜得多，因為正如你所知，創業不是簡單的事。

第二點是我們低估了使命的重要性。使命已經成為我們吸引和留住人才、吸引和留住創業者，以及建立較廣泛的利害關係人社群（包括和我們投資的上市公司）的最關鍵因素，隨著時間的推移更是這樣。我們一開始就認為使命很重要，但我們還是低估了它的重要性。

魯：要成為重視ESG的優秀投資人，需要具備什麼條件？是高智商、深入研究、對使命的信念，還是結合這一切？

布：結合這一切。成為優秀的永續發展或ESG投資人，與成為任何類型的優秀投資人完全沒有差別。我們看不到我們正在做的與你們正在做的有什麼不同。

魯：重視ESG的投資方式付諸實行，是在公開市場還是非公開市場比較容易？

布：相對於非公開市場，投資於公開市場更難確定影響力，因為非上市公司，尤其是我們投資的那種處於成長階段的非上市公司，通常專注於特定產業或目標。而在公開市場，企業的規模大得多，而且可能有多種業務目標。儘管如此，我們認為你可以有效地投資於公開市場，就像我們多年來所做的那樣，也可以有效地投資於非公開市場。如果你追求最大的影響力，非公開市場是個很好的地方。

魯：對那些想從事這種投資的人，你是否建議投資於基金，而不是自己做ESG投資？基金除了善於投資，還必須善於應用ESG原則，投資人應該用什麼標準來判斷基金是

否符合這種要求？

布：「漂綠」（greenwashing）是個大問題，對散戶投資人尤其如此，甚至對一些機構投資人也是大問題。現在有很多公司聲稱它們符合永續發展和ESG的要求，或聲稱它們奉行重視永續發展和ESG的做法，但很多例子顯示這根本不是真的。不幸的是，這在市場上造成了很大的混亂。我們看到美國證交會正在關注這個問題，歐盟執委會也是，這是必須處理的一個問題。

說到底，了解永續發展和ESG是困難的，這不是利用某種檢查表就可以做到的。我們之所以認為採用質性（qualitative）和集中型（concentrated）投資管理方式比較好，是因為這使我們可以花更多時間去了解企業，以及了解這些企業的永續發展和ESG驅動因素。兩者缺一不可。成為傑出的永續發展和ESG投資人就是成為傑出的投資人，除了必須能夠證明自己的永續發展和ESG工作相當嚴謹，還必須創造出色的投資績效。

魯：可以為不熟這個詞的人解釋一下，什麼是「漂綠」嗎？

布：意思是，你鄭重聲稱自己符合永續發展的要求或致力於ESG，但這只是一個標籤，沒有行動支持。

魯：在你看來，以重視ESG的方式投資於上市公司股票，可以合理地期望什麼水準的超額報酬？相對於無視ESG因素的投資方式，重視ESG因素的投資人應該期望100個基點、200個基點，還是300個基點的超額報酬？還是根本無法衡量超額報酬？

布：很難衡量所謂的超額報酬，而且重視永續發展或ESG的經理人不乏表現落後的例子。我們認為應該著眼的問題其實是：「你投資於上市公司股票市場，期望得到怎樣的報酬？」我們不承認也不接受重視永續發展和ESG的投資

方式與主流投資方式有差別，我們認為根本是同一回事。事實上，我們認為，在我們參與的任何一個投資委員會，如果你不考慮ESG和永續發展，你就是犯了錯誤。

魯：你們是否也從事公債領域的ESG相關投資？

布：沒有。我們在成立第一支基金之後就決定不做，主要是因為要做好債務業務，公司規模必須大得多，而我們喜歡維持大約125人的規模。

魯：在這整個過程中，你學到了什麼？回顧一切，你是否希望公司改變某些做法？

布：我們覺得自己非常幸運。我們遇到了不少好事，所以我們變得比較謙虛。我們覺得，在考慮永續發展和ESG方面，我們是在對的時間出現在對的地方。我們有幸能夠推廣這種理念。

魯：聘請重視ESG的員工容易嗎？

布：對我們來說是容易的。我們想找的人除了必須有傳統投資人的熱情和嚴謹，還要對永續發展和ESG有熱情，而且理解其重要性。我會對可能成為我們員工的人說：「如果你不相信重視永續發展和ESG會使你成為更好的投資人，那就不要來我們這裡」，因為那正是我們相信的。我們發現，找到抱持這種理念的優秀人才是相對容易的事。如果我們要請100萬個人，那可能會比較棘手。但我們不覺得這真的很困難。

魯：優秀的投資人賺到錢之後，通常會參與慈善事業。有特別吸引你的慈善事業嗎？

布：我們創立公司時成立了世代基金會（The Generation Foundation）。我們把公司合夥人5％的可分配利潤投入該基金會，它主要關注社會不平等加劇和過渡至淨零排放的問題。我是世界資源研究所（World Resources Institute）的

共同主席。我也是社會融資（Social Finance）的創始人之一，它是一家非營利組織，致力取得民間部門的資源來應對社會和環境挑戰。因此，保育、環境和貧窮是我非常關心的問題，這和我們公司的理念是一致的，而我們的夥伴也經常積極參與其他慈善活動。去年，我們公司97％的員工以某種形式參與了慈善活動。

魯：還有哪些興趣、愛好或運動占用你的時間？

布：家人無疑占用我的時間，此外我熱愛運動。我是美式足球綠灣包裝工隊和職棒底特律老虎隊的熱情粉絲。這確實會占用我一些時間，有時還使我感到沮喪。

魯：你認為ESG投資未來很可能發生什麼變化？

布：我們必須更好地定義永續發展和ESG。我們必須進一步認識如何報告永續發展相關事項，既要了解企業，也要認識投資組合的影響。我們必須提高標準，阻止濫用永續發展和ESG做宣傳的行為。這又回到漂綠的問題上。

有人認為永續投資總是雙贏的。事實不然。這種投資方式往往涉及取捨。困難在於它不是利用某種檢查表就可以做到。它是比較複雜的。我們將必須促進對永續發展和ESG的認識，提高標準，而且更嚴謹地思考相關問題。

魯：在重視ESG的圈子裡，你有想效法的榜樣嗎？

布：我想到的是約翰‧艾金頓（John Elkington）。他曾發起一些永續發展計畫，是一名連續創業者。他最新創立的公司叫飛魚座（Volans），我認為他是永續發展方面的泰斗。我們清楚知道，我們18年前創業時，很可能有十幾位永續發展運動的創始人遠早於我們投身這個領域，而且有很大的功勞。我們投入得早，但還有更早的先行者，我們非常欽佩他們。

謝辭

如我過去出版的書，這一本也是許多人通力合作的成果，我要感謝他們的辛勤努力和寶貴貢獻。沒有他們的付出，這本書顯然是不可能完成的。

首先，我必須感謝所有受訪者願意接受訪問，並在後來審閱和同意受訪紀錄。為了寫這本書，我訪問了不少人，最後因為篇幅所限，有些訪問未能收錄到這本書中。不過，這些受訪者的真知灼見，對我更好地認識他們的投資專長領域無疑非常有用。我將其中一些訪談內容收錄到本書的有聲版本中，在此感謝這些受訪者同意以這種形式參與本書。

一如我之前出版的書，賽門舒斯特（Simon & Schuster）在本書從構思到最終完成的過程中予我極大的幫助。我要特別感謝該公司執行長 Jonathan Karp 和資深副總裁暨發行人 Dana Canedy 的支持和持續關注。一如我之前的著作，我從編輯 Stuart Roberts 那裡得到的支持和鼓勵是無與倫比的。Stuart 的編輯技巧真的是世界一流的。Stephanie Frerich 以同樣嫻熟的編輯技巧支持 Stuart 的工作，她後來接替 Stuart 成為本書的主要編輯。

我和賽門舒斯特的關係，最初是由華盛頓最受歡迎的律師、我在法學院逾四十年的同事 Bob Barnett 促成的。他有很多比我更重要的客戶，但他總是隨時利用他的經驗和判斷力幫助我，對此我十分感激。

本書的出版也有賴 Jennifer Howard 的不懈努力，我之前的著作也得到她的大力協助。Jennifer 一如既往，不厭其煩地審閱訪談紀錄，並幫助我把它們編輯成更加可讀和有趣的版本。她針對如何使這些訪談變得對讀者更有用提出了寶貴的建議。

我那些兢兢業業、長期服務的個人助理使這項工作得以順利進行，同樣功不可沒。其中最重要的是和我共事逾三十年的著名幕僚長 Mary Pat Decker，她鼓勵我出版這本書，並確保必要的當面或線上訪談都安排妥善（包括經常需要重約）。

Laura Boring 和 Amanda Mangum 分別和我共事了 17 年和 8 年，她們為我撰寫那些訪談引言提供了必要的協助，並且竭盡所能確保本書的寫作和準備順利進行（期間她們還必須履行許多其他職責）。

我也必須感謝我那孜孜不倦的研究助理 Trenton Pfister，幫助我確認了前言和訪談中出現的大量事實。

本書許多訪談必須以虛擬方式進行，而我的技術顧問 Mandeep Singh Sandhu 展現了極高的效率。在他監督下，所有需要錄製的內容都完美無瑕地完成，沒有發生任何技術故障或失靈問題──如果由我負責這些技術工作，無疑會發生許多問題，好在我的團隊根本不容許這種情況發生。

雖然本書的大部分訪談是專門為本書做的，但也有一些是我為彭博電視節目《與魯賓斯坦談財富》做的。該節目的製作人 Kelly Belknap 才華橫溢，工作效率極高，我要感謝她使那些採訪得以進行以及她在訪談紀錄上對我的幫助。我還要感謝 Mike Bloomberg 和負責監督電視和電台節目的彭博高層 Al Mayers 的支持。

　　我是律師出身，1987年幫忙創立凱雷集團時還是投資界的新手。多年來，我在投資方面學到了很多，而我在本書中試著分享我學到的一些東西。我學到的很多東西來自凱雷的共同創始人Bill Conway和Dan D'Aniello，他們是凱雷成為世界上最大、最成功的其中一家全球投資公司的最大功臣。當然，我也從曾在或仍在凱雷工作的許多其他投資專業人士（尤其是幫助凱雷募資的Ed Mathias）那裡學到了很多投資知識，但我要特別感謝凱雷的共同創始人。若不是他們幫助我，當年我可能被迫回去當律師，而這對我自己或我以前的客戶都不是好事。

　　藉由觀察我的家族帳房Declaration Capital的投資活動，我也學到了不少投資知識。它投資於凱雷通常不涉足的領域，由Brian Frank領導。Brian過去五年在幫我建立家族帳房方面表現出色，我感謝他幫助我了解凱雷通常不涉足的投資事務。

　　我也因為擔任多家機構的投資委員會成員而受益匪淺，包括普林斯頓高等研究院、斯隆凱特琳癌症中心、史密森尼學會和美國國家美術館；我感謝這些機構敬業的專業人士給予我的指導。擔任杜克大學、芝加哥大學、約翰霍普金斯大學和哈佛大學的董事會成員，也使我學到關於投資界的很多東西，雖然我在這些大學的職責不包括直接擔任投資委員會成員。

　　最後，我要感謝Josh Lerner檢視本書部分內容的準確性。他是真正的私人投資專家，是哈佛商學院的投資銀行業講座教授。

　　本書的作者收益將全部捐給約翰霍普金斯兒童中心、華盛頓國家兒童醫院和波士頓兒童醫院。

　　本書無疑會有一些錯誤。身為作者，我應該為本書內

容可能不準確之處負責。我已經努力確保書中所有事實和陳述都經過核對，但錯誤還是難免，而且可以合理地歸咎於我。

Star 星出版 財經商管 Biz 030

如何投資
24位大師談投資技藝，改變你對財富的想像

How to Invest
Masters on the Craft

國家圖書館出版品預行編目（CIP）資料

如何投資：24 位大師談投資技藝，改變你對財富的想像／
大衛・魯賓斯坦 David M. Rubenstein 著；許瑞宋 譯 --
第一版 . -- 新北市：星出版，遠足文化事業股份有限公司，
2025.02；448 面；15x23 公分 . --（財經商管；Biz 030）.

譯自：How to Invest: Masters on the Craft

ISBN 978-626-99357-2-7（平裝）

1.CST: 投資 2.CST: 投資技術

563   113020

作者 ── 大衛・魯賓斯坦
　　　　David M. Rubenstein
譯者 ── 許瑞宋

總編輯 ── 邱慧菁
特約編輯 ── 吳依亭
校對 ── 李蓓蓓
封面完稿 ── 李岱玲
內頁排版 ── 立全電腦印前排版有限公司

出版 ── 星出版／遠足文化事業股份有限公司
發行 ── 遠足文化事業股份有限公司（讀書共和國出版集團）
　　　　231 新北市新店區民權路 108 之 4 號 8 樓
　　　　電話：886-2-2218-1417
　　　　傳真：886-2-8667-1065
　　　　email: service@bookrep.com.tw
　　　　郵撥帳號：19504465 遠足文化事業股份有限公司
　　　　客服專線 0800221029

法律顧問 ── 華洋法律事務所 蘇文生律師
統包廠 ── 東豪印刷事業有限公司

出版日期 ── 2025 年 02 月 05 日第一版第一次印行
定價 ── 新台幣 680 元
書號 ── 2BBZ0030
ISBN ── 978-626-99357-2-7

著作權所有　侵害必究

星出版讀者服務信箱 ── starpublishing@bookrep.com.tw
讀書共和國網路書店 ── www.bookrep.com.tw
讀書共和國客服信箱 ── service@bookrep.com.tw
歡迎團體訂購，另有優惠，請洽業務部：886-2-22181417 ext. 1132 或 1520

本書如有缺頁、破損、裝訂錯誤，請寄回更換。
本書僅代表作者言論，不代表星出版／讀書共和國出版集團立場與意見，文責由作者自行承擔。

新觀點
新思維
新眼界